経済・経営のための
数 学 教 室
—経済数学入門—

中央大学名誉教授

小 林 道 正 著

裳 華 房

THE MATHEMATICS CLASSROOM

FOR

ECONOMY AND MANAGEMENT

by

Michimasa KOBAYASHI

SHOKABO

TOKYO

はじめに

科学としての数学は，具体的な諸科学における量を対象としながらも，量そのものの法則を扱うのではなく，量の大きさである「数」を扱う．そのことから，数についての科学である数学は，逆にあらゆる諸科学で活用されている．

経済や経営の分野でも同様で，そこに現れる多種多様な量を扱う際に，数についての一般法則，数学が役に立つ．すなわち，この分野を理解するためには数学の学習が不可欠なのである．

しかし，数学は極めて抽象的な側面をもっているので，経済や経営の分野で必要な数学は，この分野で扱われる量を具体的に用いながら学習すれば学びやすくなる．本書は，そのコンセプトで執筆した，「経済と経営を学ぶための基礎数学」の本である．

一方，「経済数学」という名の付く本はたくさん出版されているが，そのほとんどが初心者には難しすぎる内容となっている．高等学校時代にあまり数学が得意でなかった人のための入門書は，ほとんどないように思える．そこで，40 年近くにわたり，経済学部で数学を教えてきた自らの経験を活かして，初心者にとってわかりやすい入門書を目指して執筆した．おそらく，類書の中でも親しみやすい内容になっていると思う．なお，数学にはたくさんの分野があるが，本書では経済と経営の分野で最も基本となる，「微分積分と線形代数」の内容に限定した．いずれも避けて通れない分野だからである．

本書の後に，さらに進んだ経済数学の広い分野の学習に挑戦して欲しい．読者諸君の健闘を祈る次第である．

2014 年 10 月

小林道正

目　　次

第0章
プロローグ
−経済・経営と数学−

0.1　経済・経営を学ぶ上で，なぜ数学が必要なのか

0.1.1　数学は量の科学である

経済・経営と数学の関係を理解するためには，そもそも数学とは何かということがわからなければならない．

実は，数学と哲学以外のすべての科学は，その研究対象がはっきりしている．例えば，天文学は太陽，惑星，恒星，銀河，宇宙全体を対象とし，生命科学は動物や植物などのすべての生命，すなわち，細胞や遺伝子，DNA，生物の多様性などが研究対象である．

ところが，数学と哲学は，このような固有の研究対象をもっていない．このうち哲学は，諸科学が扱うすべての現象の中にある普遍的な法則を解明することを課題とし，あらゆるものの考え方・見方を探求する．

一方，数学の対象は，実は諸科学が扱う多様なものや現象の中にある「量」なのである．量というのは大きさの概念を含んでいることが大きな特徴である．もう少しきちんというときには「量と空間」といった方がいいが，簡単に表現するときは，「数学は量の科学である」といっても差し支えない．

「数学は量の科学である」といったのは，実はマルクスとともにマルクス経済学を創造したエンゲルスであり，彼の著書『自然の弁証法』の中に書かれている．エンゲルスが「数学は量の科学である」といったときの量はGroose という用語を使っているのであるが，これは「量の大きさの側面」という意味である．

ドイツ語にはもう1つ，Quantitat という用語があるが，エンゲルスは，具体的な量の意味をともなっている場合にQuantitat（量）という用語を用いていて，「数学は量の科学である」というときには，Groose（量の大きさ・多さの側面）を用いている．

つまり，数学は大きさの概念を含んでいる具体的な量を対象としながらも，具体的なそのものの意味などは含まれず，その中の「大きさについての一般論」を研究する分野なのである．

0.1.2　量 と 数

制度や概念を表す言葉は量ではない．例えば，資本主義経済とか，民主主義とか，憲法などは量とはいえない．量というときには，必ず大きさの側面をもっていなければならない．資本金，従業員数，生産量などは，それぞれの意味や規定をもっているが，どのくらい大きいかを表すことができるので，量といえる．

このとき，量の大きさの側面を表す概念が「数」である．例えば，3円，3人，3キログラム，3軒，3頭，3ヶ月など，量にもいろいろあるが，その大きさが単位となる量（ここでは1）に対して3つ分（3倍）あるという点では同じである．これが，数の3ということになる．数の3そのものは抽象概念で，それ自体としては現実の世界には存在し得ず，常に量の具体的規定（何らかの単位）と一緒になって存在している．数学は，このような抽象概念である数の一般論を展開する科学である．

経済・経営には多種多様な量が登場するが，その大きさの側面を扱うのが数学であるから，経済・経営と数学は密接な関係をもっている．数学の分野で得られている結果をそれらに適用することで，経済・経営における新しい量の法則が発見できる可能性もある．

0.2 経済・経営における微分積分と線形代数の役割

数学の広い分野の中でも，**微分積分**と**線形代数**はすべての数学の基礎として重要であると同時に，経済・経営のあらゆる分野で基礎的な数学として必須の分野である．したがって本書でも，「経済・経営のための 数学教室」と銘打って，微分積分と線形代数の2つの分野を経済・経営との関連で学べるようにしたのである．

経済・経営で扱う量は時間的に常に変化し，増加したり減少したりしているが，微分積分は数の変化を解析する数学なので，直接役に立つのである．変化の仕方を表すのが変化率（平均速度など）や導関数（速度を表す関数）であり，変化の仕方や導関数から変化の量・蓄積量を求めるのが積分である．変化率（導関数）がプラスならば増加の状態にあり，マイナスならば減少の状態にあること，量の増減が導関数の正負で判定できること，そして，増加から減少に変化する点で量は最大となり，逆に減少から増加に転じるところで最小になること，などを学ぶ．

また，「時間的に変化する量」の解析だけでなく，ある量Yが他の量Xから一定の法則で導かれるような場合には，Xの変化に従ってYがどのように変化するかを調べることも可能であり，そのときYの，Xの変化に対する変化率や導関数が必要になってくる．これらは，経済・経営でも頻繁に起こる問題である．

さらに，従業員の数を変化させたり，原材料の量を増減させたりすることによって，収益にどのような変化が生じるか，どうすれば損失を最小限に抑えることができるかなどを分析するときや，国内に生産拠点を置く場合と海外に生産拠点を置く場合の比率をどのようにするのが最適かの判断をする場合にも役に立つのが微分積分である．

効用や利益を最大にするなど，何かの量を最大にしたり，損失を最小にするなど，何かの量を最小にしたりすることを考えるときにも微分積分が活躍し，ミクロ経済学，マクロ経済学，公共経済学，国際経済学でも，微分積分の技法はふんだんに活用される．そのため，これらの本を開くと，大半が数式で埋め尽くされていることも多いが，数式の展開に惑わされないで，経済・経営での本質を見失わないことが大切であり，そのためにも数学の有効性と限界を理解しておく必要がある．

一方，線形代数は，たくさんの数を同時に扱うベクトルや行列の分野である．経済・経営における多様な量は一定のまとまったセットで与えられることが多く，企業でも，売上等の多数のデータはいろいろな表で表されるのが一般的である．そして，縦横で表される具体量を使った表は，線形代数では行列として扱うことになる．たくさんの数を同時に扱える線形代数は，会計学や線形計画法でも各所で活用されている．

経済・経営の学習や研究のために，数学のすべての分野に精通することはできないし，精通する必要もないのであるが，常に受け入れるための扉は開けておく必要はある．いつどんな数学が役に立つかは偶然的で，わからないことが多いからである．必要になったときにその分野の数学を学べばいいのであるが，「ゆっくり丁寧に学んでいけば，数学のどの分野も理解はできる」という自信はもっておいて欲しい．そのためにも，本書で扱うような基礎数学を学んでおく必要がある．

数学を学ぶ際に気をつけたいのは，定理の細かい証明を論理的に追っていくことではなく，その定理の内容を理解し，その骨組み・概念・概要を理解することである．数学者になるのでない限り，定理の証明のすべてを理解する必要はない．わからないところがあると先に進めないというタイプの人もいるが，それは好ましいことではない．本書の学習でも，わからないところは飛ばしてしまい，先へ進んで構わない（特に，(注)として小活字になっている部分など）．後になってからわかってくることも多いからである．

第Ⅰ部
微分積分と経済・経営

第1章
量の変化を調べる
― 関数と微分 ―

経済・経営に現れるすべての量は常に変化し続け，増加したり減少したり，最大になったり最小になったりもする．このような量の変化を調べるための数学が微分積分であり，特に変化の様子を調べるのが，微分の分野である．

この章では，量の変化の度合いがどのように表せるのかについて述べ，激しく変化するのか，ゆっくりなのかを調べるために，導関数の概念を導入する．

導関数は，小学校で扱った割り算を延長した概念であり，速度や密度，利率などが，時々刻々と変化する場合の変化を調べるために使われるものである．

導関数の概念は，経済・経営では「限界…」という用語で表されることが多い．経済学で出てくる，限界効用，限界生産量，限界費用などのすべてが，この章で学ぶ導関数のことである．

経済・経営で現れる量の変化では，量の変化の仕方が，そのときの量の大きさに比例しているという場合が多い．このような変化は数学でいうところの指数関数で表される．利率（特に複利的変化の場合）とか，物価が何パーセント上がり続けたら，というときも，指数関数の変化なのである．そこで，指数関数の変化や法則，グラフなどについて学ぶ．

逆関数の考えも経済・経営では自然にいつも扱っている．モノの価格が決まっているとき，商品の数量からそれを購入するための金額を求めるのが普通の関数だとすると，手持ちのお金からどれくらいの商品が購入できるかを調べるのが，元の関数の逆関数である．そのため，関数と逆関数は常にペアで考えた方がわかりやすい．また，指数関数の逆関数が対数関数であり，対数関数の法則やグラフも，経済・経営には不可欠の道具となっている．

1.1 関数と導関数の概念

「微分積分」は，関数についての解析を行なう数学の分野であるが，はじめに，関数とは何か，関数と経済・経営の関係を理解しておく必要がある．

実際の経済・経営の現象には多種多様な量が登場するが，単純な場合から分析するとして，ある量が別の量から一定の法則で導かれる場合を考えよう．

一番単純なのは，商品の数量と価格の関係である．わかりやすい例として，ある種の針金の長さと価格の関係を調べる．大量に購入すると割引があるというような場合を除くと，商店に表示されているのは，例えば「1 メートル当たり 20 円」というような価格表である．

表 1.1 のような価格表があれば，何メートルを購入すれば金額はいくらになるかが計算できる．このような表を，一般には「数表」とよぶ．

ある量（いまの場合は購入金額）が，別の量（いまの場合は針金の長さ）から一意的に定まるとき，ここには経済・経営の法則が存在している．一般的にいえば，「経済・経営における量の法則」がある．

表 1.1 針金の長さと購入金額の関係

針金の長さ（メートル）	購入金額（円）
0	0
0.5	10
1	20
1.5	30
2	40
2.5	50
3	60
3.5	70
4	80

ところで，プロローグで述べたように，量には大きさの側面があり，大きさ自身は数学の分野における「数」で表せた．この表も，数と数の対応表であり，左側の数から一意的に右側の数が定められている．ある数が他の数から一意的にある法則で導かれる場合，この「導かれる法則自体」が数学における**関数**なのである．

1.1.1 関数の表し方

いろいろな関数を扱うには，表 1.1 のような数表だけでは不便である．

上の例に挙げた，針金の長さに対してその購入金額を与える場合，1 メートル当たり 20 円なので，長さと購入金額の関係は次の式で表せる．

「購入金額（円）」 ＝ 「20 円/1 メートル当たり」 × 「長さ（メートル）」

ここで，長さを表す数値を□，購入金額を表す数値を◯で表すと，

$$◯ = 20 \times □$$

となり，□にいろいろな数値を入れるごとに◯の数値が変化することがわかる．

□に入れる数値を**入力**といい，◯に現れる数値を**出力**という．そして，数学では□の代わりにアルファベットの x，◯の代わりに y などの文字を使って，次のように表す．

$$y = 20x$$

ここでの関数は，入力 x に対して 20 を掛けて，その結果を出力とするというはたらきのことである．なお，関数そのものを表す記号としては f を用いて，次のように表すことも多い．

$$y = f(x) = 20x$$

関数を表す f は，英語の function に由来する．出力の y が，入力の x からどのように定まるかの「はたらき」や「機能」が「関数」であるが，図 1.1 のように表すとわかりやすい．

図 1.1　関数のブラックボックス

この図は関数の概念をよく表していて，**ブラックボックス**とよばれる．入力を**独立変数**，出力を**従属変数**といい，ブラックボックスの中の構造こそが「関数」なのである．

x とか y は関数を表すための道具にすぎず，x や y の代わりに s や t を用いて $s = f(t) = 20\,t$ と書いても全く同じ関数のことである．文字は，単に関数を表すための道具にすぎないのである．

1.1.2　効用と効用関数とは

数学での導関数の概念を学ぶ前に，経済・経営での例として，**効用**と**効用関数**の概念について学んでおこう．

「効用」という概念は，ミクロ経済学の最初に出てくる基本的な概念であるが,必ずしもわかりやすくはない．そこで,次の例で理解するとよいだろう．

真夏になると，連日のように「熱中症対策」の話題がマスコミで大きく取り上げられる．熱中症を防ぐには，「とにかくこまめに水分を補給すること」といわれているが，まさか，水を1滴飲んだからといって熱中症対策になるわけではなく，水分の量を増やしていくと熱中症対策の効果が上がっていくことになる．熱中症対策はその一例にすぎないが，こうした効果を経済学では一般的に**効用**とよんでいる．

一般に，「効用」を測定して数値で表すことは難しいことが多いが，熱中症対策の効果については，「体温の低下」や「血液のサラサラな度合い」で測定することができる．

いま，熱中症対策として飲む水分の量を x で表し，対策の効果 u が水分の量 x だけで決まるとして，$u = u(x)$ で表そう．このような効用を表す関数を**効用関数**といい，例えば，熱中症対策の効用関数は，次のような具体的な関数で表せる．

$$u = u(x) = x^{\frac{1}{3}}$$

この関数のグラフは図1.2のようになる．このグラフから，はじめの方（飲む水分の量が少ない場合）は，水分の取る量を少し増やしただけで効用（熱中症対策の効果）が急激に高くなるが，水分の量が多くな

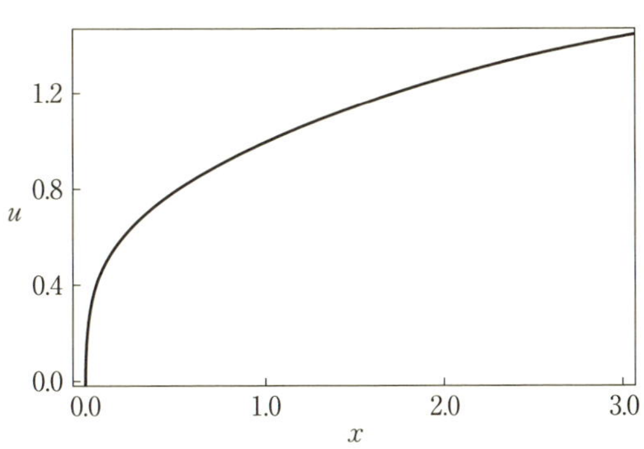

図 1.2

ってきたときには，少し水分を増やしても効果はそれほど上がらない，ということがわかる．

このような，増やした水分の量に対する効用の増える度合い，一般的には関数の変化の割合を表すのが，導関数や微分である．

ところで，微分の考え方や計算を理解したり，導関数を求めるのに，はじめから $u = u(x) = x^{\frac{1}{3}}$ なる関数を考えるのは少し複雑すぎるので，まずは x 秒間の生産量（リットル）が $y = f(x) = x^2$ というような簡単な2次関数で表せる場合について考えていくことにしよう．

1.1.3 平均変化率から瞬間変化率へ

平均変化率とは，途中の変化を無視して最初と最後の結果だけをみて，例えば何秒間に何リットル変化したかだけを考え，1秒間当たり何リットルの変化をしたかを表す概念である．時間と距離の例でいえば，東京から大阪まで新幹線が走ったとき，途中の駅に止まったりしたことを無視して3時間で600キロメートル走れば，平均の（1時間当たりの）速度は $600/3 = 200$ km/時ということになる．

いま，ある工場における x 秒間の生産量 y（リットル）が $y = f(x) = x^2$ で表される場合について調べてみよう．例えば，$x = 1$ から $x = 3$ までの平均変化率を調べてみると，x の変化は，$3 - 1 = 2$ である．この間に y がどれだけ変化するかというと，$f(3) - f(1) = 3^2 - 1^2 = 9 - 1 = 8$ リットルである．したがって，1秒間当たりの変化率は，y の変化量を x の変化量で割って次のように求められる．

$$\frac{f(3) - f(1)}{3 - 1} = \frac{8}{2} = 4$$

このことから，1秒から3秒の間は，平均して，1秒間当たり4リットルの速度（4リットル/秒）で生産されている，ということになる．

この割合のことを**平均速度**（**平均生産速度**）といい，一般には，平均変化率という．そして，関数 $y = f(x)$ の $x = a$ から $x = b$ までの間の平均変化率は次のように定義される．

$$\frac{f(b) - f(a)}{b - a}$$

そして，さらに短い $x = 1$ から $x = 2$ までの平均変化率は，

$$\frac{f(2) - f(1)}{2 - 1} = \frac{3}{1} = 3$$

となるが，これも 1 秒から 2 秒までの途中の変化を無視した変化率，すなわち平均変化率である．

さて，それでは $x = 1$ のときの瞬間的な変化率はどのように考えればよいだろうか？

$x = 1$ から，ごくわずかの時間が経った，例えば $x = 1$ から $x = 1.1$ までの 0.1 秒間の平均変化率を求めてみると，

$$\frac{f(1.1) - f(1)}{1.1 - 1} = \frac{1.1^2 - 1^2}{0.1} = \frac{0.21}{0.1} = 2.1$$

さらに，$x = 1$ から $x = 1.0001$ までの 0.0001 秒間の平均変化率を求めてみると，

$$\frac{f(1.0001) - f(1)}{1.0001 - 1} = \frac{1.0001^2 - 1^2}{0.0001} = \frac{0.00020001}{0.0001} = 2.0001$$

そして，さらに極端に，0.0000000001 秒間の平均変化率を求めてみると，2.0000000001 となる．

したがって，$x = 1$ のあたりでは，限りなく 2 に近い値となり，もはや，2 と考えてよいだろう．これが，**瞬間変化率**の考え方である．

いまは具体的な数値で時間を短くしていくことを考えたが，これを文字 1 つで表すと便利である．例えば h という文字を用いると，$x = 1$ から $x = 1 + h$ までの平均変化率は，定義より，

$$\frac{f(1 + h) - f(1)}{(1 + h) - 1} = \frac{(1 + h)^2 - 1^2}{h} = \frac{1 + 2h + h^2 - 1}{h} = 2 + h$$

となり，ここで，h をどんどん小さくしていき，最終的に $h=0$ とすると，2となる．そして，この h を0に近づけるという操作を $\lim\limits_{h\to 0}$ と表し，1秒後の（$x=1$ における）瞬間変化率は，

$$\lim_{h\to 0}\frac{f(1+h)-f(1)}{h}=\lim_{h\to 0}(2+h)=2$$

となる．この式は，「平均変化率において，h を限りなく小さくしていったときの極限での値」を表している．なお，lim は，極限の英語 limit の略である（元はラテン語の limes からきているが）．

ところで，上の例では，1秒後の瞬間変化率を求めたが，2秒後や3秒後の瞬間変化率（瞬間速度）は，また同じような計算をしなければならない．そこで，数学ではどんな数値でも扱えるように，一般に，a 秒後の瞬間変化率（瞬間速度）を，

$$\lim_{h\to 0}\frac{f(a+h)-f(a)}{h} \tag{1.1}$$

のように表す．これを用いると，例えば4秒後の瞬間変化率（瞬間速度）は，

$$\begin{aligned}\lim_{h\to 0}\frac{f(a+h)-f(a)}{h}&=\lim_{h\to 0}\frac{(a+h)^2-a^2}{h}=\lim_{h\to 0}\frac{2ah+h^2}{h}\\&=\lim_{h\to 0}(2a+h)=2a\end{aligned}$$

に $a=4$ を代入して，$2\times 4=8$ と簡単に求められる．

1.1.4　導関数と微分の定義

(1.1) で用いた a は一般の定数だったので，どのような値を代入してもよいのだが，「一般の定数」をさらに「一般の変数」に拡張して，$f'(x)$ という新しい関数を次のように定義する．

$$f'(x)=\lim_{h\to 0}\frac{f(x+h)-f(x)}{h} \tag{1.2}$$

瞬間変化率を表すこの新たに定義された関数のことを，元の関数 $f(x)$ の

導関数とよぶ．（なお，「導関数」という用語には「元の関数から導かれた」という意味しかなく，瞬間変化率という意味は含まれていないので，あまりいい用語ではないのであるが．）そして，導関数を求めることを，数学では**微分する**といい，′（ダッシュ）は微分することを簡単に表現する記号として用いられる．つまり，関数 $y = f(x)$ を微分すると，導関数 $y' = f'(x)$ が求められるということになる．

例えば，$f(x) = x^2$ の導関数は，(1.2) の定義から

$$f'(x) = \lim_{h \to 0} \frac{f(x+h) - f(x)}{h} = \lim_{h \to 0} \frac{(x+h)^2 - x^2}{h}$$

$$= \lim_{h \to 0} \frac{2xh + h^2}{h} = \lim_{h \to 0}(2x + h) = 2x$$

のように求められる．

例題 1.1

（1）$f(x) = x^3$ の導関数を定義に従って求めよ．

（2）（1）の結果を用いて，$f'(3)$ の値を求めよ．

［**解**］（1）(1.2) の導関数の定義に従って計算していけばよい．

$$f'(x) = \lim_{h \to 0} \frac{f(x+h) - f(x)}{h} = \lim_{h \to 0} \frac{(x+h)^3 - x^3}{h}$$

$$= \lim_{h \to 0} \frac{x^3 + 3x^2h + 3xh^2 + h^3 - x^3}{h} = \lim_{h \to 0}(3x^2 + 3xh + h^2)$$

$$= 3x^2$$

途中，3 乗の展開式 $(a+b)^3 = a^3 + 3a^2b + 3ab^2 + b^3$ の関係を使った．

（2）$f'(x) = 3x^2$ の x に $x = 3$ を代入して，$f'(3) = 3 \times 3^2 = 27$ となる．

◆

［**問題 1.1.1**］　次の問いに答えよ．

（1）$f(x) = x^2 + 3x$ の導関数を定義に従って求めよ．

（2）（1）の結果を用いて，$f'(1)$ の値を求めよ．

（3）（1）の結果を用いて，$f'(3)$ の値を求めよ．

［**問題 1.1.2**］ ある薬品工場では，x 分後までの薬品の生産量 y リットルが $y = f(x) = 2x^3$ リットルであるとする．

（1） $y = f(x)$ の導関数を定義に従って求めよ．

（2） 導関数 $y' = f'(x)$ は何を表しているか．また，その単位は何か．

（3）（1）の結果を用いて，$f'(1)$ の値を求めよ．

1.1.5　x^n の導関数

例題 1.1 で求めたように，$f(x) = x^3$ の導関数は $f'(x) = 3x^2$ であったが，これを簡単に，$(x^3)' = 3x^2$ とも表す．この表し方を使うと，例えば $f(x) = x^2$ の導関数は $(x^2)' = 2x$ と表せる．

この 2 つの例を見ていると，何やらある規則があるように見えるだろう．$(x^4)'$ の結果を予想できるのではないだろうか．そう，$(x^4)' = 4x^3$ となるのである．そして，一般には次のようになることがわかっている．

$$(x^{\square})' = \square \times x^{\square - 1}$$

□のところにはどのような整数が入ってもよく，□ $= n$ とすると，次のように表せる．

$$(x^n)' = n \times x^{n-1} = nx^{n-1} \tag{1.3}$$

この公式は n がゼロや自然数でないときでも成り立つのであるが，その証明については指数関数と対数関数を学んでからでないとできないので，まずは (1.3) が成り立つことを覚えておくとよいだろう．

（注） この導関数の公式を導くためには，途中，次のような展開式が必要になる．

$$(x+h)^n = x^n + nx^{n-1}h + h^2 \times (n, x, h \text{ の多項式})$$

右辺は二項定理とよばれる展開式であるが，これを使うと x^n の導関数が求められる．以下の式で，△には，n, x, h の多項式が入る．

$$\begin{aligned} f'(x) &= \lim_{h \to 0} \frac{f(x+h) - f(x)}{h} = \frac{(x+h)^n - x^n}{h} \\ &= \lim_{h \to 0} \frac{x^n + nx^{n-1}h + h^2 \times \triangle - x^n}{h} = \lim_{h \to 0} \frac{nx^{n-1}h + h^2 \times \triangle}{h} \end{aligned}$$

$$= \lim_{h \to 0}(nx^{n-1} + h \times \triangle) = nx^{n-1}$$

ここで，$n = 1$ の場合はどうなるだろうか．例えば，$f(x) = 4x$ の場合，その導関数を定義に従って求めると，

$$f'(x) = \lim_{h \to 0} \frac{f(x+h) - f(x)}{h} = \lim_{h \to 0} \frac{4(x+h) - 4x}{h}$$

$$= \lim_{h \to 0} \frac{4h}{h} = 4$$

となる．

ところで，$f(x) = 4x$ という関数は，比例定数が 4 の正比例の関数（傾きが 4 で，原点を通る右上りの直線のグラフ）であり，もともと，比例定数の 4 は変化率を表していた（毎秒 4 メートルの速さで x 秒間進んだときの距離 y が，$y = 4x$ と表せるのであったから）．つまり，この場合には，わざわざ導関数を求める計算をしなくても，導関数が瞬間変化率を表すことを理解していれば，4 が導関数になることは当然の結果であったともいえる．

さらに，x が変化しても常に一定の値をとるような関数，例えば $f(x) = 1$ という関数の導関数を求めてみると，

$$\lim_{h \to 0} \frac{f(x+h) - f(x)}{h} = \lim_{h \to 0} \frac{1-1}{h} = \lim_{h \to 0} 0 = 0$$

となり，これは，$(x^n)' = nx^{n-1}$ において，$n = 0$ という特別な場合になっている．

また，この関数は x が変化しても y の値が 1 のままで変化しないのであるから，その瞬間変化率もゼロであることは導関数の定義式でわざわざ計算をしなくても当然の結果といえる．

例題 1.2

関数 $f(x) = x^8$ の導関数 $f'(x)$ を（1.3）から求め，その結果を用いて，$f'(2)$ の値を求めよ．

［**解**］(1.3) において $n = 8$ とおくと，$f'(x) = 8x^{8-1} = 8x^7$ となる．また，$x = 2$ を代入して $f'(2) = 8 \times 2^7 = 1024$ となる．

◆

［**問題 1.2.1**］ 関数 $f(x) = x^6$ の導関数 $f'(x)$ を (1.3) から求め，その結果を用いて，$f'(2)$ の値を求めよ．

［**問題 1.2.2**］ ある国では牛肉の価格が狂乱状態にあり，x 日後の価格（ドル）が関数 $f(x) = x^4$ で表せるという．

（1） 導関数 $y' = f'(x)$ を求め，それがどのような量を表しているかを述べよ．

（2） 3日後には，牛肉は1日当たり何ドルの上昇率になっているかを求めよ．

1.2　微分の諸法則

1.2.1　微分の線形性

数学ではいろいろなところで**線形性**という概念が出てくるが，線形性とは，「足したり定数倍してからある作用を施した結果と，その作用を施してから足したり定数倍した結果が同じになる」という性質のことである．一般的・抽象的な表現ではわかりにくいが，ここで扱う微分の線形性とは，例えば，

$$(7x^4 + 2x^3 - 6x^2 + 4x + 8)' = 7(x^4)' + 2(x^3)' - 6(x^2)' + 4(x)' + (8)'$$

のように，全体の導関数を1つ1つの導関数の和にしたり，定数倍を外に出したりできることを意味している．

微分の線形性は，和の線形性と定数倍の線形性に分けられ，一般的な公式としては次のように表せる．

(1)　$\{f(x) + g(x)\}' = f'(x) + g'(x)$

(2)　$\{k\,f(x)\}' = k\,f'(x)$

これらの「線形性」を導関数の定義から証明することは難しいことではないので，ここでは (1) の性質だけを証明しておこう．

$k(x) = f(x) + g(x)$ とおくと，この導関数は

$$\begin{aligned}k'(x) &= \lim_{h\to 0}\frac{k(x+h)-k(x)}{h}\\ &= \lim_{h\to 0}\frac{\{f(x+h)+g(x+h)\}-\{f(x)+g(x)\}}{h}\\ &= \lim_{h\to 0}\frac{\{f(x+h)-f(x)\}+\{g(x+h)-g(x)\}}{h}\\ &= \lim_{h\to 0}\frac{f(x+h)-f(x)}{h}+\lim_{h\to 0}\frac{g(x+h)-g(x)}{h}\\ &= f'(x)+g'(x)\end{aligned}$$

となり，線形性が示される．(2) の証明も同様にできるが，ここでは省略するので，各自でやってみてほしい．

ところで，形式的な証明は以上のようであるが，具体的な例で理解しておくことも大切である．

例えば，ある製品を2つの異なった製造方法AとBで生産しているとしよう．Aではx秒間に$f(x)$リットル生産でき，Bではx秒間に$g(x)$リットル生産できるとする．いま，AとBの両方を合わせると，x秒間に生産される量は$f(x)+g(x)$リットルである．(1) が表現しているのは，「両方を合わせたときのx秒後の生産速度は，Aの生産速度$f'(x)$とBの生産速度$g'(x)$の和に他ならない」ことである．つまり，極めて当たり前のことを表現しているにすぎない．

(2) も同様で，生産される量がk倍になれば，生産速度もk倍になるという，当たり前のことを表現しているのである．

例題 1.3

関数$f(x)=7x^4+2x^3-6x^2+4x+8$の導関数$f'(x)$を求め，その結果を用いて，$f'(2)$の値を求めよ．

[解]
$$\begin{aligned}f'(x) &= (7x^4)'+(2x^3)'+(-6x^2)'+(4x)'+(8)'\\ &= 7\times(x^4)'+2\times(x^3)'+(-6)\times(x^2)'+4\times(x)'+(8)'\end{aligned}$$

$$= 7 \times 4x^3 + 2 \times 3x^2 - 6 \times 2x + 4 \times 1 + 0$$
$$= 28x^3 + 6x^2 - 12x + 4$$

したがって，

$$f'(2) = 28 \times 8 + 6 \times 4 - 12 \times 2 + 4 = 228$$

となる．

◆

［**問題 1.3.1**］ 関数 $f(x) = -3x^5 + 3x^2 - 6x + 4$ の導関数 $f'(x)$ を求め，その結果を用いて，$f'(1)$ と $f'(2)$ の値を求めよ．

［**問題 1.3.2**］ x 日後の物価指数（%）が次の式で与えられているとしよう．

$$f(x) = 0.2x^2 - 0.4x + 60$$

このとき，4 日後の物価指数の変化率（%/日）を求めよ．

1.2.2　積関数の導関数

積関数とは，$f(x)g(x)$ のように関数同士が掛け算の形になっている関数のことである．そして，積関数の導関数は次の公式で表せる．

$$\{f(x)g(x)\}' = f'(x)g(x) + f(x)g'(x) \tag{1.4}$$

この公式を導関数の定義から証明すると次のようになる．

$$\{f(x)g(x)\}'$$
$$= \lim_{h \to 0} \frac{f(x+h)g(x+h) - f(x)g(x)}{h}$$
$$= \lim_{h \to 0} \frac{\{f(x+h) - f(x)\}g(x+h) + f(x)\{g(x+h) - g(x)\}}{h}$$
$$= \lim_{h \to 0} \left\{\frac{f(x+h) - f(x)}{h} \times g(x+h)\right\} + \lim_{h \to 0} \left\{f(x) \times \frac{g(x+h) - g(x)}{h}\right\}$$
$$= f'(x)g(x) + f(x)g'(x)$$

（注） 初学者がよく間違えるのは，積関数の導関数を次のように計算してしまうことである．

$$\{f(x)g(x)\}' = f'(x)g'(x)$$

この式は間違いなので，注意してほしい．

例題 1.4

関数 $h(x) = (x^3 - 4x + 5)(2x^4 + 3x - 4)$ の導関数 $h'(x)$ を求め，その結果を用いて，$h'(1)$ の値を求めよ．

［**解**］ $f(x) = x^3 - 4x + 5$，$g(x) = 2x^4 + 3x - 4$ と見なして，積関数の導関数の公式（1.4）を用いると

$$\begin{aligned} h'(x) &= (x^3 - 4x + 5)'(2x^4 + 3x - 4) + (x^3 - 4x + 5)(2x^4 + 3x - 4)' \\ &= (3x^2 - 4)(2x^4 + 3x - 4) + (x^3 - 4x + 5)(8x^3 + 3) \end{aligned}$$

となる（次の目的があるので，展開して整理しなくてもよい）．

したがって，

$$h'(1) = (3 - 4) \times (2 + 3 - 4) + (1 - 4 + 5) \times (8 + 3) = 21$$

となる．

◆

［**問題 1.4.1**］ 関数 $h(x) = (3x^2 - 6x + 4)(2x^3 + 5x - 2)$ の導関数 $h'(x)$ を求め，その結果を用いて，$h'(0)$ の値を求めよ．

［**問題 1.4.2**］ ある商店において，x 日後の豚肉の価格が $f(x) = 0.2x^2 - 0.3x + 2$（円/グラム）であり，販売量が $g(x) = x^3 - x^2 + 4x + 2$（グラム）であるとき，$x$ 日後の売上額は $k(x) = f(x)g(x)$（円）となる．

（1） x 日後の「1 日当たりの売上額の変化（円/日）」を求めよ．

（2） 2 日後の「1 日当たりの売上額の変化（円/日）」を求めよ．

1.2.3 商関数の導関数

商関数とは，$\dfrac{g(x)}{f(x)}$ のように関数同士が割り算（商）の形になっている関数のことである．そして，商関数の導関数は次の公式で表せる．

$$\left\{\frac{g(x)}{f(x)}\right\}' = \frac{g'(x)f(x) - g(x)f'(x)}{\{f(x)\}^2} \qquad (1.5)$$

（注） この公式を導関数の定義から証明すると次のようになる．

$$
\begin{aligned}
s'(x) &= \lim_{h \to 0} \frac{\dfrac{g(x+h)}{f(x+h)} - \dfrac{g(x)}{f(x)}}{h} \\
&= \lim_{h \to 0} \frac{\dfrac{g(x+h)f(x) - g(x)f(x+h)}{f(x+h)f(x)}}{h} \\
&= \lim_{h \to 0} \frac{\dfrac{g(x+h)f(x) - g(x)f(x) + g(x)f(x) - g(x)f(x+h)}{f(x+h)f(x)}}{h} \\
&= \lim_{h \to 0} \frac{\dfrac{g(x+h) - g(x)}{h} \times f(x) - g(x) \times \dfrac{f(x+h) - f(x)}{h}}{f(x+h)f(x)} \\
&= \frac{g'(x)f(x) - g(x)f'(x)}{\{f(x)\}^2}
\end{aligned}
$$

例題 1.5

関数 $s(x) = \dfrac{3x^2 - 4x}{2x+1}$ の導関数 $s'(x)$ を求め，その結果を用いて，$s'(1)$ の値を求めよ．

［**解**］ $g(x) = 3x^2 - 4x$, $f(x) = 2x + 1$ とおいて，商関数の導関数の公式 (1.5) を用いると

$$
\begin{aligned}
s'(x) &= \frac{g'(x)f(x) - g(x)f'(x)}{\{f(x)\}^2} \\
&= \frac{(6x-4)(2x+1) - (3x^2-4x) \times 2}{(2x+1)^2} \\
&= \frac{6x^2 + 6x - 4}{(2x+1)^2}
\end{aligned}
$$

となる．

したがって，

$$
s'(1) = \frac{6+6-4}{9} = \frac{8}{9}
$$

となる．

◆

［**問題 1.5.1**］　関数 $s(x) = \dfrac{4x^3 - 5x}{3x + 2}$ の導関数 $s'(x)$ を求め，その結果を用いて，$s'(0)$ の値を求めよ．

［**問題 1.5.2**］　ある島国の人口について，ある年のはじめから x 年後の人口が関数 $s(x) = \dfrac{5x^2 - 6x}{2x + 3}$ で表されているとする．

（１）　$s(x)$ の導関数 $s'(x)$ を求めよ．

（２）　$s'(x)$ は何を表しているか．

（３）　5 年後には，1 年に何人の割合で人口が変化しているか．

1.2.4　合成関数の導関数

いま，例えば $y = f(x) = (2x + 3)^4$ という関数の導関数を求めるのに，1.1.5 項で述べた x^n の導関数の公式をそのまま当てはめて $y' = f'(x) = 4(2x + 3)^3$ としてしまうと，間違った結果になってしまう．なぜなら，この関数の導関数を求める計算は，全体としては 4 乗についての部分の微分にはなっているが，$(2x + 3)$ の部分も x とともに変化する関数なので，この部分の変化率も関係するからである．

そこで，このような関数の場合には次のように考えるのである．$y = (2x + 3)^4$ において $z = 2x + 3$ とおくと，この関数は次の 2 つの関数に分解できる．

$$\begin{cases} y = z^4 \\ z = 2x + 3 \end{cases}$$

そうすると，関数 $y = (2x + 3)^4$ は，上の 2 つの関数からなる関数，すなわち**合成関数**と見なすことができる．

ところで，上の式のように変数が増えてくると，導関数を表すのに y' だけでは不便になってくる．そこで，どの変数の変化に対する，どの変数の変化率かが一目でわかるようにするため，関数 $y = f(x)$ の導関数 $f'(x)$ を求める式をここでもう一度思い出してみよう．

$$y' = f'(x) = \lim_{h \to 0} \frac{f(x+h) - f(x)}{h}$$

上の式で，分子の $f(x+h) - f(x)$ は，変数 y の変化する量である．そこで，この量が y の変化量であることが一目でわかるように $f(x+h) - f(x) = \Delta y$ と表し，分母の h は x の変化した量なので $h = \Delta x$ と表すと，$y' = f'(x)$ の定義式は次のように表すこともできる（Δ はギリシア文字で，デルタと読む）．

$$y' = f'(x) = \lim_{\Delta x \to 0} \frac{\Delta y}{\Delta x}$$

そして，この右辺の導関数を，y の変化を x の変化で割った平均変化率 $\dfrac{\Delta y}{\Delta x}$ の極限であることが一目でわかるように $\dfrac{dy}{dx}$ と表し，「y を x で微分した導関数」という．なお，dx や dy は，ここでは，それ自体として数量を表しているわけではない．

$$\frac{dy}{dx} = \lim_{\Delta x \to 0} \frac{\Delta y}{\Delta x} \tag{1.6}$$

この左辺の記号を使うと，$y = f(z)$，$z = g(x)$ という合成関数の微分は次のように表せる．

$$\begin{aligned} \frac{dy}{dx} &= (\text{まず，}y\text{ を }z\text{ で微分})\cdot(\text{続いて，}z\text{ を }x\text{ で微分}) \\ &= \frac{dy}{dz}\frac{dz}{dx} \end{aligned} \tag{1.7}$$

この式は，「合成関数の微分公式」とよばれるものである．

この式を見ると，あたかも，dz が分子と分母でキャンセルし合って左辺と右辺が等しいようにみえる．ここでは dz などがある数量を表しているわけではないので，「キャンセルし合って左辺と右辺は等しい」と理解するのは正しくはないのであるが，この公式が導かれる過程

$$\frac{dy}{dx} = \lim_{\Delta x \to 0} \frac{\Delta y}{\Delta x}$$

$$= \lim_{\Delta x \to 0,\, \Delta z \to 0} \frac{\Delta y}{\Delta z} \frac{\Delta z}{\Delta x}$$

$$= \frac{dy}{dz} \frac{dz}{dx}$$

をみれば，そのように考えてもあながち間違いではない．

前置きが長くなったが，(1.7) を用いて冒頭に述べた $y = f(x) = (2x+3)^4$ の導関数を求めてみると，

$$\begin{aligned} f'(x) &= \frac{dy}{dx} = \frac{dy}{dz}\frac{dz}{dx} \\ &= 4z^3 \cdot 2 = 8z^3 \\ &= 8(2x+3)^3 \end{aligned}$$

となる．

例題 1.6

関数 $y = f(x) = (2x^3 - 6x^2 + 4x + 2)^4$ の導関数を求め，その結果を用いて，$f'(0)$ を求めよ．

［**解**］ この関数を

$$\begin{cases} y = z^4 \\ z = 2x^3 - 6x^2 + 4x + 2 \end{cases}$$

のように２つに分解し，それらの合成関数と考えて，合成関数の微分公式を用いると

$$\begin{aligned} y' = f'(x) &= \frac{dy}{dx} = \frac{dy}{dz}\frac{dz}{dx} \\ &= 4z^3(6x^2 - 12x + 4) \\ &= 4(2x^3 - 6x^2 + 4x + 2)^3(6x^2 - 12x + 4) \end{aligned}$$

となる．したがって，

$$f'(0) = 128$$

となる．

◆

［**問題 1.6.1**］ 関数 $y = f(x) = (3x^2 - 5x + 7)^4$ の導関数を求め，その結果を用いて，$f'(0)$ を求めよ．

［**問題 1.6.2**］ 日本がアメリカから輸入しているある農産物について，x ヶ月間の輸入量(トン) が次の式で表せるとする．

$$y = f(x) = (x^3 - 4x^2 + 6x + 2)^2$$

（1） x ヶ月後に，1ヶ月当たり何トンの割合で輸入量が変化しているか求めよ．

（2） 2ヶ月後の1ヶ月当たりの輸入量の変化はどのくらいになるか求めよ．

1.3　指数関数・対数関数とそれらの導関数

1.3.1　指数関数

現在 100 円の商品が毎年 2% の割合で値上がりをしていったら，10 年後には一体いくらになるだろうか？というような問題をどのように考えるかというときに，指数関数というものが役に立つ．また，物価上昇率やローンの金額の問題，複利計算による利子や元利合計の求め方など，経済・経営と関連する指数関数はたくさんある．

ここでは，元金が 100 万円，年利率が 2% の場合に，x 年後の元利合計を求める計算を例にとってみよう．

元金が 100 万円で年利率が 2% ということは，利息が 1 年で $100 \times 0.02 = 2$ 万円つくということである．この利息と，もともとの元金 100 万円を合わせた 102 万円を「元利合計」とよぶが，元金から元利合計を直接求める計算は

$$100 + 100 \times 0.02 = 100 \times (1 + 0.02) = 100 \times 1.02 = 102$$

となり，一般的には，(元金) × (1 + 年利率) ということになる．

次に複利計算の場合は，2 年目の元金を 1 年後の元利合計である 102 万円とすることである．したがって，2 年後に受け取れる元利合計は次のようになる．

$$102 \times 1.02 = 104.04$$

上の計算で，102 をもとの式 100×1.02 にしてみると，2 年後の計算式は

$$(100 \times 1.02) \times 1.02 = 100 \times 1.02^2$$

となり，3 年後の元利合計は，

$$(100 \times 1.02^2) \times 1.02 = 100 \times 1.02^3$$

のようになる．

このことから，元金を a_0（上の例では 100），$1 +$ 年利率 $= a$（上の例では 1.02）とすると，一般に x 年後の元利合計は次のように表せる．

$$y = f(x) = a_0 \times a^x \qquad (1.8)$$

そして，この a^x のような何乗の部分が変数 x となる関数を**指数関数**という．

なお，元金と毎年の利息の計算などの場合には，時間の変数 x は自然数だけであるが，例えば連続的な時間の経過（x 秒）に対する細菌の増減量などの場合には，x も連続量になることはいうまでもない．

例題 1.7

時刻 $x = 0$ での値が $a_0 = 100$ で，単位時間に 3 倍になる指数関数を式で表せ（単位時間とは，1 秒間や 1 時間など，基準とする時間のことである）．

［**解**］（1.8）で $a_0 = 100$，$a = 3$ とすればよいので

$$y = f(x) = 100 \times 3^x$$

となる．

◆

［**問題 1.7.1**］　時刻 $x = 0$ での値が $a_0 = 9$ で，単位時間に 5 倍になる指数関数を式で表せ．

［**問題 1.7.2**］　ある国では物価が，毎年 2% ずつ上昇しているとすると，今年 1000 ドルの商品は，x 年後にはどのような価格になっているか，式で表せ．また，5 年後，20 年後のその商品の価格を求めよ．計算には電卓やパソコンを活用してよい．

1.3.2 指数関数のグラフ

指数関数の変化は，グラフで表してみるとよくわかる．(1.8) において，$a_0 = 100$，$a = 1.02$ とした $y = 100 \times 1.02^x$ のグラフは図 1.3 のようになる．

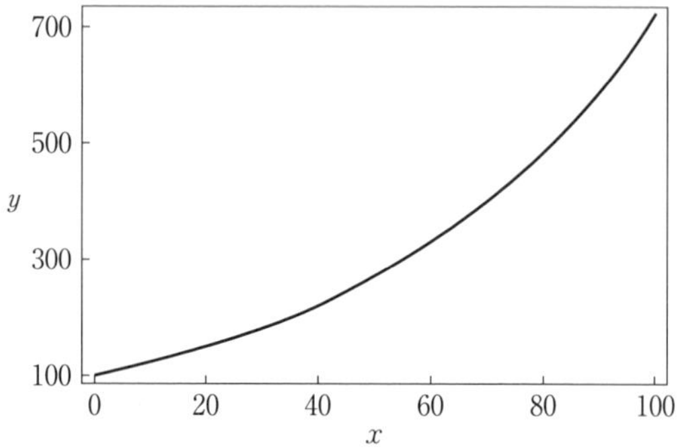

図 1.3

年利率が 2%，元金は 100 万円とわずかではあっても，40 年も経つと元金は 2 倍の 200 万円になり，60 年経つと 300 万円を超え，100 年も経つと 700 万円を超えてしまう．

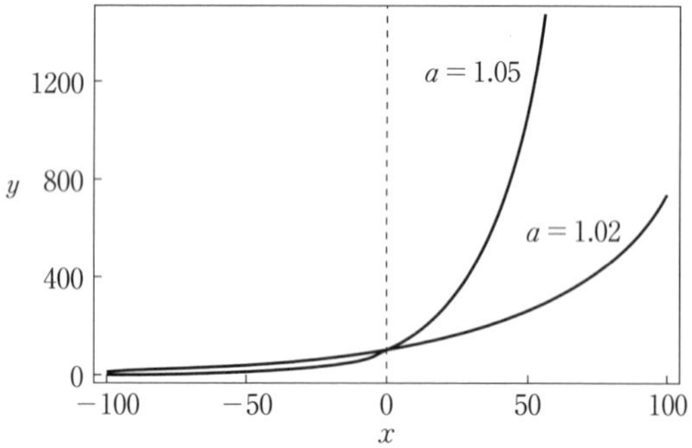

図 1.4

また，2% の利率がわずかに増えて 5% になっただけで，その増え方は極めて急激になっていく．図 1.4 のグラフは，年利率 2% と 5% の場合を同じスケールにして並べたものである．急激に値が増えているグラフが，年利率 5% の場合である．

現在の元金が 100 万円で年利率が 2% である場合，過去も同じ利率で増えてきていたとすれば，1 年前，2 年前，3 年前の元利合計も求めることができる．式としては，x を年数として，それを負の値とし，$x = -1$，$x = -2$，$x = -3$ などとするだけでよい．このグラフは，年利率 $a = 1.02$ と $a = 1.05$ の場合に，$-100 \leq x \leq 100$ の範囲で描いたものである．

さらに，年利率 $a<1$ の場合は減少関数になる．経済がデフレの状態が長く続いて物価指数が毎年減少し，減少率が前年の5%とか8%になった場合には，$y=f(x)=0.95^x$ や $y=f(x)=0.92^x$ になる．図1.5のグラフは，$a=0.95$ と $a=0.92$ の場合の $y=a^x$ のグラフであり，急激な減少をしている方が $a=0.95$ の場合である

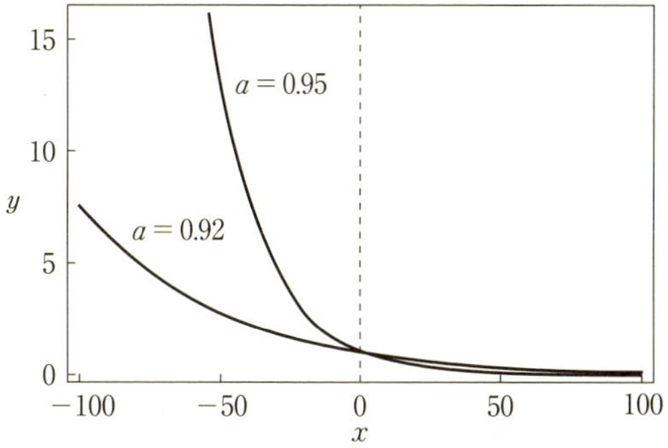

図1.5

1.3.3 指数法則

指数関数の特徴は，ある量が単位時間で a 倍になる場合，それから時間 t が経った後には，それが a^t 倍になることであった．

このような増え方は，どの時点を基準に考えても同じことで，時間 t からさらに単位時間が経てば a^t の a 倍，時間 s が経てば a^t の a^s 倍になる．すなわち，最初の量を a_0 としたとき，それから $t+s$ 時間が経った後の量は

$$a_0 \times a^{t+s} = (a_0 \times a^t) \times a^s = a_0 \times a^t a^s$$

のように求められる．ここで a_0 を消去すると

$$a^{t+s} = a^t \times a^s = a^t a^s \tag{1.9}$$

となり，この式をみると，指数（ここでは時間）の和 $t+s$ が，量の積に対応していることがわかる．これは**指数法則**とよばれる法則の1つである．

また，最初の量（例えば元金）を a_0 とすると，時刻 t での量は $a_0 \times a^t$ で与えられるから，$t=0$ とすると $a_0 = a_0 \times a^0$ となり，$a^0 = 1$ が成り立つ．

さらに，t 分後に a^t 倍になる場合，時間を元に戻せば，t 分前（$-t$ 分後）には a^t 分の1になっているはずであるから，

$$a_0 \times a^{-t} = a_0 \times \frac{1}{a^t}$$

となり，a_0 を消去すると，

$$a^{-t} = \frac{1}{a^t} \tag{1.10}$$

が成り立つ．これも指数法則の１つである．

そして，もう１つ，単位時間で a 倍になるとき，時間 ts 後の量は $a_0 \times a^{ts}$ となるが，時間 t を１単位と考えると，ts は時間が s 経過したことになるので $a_0 \times (a^t)^s$ となる．そこで，

$$a_0 \times (a^t)^s = a_0 \times a^{ts}$$

となり，a_0 を消去すると，

$$(a^t)^s = a^{ts} \tag{1.11}$$

が成り立つ．

以上の指数法則をまとめると次のようになる．

1. $a^{t+s} = a^t a^s$
2. $a^0 = 1$
3. $a^{-t} = \dfrac{1}{a^t}$
4. $(a^t)^s = a^{ts}$

なお，１と３を組み合わせると，次の指数法則も得られる．

$$a^{t-s} = \frac{a^t}{a^s} \tag{1.12}$$

例題 1.8

次の問いに答えよ．

（１） $a = 8$ のとき，$a^3 = 512$，$a^4 = 4096$ である．これより a^7 の値を求めよ．

（２） 9^0 の値を求めよ．

（３） $a^7 = 5$ のとき，a^{-7} の値を求めよ．

（４） $a^3 = 7$ のとき，a^6 の値を求めよ．

[解]　(1)　$a^7 = a^{3+4} = a^3 \times a^4 = 512 \times 4096 = 2097152$,　　(2)　$9^0 = 1$

(3)　$a^{-7} = \dfrac{1}{a^7} = \dfrac{1}{5}$,　　(4)　$a^6 = a^{3\times 2} = (a^3)^2 = 7^2 = 49$

◆

[問題 1.8.1]　次の問いに答えよ．

(1)　$a = 7$ のとき，$a^3 = 343$，$a^5 = 16807$ である．これより a^8 の値を求めよ．

(2)　6^0 の値を求めよ．

(3)　$a^9 = 4$ のとき，a^{-9} の値を求めよ．

(4)　$a^5 = 7$ のとき，a^{10} の値を求めよ．

[問題 1.8.2]　ある国の人口が年に 1.1 倍になる．つまり，指数関数的に増加しているとする．ある年を基準の 1 億人であるとして，次の問いに答えよ．

(1)　3 年後の人口を求めよ．

(2)　3 年前の人口を求めよ．

(3)　12 年後の人口を求めよ．

1.3.4　対数関数

いま，時刻 $t = 0$ での微生物の量が 1 グラムあり，単位時間（例えば 1 分）後に 2 倍の 2 グラムになったとすると，時刻 t における量（グラム）は，$y = f(t) = 1 \times 2^t = 2^t$ と求まる．各時刻（分）に対してそのときの量（グラム）を対応させるのが 2^t という指数関数であるが，この逆の関数というものを考えてみよう．

“逆”というのは，例えば，微生物の量が 8 グラムになるのは何分後，32 グラムになるのは何分後というように，ここでの例でいえば，量に対してそのときの時刻を対応させる関数で，指数関数の逆の関数のことである．そして，この関数のことを**対数関数**とよぶ．

表 1.2　指数関数と対数関数の一例

x	-2	-1	0	1	2	3	4
y	$\frac{1}{2^2}=\frac{1}{4}$	$\frac{1}{2}$	1	2	$2^2=4$	$2^3=8$	$2^4=16$

表1.2でいうと，上の段から下の段を決める規則が指数関数であり，下の段から上の段を決める規則が対数関数である．

一般に，x から y を求める関数に対して，y から x を求める関数を**逆関数**という．x から y を求める指数関数は，例えば $y=2^x$ のように表すが，これを y から x を求める対数関数にすると，$x=\log_2 y$ のように表す．log は，対数関数の英語である logarithmic function に由来している．

ここでの例でいえば，$\log_2 8$ は量が8グラムになる時刻を表し，$\log_2 2^3=3$ ということになる．

一般に，

$$\log_a b = c \tag{1.13}$$

のとき，左辺は，単位時間で a 倍になる指数法則において量が b になる時刻を表すので，それが c ということは，$a^c=b$ と同じ意味になる．この a のことを**対数の底**といい，b のことを**対数の真数**とよぶ．例えば $\log_2 8$ においては，底が2，真数が8ということになる．また，$a^0=1$ であったから，$\log_a 1=0$ となる．さらに，$a^{-n}=\dfrac{1}{a^n}$ であったから，$\log_a \dfrac{1}{a^n}=\log_a a^{-n}=-n$ となり，一般には，

$$\log_a a^n = n \tag{1.14}$$

となる．

そして，対数関数の定義から次の式が成り立つ．

$$a = b^{\log_b a} \tag{1.15}$$

この関係式は，指数関数の導関数を求めるために必要な式で，一見わかりにくいかもしれないが，対数の意味を考えるとほぼ自明である．例えば $\log_2 3$ は，単位時間で 2 倍になる指数法則において量が 3 になる時刻を表しているので，2 を $\log_2 3$ 乗すれば 3 になるのは当然である．

例題 1.9

次の対数の値を求めよ．

(1)　$\log_2 16$　(2)　$\log_5 125$　(3)　$\log_7 7$　(4)　$\log_8 1$

[解]　(1)　$\log_2 16 = \log_2 2^4 = 4$　(2)　$\log_5 125 = \log_5 5^3 = 3$

(3)　$\log_7 7 = 1$　(4)　$\log_8 1 = 0$

◆

[問題 1.9.1]　次の対数の値を求めよ．

(1)　$\log_3 27$　(2)　$\log_{10} 1000$　(3)　$\log_5 5$　(4)　$\log_{12} 1$

[問題 1.9.2]　ある国で，戦争のために物価が急激に上昇し，はじめ 1 万円だったモノが，1ヶ月後には 3 倍の 3 万円になったとする．

(1)　81 万円になるのは何ヶ月後か，対数で表せ．

(2)　x 万円になるのは何ヶ月後か，対数で表せ．

1.3.5　対数関数のグラフ

対数関数 $y = \log_2 x$ は $x = 2^y$ と同等であるが，この関数と逆関数の関係にある元の関数 $y = 2^x$ とは x と y が入れ替わっている．すなわち，逆関数は元の関数の x と y を入れ替えるので，x 軸と y 軸が入れ替わったグラフ，つまり，$y = x$ という直線に関して対称なグラフとなる．

例えば，$y = 2^x$ と $y = \log_2 x$ のグラフを同時に表すと，図 1.6 のようになる．左上のグラフが指数関数 $y = 2^x$，真中は対称軸の直線 $y = x$，右下のグラフが対数関数 $y = \log_2 x$（$y = 2^x$ の逆関数）のグラフである．

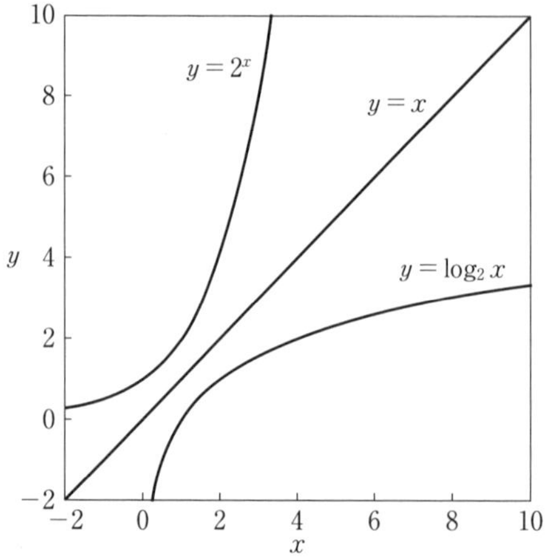

図 1.6

1.3.6 対数法則

指数法則に対応して，次のような対数法則が成立する．

$$(1)\quad \log_a uv = \log_a u + \log_a v \tag{1.16}$$

$$(2)\quad \log_a \frac{u}{v} = \log_a u - \log_a v \tag{1.17}$$

$$(3)\quad \log_a u^n = n \log_a u \tag{1.18}$$

$$(4)\quad \log_a b = \frac{\log_c b}{\log_c a} \tag{1.19}$$

（注）　それぞれの導き方は，指数法則を用いればよい．

(1)　$\log_a u = t$，$\log_a v = s$ とおくと，$u = a^t$，$v = a^s$ となるので，$uv = a^t a^s = a^{t+s}$，$t + s = \log_a uv$ より，$\log_a u + \log_a v = \log_a uv$ となる．

(2)　$\log_a u = t$，$\log_a v = s$ とおくと，$u = a^t$，$v = a^s$ となるので，$\dfrac{u}{v} = \dfrac{a^t}{a^s} = a^{t-s}$ より，$t - s = \log_a u - \log_a v = \log_a \dfrac{u}{v}$ となる．

(3)　$\log_a u = t$ とおくと，$u = a^t$，$u^n = (a^t)^n = a^{nt}$ となるので，$nt = \log_a u^n$ より，$\log_a u^n = n \log_a u$ となる．

(4)　(3) を用いて，$n = \log_a b$ とおくと，$\log_a b \log_c a = \log_c a^{\log_a b} = \log_c b$ より，$\log_a b = \dfrac{\log_c b}{\log_c a}$ となる．

例題 1.10

次の問いに答えよ．

（1） $\log_c a = 4$，$\log_c b = 7$ のとき，$\log_c ab$ の値を求めよ．

（2） $\log_c a = 8$，$\log_c b = 4$ のとき，$\log_c \dfrac{a}{b}$ の値を求めよ．

（3） $\log_a b = 2$ のとき，$\log_a b^3$ を求めよ．

（4） $\log_2 b = 0.8$，$\log_2 c = 0.5$ のとき，$\log_c b$ の値を求めよ．

［**解**］（1） $\log_c ab = \log_c a + \log_c b = 4 + 7 = 11$

（2） $\log_c \dfrac{a}{b} = \log_c a - \log_c b = 8 - 4 = 4$

（3） $\log_a b^3 = 3 \log_a b = 3 \times 2 = 6$

（4） $\log_c b = \dfrac{\log_2 b}{\log_2 c} = \dfrac{0.8}{0.5} = \dfrac{8}{5} = 1.6$

◆

［**問題 1.10.1**］ 次の問いに答えよ．

（1） $\log_c a = 2$，$\log_c b = 4$ のとき，$\log_c ab$ の値を求めよ．

（2） $\log_c a = 15$，$\log_c b = 5$ のとき，$\log_c \dfrac{a}{b}$ の値を求めよ．

（3） $\log_a b = 6$ のとき，$\log_a b^2$ を求めよ．

（4） $\log_4 b = 6$，$\log_4 c = 3$ のとき，$\log_c b$ の値を求めよ．

［**問題 1.10.2**］ 元金 1 万円が，1 年で c 倍になるという金融商品がある．a 万円になるのが 2 年後，b 万円になるのが 4 年後とする．

（1） ab 万円になるのは何年後か．

（2） $\dfrac{b}{a}$ 万円になるのは何年後か．

（3） b^5 万円になるのは何年後か．

（4） a 万円になる期間の 2 年を単位の期間 T とすると，b 万円になるのは何 T のときか．

1.3.7 ネイピアの数 e

指数関数の微分積分を扱うには，なくてはならない数がある．それが，$e = 2.71828\cdots$という値である．この数はどこから出てくるかというと，経済・経営との関連でいえば，例えば**連続複利計算**で現れてくる．

元金が1万円で，年利率が100%の場合を考えてみると，n年後の元利合計は$1 \times (1+1)^n = 2^n$万円となる．

1年に2回の複利計算をするときは，半年ごとの利率は$\dfrac{1}{2}$となるので，1年後の元利合計は次のように計算される．

$$1 \times \left(1 + \frac{1}{2}\right)^2 = 2.25$$

また，毎月複利計算し，毎月利息を元金に組み入れた場合には

$$1 \times \left(1 + \frac{1}{12}\right)^{12} \fallingdotseq 2.61304$$

となり，当然のことながら，元利合計はより増えることになる．

さらには，毎日複利計算し，毎日利息を元金に組み入れると，

$$1 \times \left(1 + \frac{1}{365}\right)^{365} \fallingdotseq 2.71457$$

となる．最後に，毎分複利計算した結果を示すと，

$$1 \times \left(1 + \frac{1}{60 \times 24 \times 365}\right)^{60 \times 24 \times 365} \fallingdotseq 2.71828$$

となり，次第にある値に近づいていくのがみてとれるが，この値が，最初に紹介したネイピアの数eの値なのである．

きちんと表現すれば，eの定義は

$$e = \lim_{n \to \infty}\left(1 + \frac{1}{n}\right)^n = 2.7182818284590452353360\cdots \qquad (1.20)$$

となり，nの増加に連れて$\left(1 + \dfrac{1}{n}\right)^n$がどのように増えていくかをグラフに表すと図1.7のようになる．

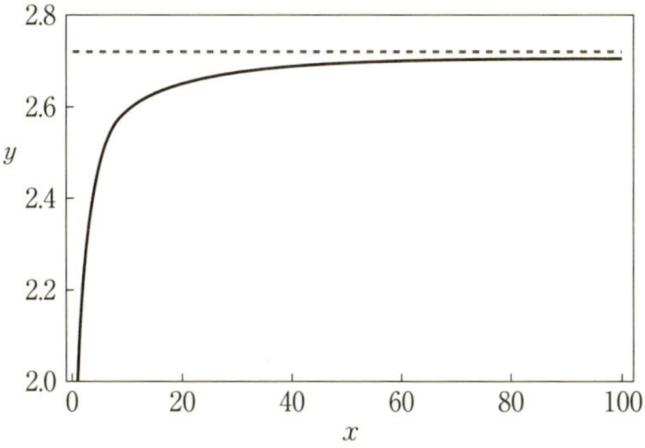

図 1.7　$\left(1+\dfrac{1}{n}\right)^n$ のグラフ

この数 e は，発見者の名前にちなんで**ネイピアの数**とよばれたり，**自然対数の底**とよばれたりする．円周率と同じように，不規則に無限に続く，不思議な数である．この数は，確率論や統計学では特に重要で，正規分布というものを表すにはなくてはならない数である．

ちなみに，元金が1万円で，年利率が r の場合に，1年に n 回の連続複利計算による1年後の元利合計は次のようになる．

$$
\begin{aligned}
\lim_{n\to\infty}\left(1+\frac{r}{n}\right)^n &= \lim_{n\to\infty}\left(1+\frac{1}{n/r}\right)^{\frac{n}{r}\times r} \\
&= \lim_{m\to\infty}\left(1+\frac{1}{m}\right)^{m\times r} \qquad \left(\text{ただし，} m=\frac{n}{r}\right) \\
&= \lim_{m\to\infty}\left\{\left(1+\frac{1}{m}\right)^m\right\}^r \\
&= e^r
\end{aligned}
$$

例題 1.11

ネイピアの数 e の元になっている $\left(1+\dfrac{1}{n}\right)^n$ において，$n=1000$ の場合の値を電卓またはパソコンで計算し，e の値と何桁まで合っているかを確かめよ．

［**解**］ 実際に電卓で計算してみると，

$$\left(1+\frac{1}{1000}\right)^{1000}=2.716923932\cdots$$

となり，小数第2位まで一致していることがわかる．

◆

［**問題 1.11.1**］ ネイピアの数 e の元になっている $\left(1+\dfrac{1}{n}\right)^{n}$ において，$n=10000$ の場合の値を電卓またはパソコンで計算し，e の値と何桁まで合っているかを確かめよ．

［**問題 1.11.2**］ ある銀行が，「わが銀行では究極の複利計算，つまり，連続的に利息を計算して元金に組み入れています」と説明していたとする．この銀行に年利率3% で200万円を預金すると，1年後の元利合計はいくらになるか．

1.3.8 e^x の導関数

ネイピアの数 e の指数関数である e^x の導関数（微分）は極めて単純で，$(e^x)'=e^x$ となる．したがって，e^x は何回微分しても形を変えないという際立った特徴をもっている．

導関数が元の関数と同じというこの結果を，(1.2) の導関数の定義から計算してみると，

$$\begin{aligned}
f'(x) &= \lim_{h\to 0}\frac{f(x+h)-f(x)}{h}\\
&= \lim_{h\to 0}\frac{e^{x+h}-e^x}{h}\\
&= \lim_{h\to 0}\frac{e^x e^h-e^x}{h}\\
&= \lim_{h\to 0}\left(e^x\times\frac{e^h-1}{h}\right)\\
&= e^x
\end{aligned}$$

となる．

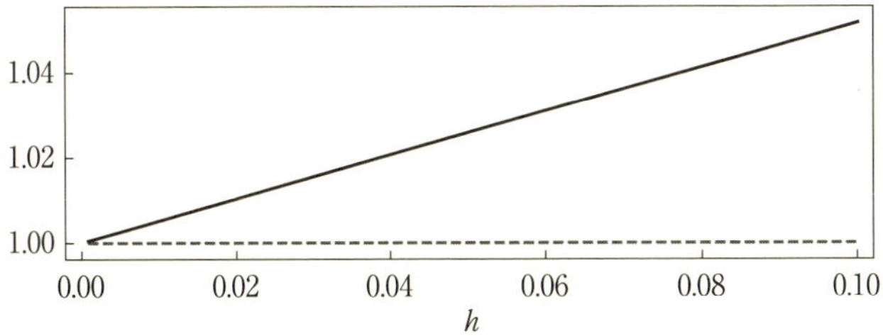

図 1.8 $\dfrac{e^h-1}{h}$ のグラフ

ここで，$\displaystyle\lim_{h\to 0}\frac{e^h-1}{h}=1$ を示す必要があるが，$\dfrac{e^h-1}{h}$ のグラフを描いてみるとわかるように，h をどんどんゼロに近づけていくと，値が次第に 1 に近くなっていくことがわかる（図 1.8）.

$e^{f(x)}$ の導関数

e^x の x が 2 次以上の関数である場合の例として，関数 $y=e^{x^3-4x+5}$ の導関数を求めてみると，この場合には，

$$\begin{cases} y=e^z \\ z=x^3-4x+5 \end{cases}$$

とおいて，1.2.4 項で述べた，合成関数の微分公式（1.7）を用いればよく，

$$\begin{aligned}\frac{dy}{dx}&=\frac{dy}{dz}\frac{dz}{dx}\\&=e^z\times(3x^2-4)=e^{x^3-4x+5}(3x^2-4)\end{aligned}$$

となる.

e^{kx} の導関数

$e^{f(x)}$ において，$f(x)=kx$ となる $y=e^{kx}$（k は定数）の導関数は，

$$\begin{cases} y=e^z \\ z=kx \end{cases}$$

とおいて，これに合成関数の微分公式（1.7）を用いて

$$\frac{dy}{dx} = \frac{dy}{dz}\frac{dz}{dx} = e^z \times k = ke^{kx}$$

となる．すなわち，

$$(e^{kx})' = ke^{kx} \tag{1.21}$$

となり，これは公式として活用してほしい．

例題 1.12

次の関数の導関数 $f'(x)$ および $f'(0)$ を求めよ．

（1） $y = f(x) = (x^3 - 4x^2 + 5)e^x$　（2） $y = f(x) = e^{x^2-3x+4}$

（3） $y = f(x) = e^{3x}$　（4） $y = f(x) = \dfrac{e^{4x}}{3x-2}$

［**解**］（1） 1.2.2 項で述べた積関数の微分公式（1.4）を用いて

$$\begin{aligned} y' = f'(x) &= (3x^2 - 8x)e^x + (x^3 - 4x^2 + 5)(e^x)' \\ &= (3x^2 - 8x)e^x + (x^3 - 4x^2 + 5)e^x \\ &= (x^3 - x^2 - 8x + 5)e^x \end{aligned}$$

となる．したがって，

$$f'(0) = 5 \times e^0 = 5$$

となる．

（2） $y = e^z$，$z = x^2 - 3x + 4$ とおいて，合成関数の微分公式（1.7）を用いれば

$$\begin{aligned} \frac{dy}{dx} &= \frac{dy}{dz}\frac{dz}{dx} \\ &= e^z \times (2x - 3) = (2x - 3)e^{x^2-3x+4} \end{aligned}$$

となる．したがって，

$$f'(0) = -3 \times e^4 = -3e^4$$

となる．

（3） $y = e^z$，$z = 3x$ とおいて，（2）と同様に計算すれば，

$$\frac{dy}{dx} = \frac{dy}{dz}\frac{dz}{dx} = e^z \times 3 = 3e^{3x}$$

となる（(1.21) の公式を利用してもよい）．したがって，

$$f'(0) = 3 \times e^0 = 3 \times 1 = 3$$

となる．

（4） 1.2.3 項で述べた商関数の微分公式（1.5）を用いれば，

$$y = f'(x) = \frac{(e^{4x})'(3x-2) - e^{4x} \times 3}{(3x-2)^2}$$

$$= \frac{4e^{4x}(3x-2) - 3e^{4x}}{(3x-2)^2}$$

$$= \frac{(12x-11)e^{4x}}{(3x-2)^2}$$

となる．したがって，

$$f'(0) = \frac{-11e^0}{(-2)^2} = -\frac{11}{4}$$

となる．

◆

[問題 1.12.1] 次の関数の導関数 $f'(x)$ および $f'(0)$ を求めよ．

（1） $y = f(x) = (x^4 - 2x^3 + 5x)e^x$

（2） $y = f(x) = e^{2x^3 - 3x^2 + 4x}$

（3） $y = f(x) = e^{7x}$

（4） $y = f(x) = \dfrac{e^{2x}}{2x-3}$

[問題 1.12.2] 1 ドルが何円に換金されるかという為替レートが，基準の日から x 日後に次の式で表せたとする．

$$y = f(x) = e^{2x}(-x^2 + 3x + 8)$$

x 日後に 1 日当り，1 ドル何円に換金されるかという為替レートの変化率を求めよ．

1.3.9 a^x の導関数

a^x の導関数を求めるには，1.3.4 項で述べたように，対数関数の定義から，$a = e^{\log_e a}$ と表せることを使う．すなわち，$a^x = (e^{\log_e a})^x = e^{x \times \log_e a}$ と変形し

て，その導関数を求めればよい．そこで，(1.21) の $(e^{kx})' = ke^{kx}$ において $k = \log_e a$ とおけば，a^x の導関数は

$$(a^x)' = (e^{x\times\log_e a})' = (\log_e a) \times e^{x\times\log_e a} = (\log_e a) \times a^x$$

となり，次の公式が得られる．

$$(a^x)' = a^x \log_e a \tag{1.22}$$

例題 1.13

次の関数の導関数 $f'(x)$ および $f'(0)$ を求めよ．

（1）　$y = f(x) = 3^x$　　（2）　$y = f(x) = 10^x$

（3）　$y = f(x) = (4x^2 - 5x + 2) \times 2^x$

（4）　$y = f(x) = 5^{x^2-4x+3}$

［**解**］（1）(1.22) の公式より，$y' = f'(x) = 3^x \log_e 3$ となり，$f'(0) = 3^0 \times \log_e 3 = \log_e 3$ となる．

（2）（1）と同様にして，$y' = f'(x) = 10^x \log_e 10$ となり，$f'(0) = 10^0 \times \log_e 10 = \log_e 10$ となる．

（3）積関数の微分公式と (1.22) を用いて

$$y' = f'(x) = (8x - 5) \times 2^x + (4x^2 - 5x + 2) \times 2^x \log_e 2$$

となる．したがって，

$$f'(0) = -5 \times 1 + 2 \times \log_e 2 = -5 + 2\log_e 2$$

となる．

（4）$y = 5^z$，$z = x^2 - 4x + 3$ とおいて合成関数の微分公式 (1.7) を用いると

$$\frac{dy}{dx} = \frac{dy}{dz}\frac{dz}{dx} = 5^z \log_e 5 \times (2x - 4) = (2x - 4)5^{x^2-4x+3} \log_e 5$$

となる．したがって，

$$f'(0) = (-4) \times 5^3 \times \log_e 5 = -500 \log_e 5$$

となる．

◆

［**問題 1.13.1**］　次の関数の導関数 $f'(x)$ および $f'(0)$ を求めよ．

（1）　$y = f(x) = 7^x$　　（2）　$y = f(x) = 5^x$

（3）　$y = f(x) = 3^x(3x^2 - 4x + 8)$　　（4）　$y = f(x) = 7^{x^3-4x^2+3x}$

［問題 1.13.2］　ある企業では，商品の価格を x 円とすると，売上の数量 y（トン）は次の式で表されるという．

$$y = f(x) = 2^{-2x}(x^2 + 3x + 6)$$

いま，商品の価格が 2 円のとき，1 円当たりの売上の数量の変化率（トン/円）を求めよ．

1.3.10　対数関数の導関数

1 メートル当たり 30 円の針金を購入する場合に，何メートル買えば支払い金額はいくらになるかという関係式は，関数 $y = 30x$ で表せるが，これは，支払い金額を数量で表した式である．この場合，数量 x の変化に対する支払い金額 y の変化率は

$$\frac{dy}{dx} = 30$$

である．

これに対して，所持金がいくらなら何メートル購入できるかという，逆の関数を考えることもできる．これを式で表すと，y から x を求めるので，$x = \frac{1}{30}y$ となる．このとき，支払い金額 y の変化に対する数量 x の変化率は

$$\frac{dx}{dy} = \frac{1}{30}$$

となる．

したがって，1 つ前の式と合わせると，次の関係が成り立っていることがわかる．

$$\frac{dx}{dy} = \frac{1}{\frac{dy}{dx}} \tag{1.23}$$

この関係は，正比例関数 $y = 30x$ という特別な場合だけでなく，一般に

どんな関係でも成り立つ「逆関数の導関数の法則」である．

（注）dx や dy がある数量を表しているなら，(1.23) は自然な代数式であるが，dx や dy はそれ自体としての定義はしてこなかったので，上の法則は次のように証明しなければならない．

$$\frac{dx}{dy} = \lim_{\Delta y,\,\Delta x \to 0} \frac{\Delta x}{\Delta y} = \lim_{\Delta x,\,\Delta y \to 0} \frac{1}{\dfrac{\Delta y}{\Delta x}} = \frac{1}{\dfrac{dy}{dx}}$$

この法則を使えば，指数関数の逆関数である対数関数の導関数は，次のように求められる．$y = \log_e x$ は $x = e^y$ と同じであったから，(1.23) より

$$\frac{dy}{dx} = \frac{1}{\dfrac{dx}{dy}} = \frac{1}{e^y} = \frac{1}{x}$$

すなわち，

$$\frac{d(\log_e x)}{dx} = \frac{1}{x} \tag{1.24}$$

となる．

また，対数の底が e でなく一般の数 a のときは次のようになる．

$$y = \log_a x \iff x = a^y \implies \frac{dx}{dy} = a^y \log_e a$$

$$\frac{dy}{dx} = \frac{1}{\dfrac{dx}{dy}} = \frac{1}{a^y \log_e a} = \frac{1}{x}\frac{1}{\log_e a}$$

すなわち，

$$\frac{d(\log_a x)}{dx} = \frac{1}{x}\frac{1}{\log_e a} \tag{1.25}$$

となる．

これが，一般の対数関数の導関数の公式である．$a = e$ の場合は $\log_e a = \log_e e = 1$ となるので，(1.24) を含んでいることがわかる．

例題 1.14

次の関数の導関数 $f'(x)$ および $f'(1)$ を求めよ．

（1）　$y = f(x) = x^2 \log_e x$　　（2）　$y = f(x) = \log_e(x^2 + 3x + 6)$

（3）　$y = f(x) = (\log_e x)^3$　　（4）　$y = f(x) = x^2 \log_2 x$

（5）　$y = f(x) = \log_3(x^2 + 4x + 9)$

［解］　（1）　積関数の微分公式（1.4）と（1.24）を用いて

$$y' = f'(x) = 2x \log_e x + x^2 \cdot \frac{1}{x} = 2x \log_e x + x$$

となる．したがって，

$$f'(1) = 2 \cdot 1 \cdot \log_e 1 + 1 = 0 + 1 = 1$$

となる．

（2）　$y = \log_e z$，$z = x^2 + 3x + 6$ とおいて，合成関数の微分公式（1.7）と（1.24）を用いると

$$\frac{dy}{dx} = \frac{dy}{dz}\frac{dz}{dx} = \frac{1}{z} \cdot (2x + 3) = \frac{2x + 3}{x^2 + 3x + 6}$$

となる．したがって，

$$f'(1) = \frac{2 + 3}{1 + 3 + 6} = \frac{5}{10} = \frac{1}{2}$$

となる．

（3）　$y = z^3$，$z = \log_e x$ とおいて，（2）と同様に求めると

$$\frac{dy}{dx} = \frac{dy}{dz}\frac{dz}{dx} = 3z^2 \cdot \frac{1}{x} = \frac{3(\log_e x)^2}{x}$$

となる．したがって，

$$f'(1) = \frac{3 \cdot 0}{1} = 0$$

となる．

（4）　積関数の微分公式（1.4）と（1.25）を用いると，

$$y' = f'(x) = 2x\log_2 x + x^2 \cdot \frac{1}{x} \cdot \frac{1}{\log_e 2} = 2x\log_2 x + \frac{x}{\log_e 2}$$

となる．したがって，

$$f'(1) = 2 \cdot 0 + \frac{1}{\log_e 2} = \frac{1}{\log_e 2}$$

となる．

（5）　$y = \log_3 z$，$z = x^2 + 4x + 9$ とおいて，合成関数の微分公式（1.7）と（1.25）を用いると

$$\frac{dy}{dx} = \frac{dy}{dz}\frac{dz}{dx} = \frac{1}{z} \cdot \frac{1}{\log_e 3} \cdot (2x + 4) = \frac{2x + 4}{(x^2 + 4x + 9)\log_e 3}$$

となる．したがって，

$$f'(1) = \frac{2 + 4}{(1 + 4 + 9)\log_e 3} = \frac{3}{7\log_e 3}$$

となる．

◆

［**問題 1.14.1**］　次の関数の導関数 $f'(x)$ および $f'(1)$ を求めよ．

（1）　$y = f(x) = x^3 \log_e x$　　（2）　$y = f(x) = \log_e(x^3 + 3x^2 + 5)$

（3）　$y = f(x) = (\log_e x)^2$　　（4）　$y = f(x) = x^3 \log_3 x$

（5）　$y = f(x) = \log_5(x^3 + 4x^2 + 9)$　　（6）　$y = f(x) = (\log_9 x)^3$

［**問題 1.14.2**］　ある農家の米の在庫量（トン）が x 日後に次の式で表されるとする．

$$y = f(x) = (x^2 + 3x + 2)\log_2 x$$

x 日後のこの米の在庫量の変化の速度を求めよ．また，$x = 1$ のときの変化の速度を求めよ．

対数微分法

微分公式

$$(x^k)' = kx^{k-1} \tag{1.26}$$

が，すべての実数 k に対しても成り立つことは前に述べたが（(1.3) を参照），対数関数の導関数が求められるようになったので，(1.26) を以下の（注）できちんと証明しておこう．この式を証明するのに，対数の微分公式が活躍するのである．

（注）　$y = x^k$ において，両辺の対数をとると，

$$\log y = \log x^k = k \log x \tag{1.27}$$

となる．この両辺を x で微分するのであるが，左辺には y があるが，x が表立って現れていない．しかし，$y = x^k$ より，y は x の関数であることは間違いない．そこで，$\log y$ を x で微分するには，合成関数の微分公式（1.7）を用いて，はじめに y で微分し，それに y を x で微分したものを掛ければよい．

$$\frac{d(\log y)}{dx} = \frac{d(\log y)}{dy}\frac{dy}{dx} = \frac{1}{y}\frac{dy}{dx} \tag{1.28}$$

(1.27) の右辺の微分は単純で $k \cdot \dfrac{1}{x}$ であるから，(1.27) と (1.28) より次の式が成り立つ．

$$\frac{1}{y}\frac{dy}{dx} = k \cdot \frac{1}{x}$$

この式から，目的の $(x^k)'$ が求められる．

$$y' = (x^k)' = \frac{dy}{dx} = y \cdot k \cdot \frac{1}{x} = k \cdot \frac{x^k}{x} = kx^{k-1}$$

このように，対数をとって微分する方法を**対数微分法**という．この公式から，1.1.2 項で効用関数の例として挙げた，次のような関数の微分が簡単に求められるようになる．

$$u = u(x) = x^{\frac{1}{3}}$$

$$u' = u'(x) = \frac{1}{3} \cdot x^{\frac{1}{3}-1} = \frac{1}{3} \cdot x^{-\frac{2}{3}} = \frac{1}{3x^{\frac{2}{3}}}$$

効用関数の導関数は，経済学では**限界効用関数**とよばれる．経済学では，「限界…」という用語が度々出てくるが，それらはすべて，導関数を表している．つまり，瞬間の変化率を表しているのである．

経済学の本の中には，この限界効用関数について，例えば，x の単位がリットルだとすると，「追加的に 1 リットル増えると，効用がどれだけ変化するかを表している」という，誤解されやすい解説が多いので注意しなければ

ならない．xを本当に1リットル増やすのではない．効用の変化率を表す単位が，「効用/リットル」というだけである．

同じことは，時速でもいえる．いま，目の前を通過した車が制限速度50 km/時を超えて走っていて，パトカーに捕まったとしよう．そのときに，「私はまだ1時間も走っていないし，50 kmは走っていない」と抗議してもナンセンスで，この単位は，1時間当たりにすると50 km走ることになるという意味であることはいうまでもない．

例題 1.15

次の関数の導関数 $f'(x)$ および $f'(1)$ を求めよ．

（1） $f(x) = x^{-3}$　（2） $f(x) = x^{\frac{3}{5}}$　（3） $f(x) = \sqrt{x}$

（4） $f(x) = \dfrac{1}{x^4}$　（5） $f(x) = e^{5x}x^{\frac{5}{7}}$

（6） $f(x) = \sqrt{x}\log_e x$

［解］（1）～（4）までは（1.26）の微分公式を用いて計算すればよい．

（1） $f'(x) = -3x^{-3-1} = -3x^{-4}$，$f'(1) = -3$

（2） $f'(x) = \dfrac{3}{5}x^{\frac{3}{5}-1} = \dfrac{3}{5}x^{-\frac{2}{5}}$，$f'(1) = \dfrac{3}{5}$

（3） $\sqrt{x} = x^{\frac{1}{2}}$ より，$f'(x) = \dfrac{1}{2}x^{\frac{1}{2}-1} = \dfrac{1}{2}x^{-\frac{1}{2}}$，$f'(1) = \dfrac{1}{2}$

（4） $f(x) = x^{-4}$ より，$f'(x) = -4x^{-4-1} = -4x^{-5}$，$f'(1) = -4$

（5） 積関数の微分公式と（1.26）を用いて

$$f'(x) = 5e^{5x}x^{\frac{5}{7}} + e^{5x}\frac{5}{7}x^{-\frac{2}{7}}$$

となる．したがって，

$$f'(1) = 5e^5 + \frac{5}{7}e^5 = \frac{40}{7}e^5$$

となる．

（6）（5）と同様にして，

$$f'(x) = \frac{1}{2\sqrt{x}} \log_e x + \sqrt{x} \cdot \frac{1}{x}$$

となる．したがって，

$$f'(1) = \frac{1}{2\sqrt{1}} \log_e 1 + \sqrt{1} \cdot 1 = 1$$

となる．

◆

［問題 1.15.1］　次の関数の導関数 $f'(x)$ および $f'(1)$ を求めよ．

（1）　$f(x) = x^{-5}$　　（2）　$f(x) = x^{\frac{2}{7}}$　　（3）　$f(x) = 5\sqrt{x}$

（4）　$f(x) = \dfrac{1}{x^5}$　　（5）　$f(x) = e^{3x} x^{\frac{3}{7}}$　　（6）　$f(x) = \sqrt{3x} \log_e x$

［問題 1.15.2］　オレンジジュースを飲む量 x に対する効用 u が次の式で表されるとする．

$$u = u(x) = x^{\frac{2}{5}}$$

このときの限界効用を求めよ．

1.4　関数のグラフと導関数

1.4.1　接線の傾き

例えば，関数 $y = f(x) = -x^2 + 2x$ のグラフにおいて，その導関数 $y' = f'(x) = -2x + 2$ は何を表しているのだろうか．これを理解するためには，導関数のもとになっている，平均変化率

$$\frac{f(x+h) - f(x)}{h}$$

のグラフでの意味を理解する必要がある．

平均変化率は，グラフの上では 2 点 $\mathrm{P}(x, f(x))$ と $\mathrm{Q}(x+h, f(x+h))$ を結ぶ直線の傾きを表しており，例えば図 1.9(a) のようになる．なお，関数のグラフを図形として扱うためには，x 座標と y 座標のスケール（目盛りの大きさ）を等しくした方がよい．

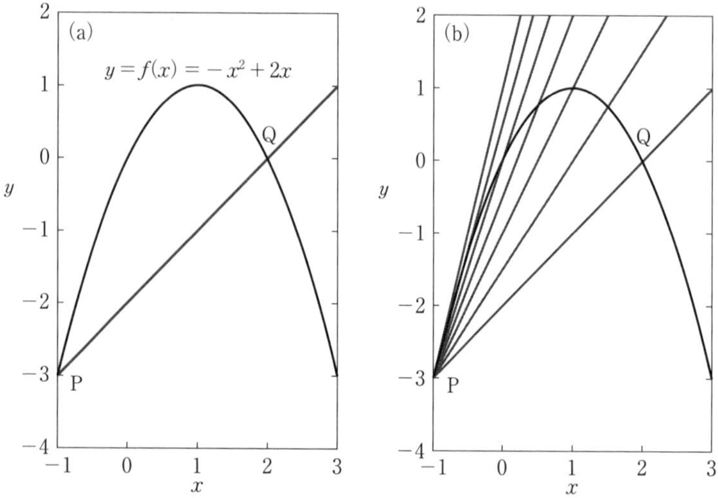

図 1.9

ここで h を限りなくゼロに近づける $(h \to 0)$ と点 $\mathrm{Q}(x, f(x+h))$ はどんどん点 P に近づいていき，2 点を結ぶ直線は，最後には点 P での接線になる（図 1.9(b)）．同時に，直線の傾き（平均変化率）は，接線の傾きになっていく．

すなわち，

「関数 $y = f(x)$ の $x = a$ での導関数の値 $f'(a)$ は，曲線 $y = f(x)$ の点 $\mathrm{P}(a, f(a))$ での接線の傾きにほかならない」

ということがわかる．

1.4.2 接線の式

高等学校で習ったように，一般に，点 $\mathrm{P}(a, b)$ を通り，傾きが m の直線の式は

$$y - b = m(x - a)$$

のように表せるので，曲線 $y = f(x)$ 上の点 $\mathrm{P}(a, b) = (a, f(a))$ における接線の式は，傾きのところを導関数 $f'(a)$ でおきかえて

$$y - b = f'(a)(x - a)$$

と表される．

例題 1.16

次の曲線 $y = f(x)$ について，点 P における接線の傾きと，接線の式を求めよ．

（1） $y = f(x) = x^3 - 5x^2 + 3x + 4$，点 $\mathrm{P}(1, 3)$

（2） $y = f(x) = 6e^{2x} - 5^x$，点 $\mathrm{P}(0, 1)$

（3） $y = f(x) = (x^3 - 2x + 3)\log_e x$，点 $\mathrm{P}(1, 0)$

［**解**］（1） $y' = f'(x) = 3x^2 - 10x + 3$ より，接線の傾きは

$$f'(1) = -4$$

となる．したがって，接線の式は $y - 3 = -4(x - 1)$ より，

$$y = -4x + 7$$

となる．

（2） $y' = f'(x) = 12e^{2x} - 5^x \log_e 5$ より，接線の傾きは

$$f'(0) = 12 - \log_e 5$$

となる．したがって，接線の式は $y - 1 = (12 - \log_e 5)(x - 0)$ より，

$$y = (12 - \log_e 5)x + 1$$

となる．

（3） $y' = f'(x) = (3x^2 - 2)\log_e x + (x^3 - 2x + 3)\cdot\dfrac{1}{x}$ より，接線の傾きは

$$f'(1) = 1\cdot\log_e 1 + 2\cdot\frac{1}{1} = 2$$

となる．したがって，接線の式は

$$y = 2x - 2$$

となる．

［**問題 1.16.1**］ 次の曲線 $y = f(x)$ の点 P における接線の傾きと，接線の式を求めよ．

（1）　$y = f(x) = -2x^3 + 3x^2 - 4x + 2$，点 $\mathrm{P}(1, -1)$

（2）　$y = f(x) = 4e^{3x} - 3^x$，点 $\mathrm{P}(0, 1)$

（3）　$y = f(x) = (x^2 - 3x + 2)\log_{10} x$，点 $\mathrm{P}(1, 0)$

[問題 1.16.2]　ある食料の消費量 x に対する効用 u が，次の式で表せるとする．

$$u = u(x) = x^{\frac{2}{3}}$$

このとき，次の問いに答えよ．

（1）　限界効用関数を求めよ．

（2）　$x = 27$ における限界効用の値を求めよ．

（3）　$u = u(x)$ のグラフにおいて，（2）の結果は何を表しているか．

第2章 複数の量の変化を調べる

― 多変数関数 ―

いままで扱ってきた関数は，独立変数 x が決まれば従属変数 y が一意的に定まるという「1 変数関数」であった．しかし，現実の現象や法則は，独立変数が 2 つ以上である場合が一般的であり，経済・経営で扱う現象や法則も同様である．したがって，数学をより現実的な問題に活用するには，「複数の量の変化」を調べる方法が必要となる．それが本章で学ぶ，**多変数関数**である．

2.1　2 変数関数

例えば，運送業を例に考えてみると，運送料金は荷物の重さだけでは決まらず，運ぶ距離にも関係している．運送料金が荷物の重さと運ぶ距離という 2 つの変数だけで決まるなら 2 変数の関数ということになり，荷物の重さ x グラムと運ぶ距離 y km が独立変数で，運送料金 z 円が従属変数となる．これを記号で，$z = f(x, y)$ と表す．

1 変数関数のときと同じように，これをブラックボックスで表すと右のようになる．

例えば運送業の例で，料金が，重さ x グラムと距離 y km の両方に正比例する場合には，運送料金 z 円は次のように表せる．

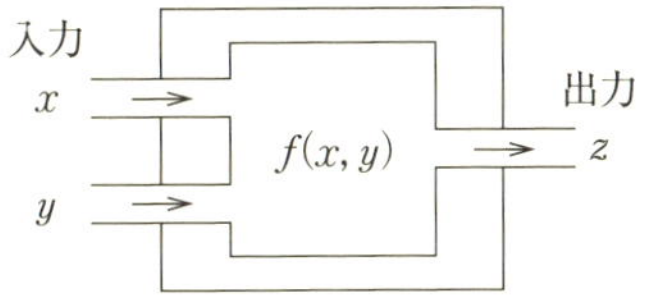

図 2.1　2 変数関数のブラックボックス

$$z = f(x, y) = kxy \qquad (k\text{ は比例定数})$$

このように，z が x にも y にも比例する関数のことを**複比例関数**とよぶ．

2.2 偏導関数と偏微分係数

例えば，$z = f(x, y) = 20xy$ という関数において，x と y の変化に対する z の変化率を考える場合に，2変数を同時に変化させたときの変化率を考えるのは難しい．そこで，2つの変数のうちの1つを固定し，例えば $y = 5$ とすると $z = 100x$ となり，この場合の z の変化率は $z' = 100$（円/グラム）となる．

また，$y = 7$ と固定した場合には，

$$z = 20 \cdot x \cdot 7 = 140x, \qquad z' = 140\ (\text{円/グラム})$$

となる．

このように，y をどの値に固定するかで，x の変化に対する z の変化率は異なってくる．そこで y を，y という任意の値で固定したとすると

$$z = 20y \cdot x, \qquad z' = 20y\ (\text{円/グラム})$$

となる．このような変化率を，y を固定したときの，x の変化に対する z の変化率といい，次のように表す．

$$\frac{\partial z}{\partial x} = f_x(x, y) = 20y$$

そして，これを「x の変化に対する z の**偏導関数**」という．

この計算方法は，y を定数と考えて，z を x で微分するだけである．偏導関数を求める計算を**偏微分**するといい，x と y に具体的な数値を入れた値を**偏微分係数**という．なお，∂ は偏微分を表す記号で，「ラウンド」と読む．

同様にして，「y の変化に対する z の偏導関数」は次のように表せる．

$$\frac{\partial z}{\partial y} = f_y(x, y) = 20x$$

計算方法は，x を定数と考えて，y で微分すればよいだけである．

一般に，2変数関数 $z = f(x, y)$ の偏導関数は次のように定義される．

$$\begin{cases} \dfrac{\partial z}{\partial x} = f_x(x, y) = \lim\limits_{\Delta x \to 0} \dfrac{f(x + \Delta x, y) - f(x, y)}{\Delta x} \\ \dfrac{\partial z}{\partial y} = f_y(x, y) = \lim\limits_{\Delta y \to 0} \dfrac{f(x, y + \Delta y) - f(x, y)}{\Delta y} \end{cases} \tag{2.1}$$

また，$\dfrac{\partial z}{\partial x}$ をもう一度 x で偏微分した偏導関数を $\dfrac{\partial^2 z}{\partial x^2}$ と表し，$\dfrac{\partial z}{\partial x}$ を y で偏微分した偏導関数を $\dfrac{\partial^2 z}{\partial y\,\partial x}$ と表す．

なお，x と y のどちらで先に偏微分してもよく，関数 $f(x, y)$ について次の関係式が成り立つ（特に，経済・経営で出てくるような関数では）．

$$\frac{\partial^2 z}{\partial y\,\partial x} = \frac{\partial^2 z}{\partial x\,\partial y} \tag{2.2}$$

これは「偏微分の順序交換定理」ともよばれる．

2変数関数のグラフ

1変数関数のグラフは，2次元平面上の点 $(x, y) = (x, f(x))$ の集まりとしての曲線であったが，2変数関数 $z = f(x, y)$ のグラフは，3次元空間の中の点 $(x, y, z) = (x, y, f(x, y))$ の集まりとして，曲面になる．

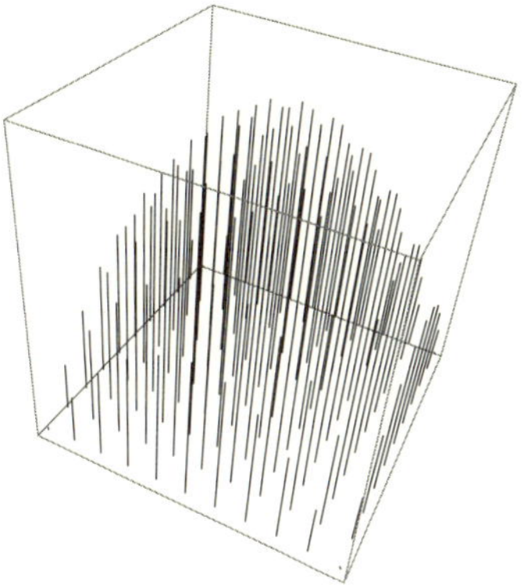

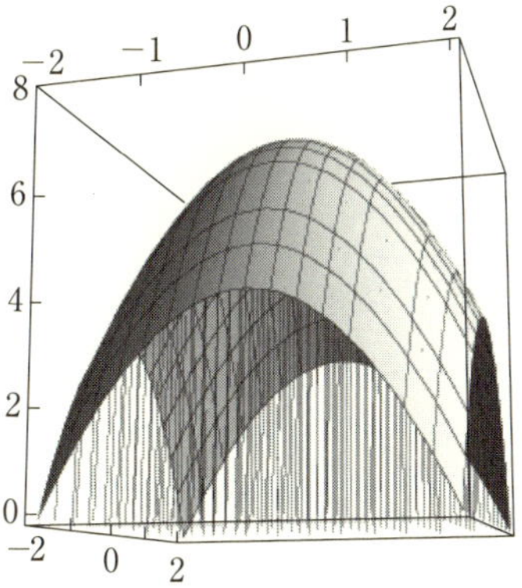

図 2.2

いま，平面上に点 $P(x, y)$ をたくさんとって，その各点から，高さが $z = f(x, y)$ の点をたくさんとると，その点に上から柔らかい風呂敷を掛ける感じで，曲面ができる．これが2変数関数 $z = f(x, y)$ のグラフとなる．

例として，$z = f(x, y) = 8 - x^2 - y^2$ のグラフを図2.2に示す．また，面白い曲面になる関数の例として，図2.3の曲面は「サルの腰掛け」とよばれる曲面で，関数の式は $z = f(x, y) = x^3 - 3xy^2$ である．

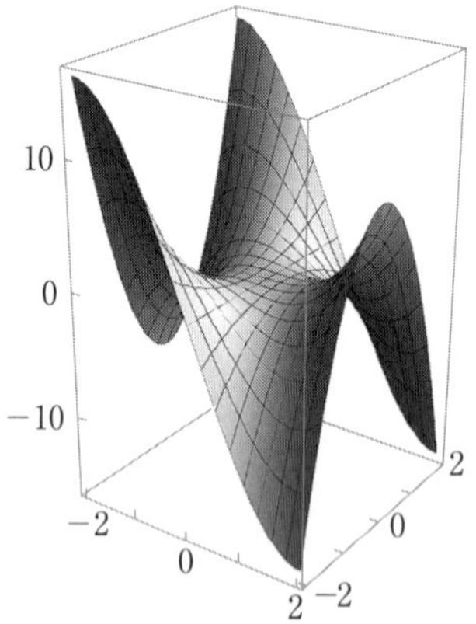

図 2.3

また，$z = f(x, y) = 8 - x^2 - y^2$ において，$y = 1$ と固定すると，$z =$

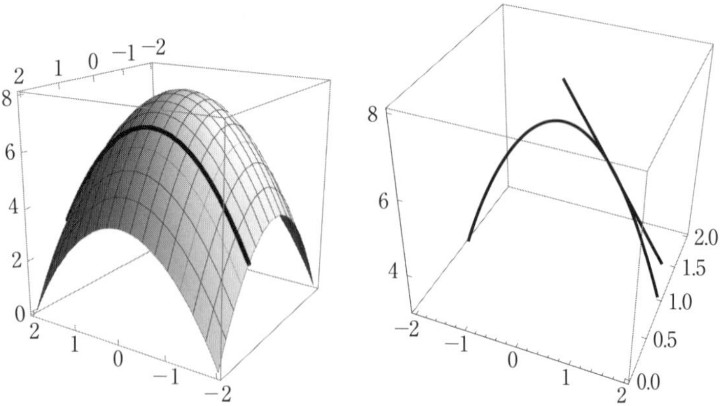

図 2.4

$7-x^2$ という1変数関数になり，このグラフは曲線となる．これは2変数関数のグラフであった曲面を，$y=1$ というところで切った切り口の曲線でもある（図2.4）．

$y=1$ に固定した偏導関数は，$y=1$ で切った曲線上の点 $(x,1)$ における接線の傾きを表し，$x=3$ などの具体的な点での偏導関数の値である偏微分係数は，この曲線上の点 $(3,1)$ における接線の傾きとなる．

例題 2.1

次の2変数関数 $z=f(x,y)$ の偏導関数 $f_x(x,y)$，$f_y(x,y)$ および偏微分係数 $f_x(0,0)$，$f_y(0,0)$ の値を求めよ．

（1） $z=f(x,y)=3x^5+4x^2y^3-2y^4$

（2） $z=f(x,y)=(2x+3y)^4$

（3） $z=f(x)=e^{4x-2y}$ （4） $z=\log_e(2x+3y+4)$

［解］（1） $\dfrac{\partial f}{\partial x}=f_x(x,y)=15x^4+8xy^3$，$\dfrac{\partial f}{\partial y}=f_y(x,y)=12x^2y^2-8y^3$

$f_x(0,0)=0$，$f_y(0,0)=0$

（2） $\dfrac{\partial f}{\partial x}=f_x(x,y)=4(2x+3y)^3\times 2=8(2x+3y)^3$

$\dfrac{\partial f}{\partial y}=f_y(x,y)=4(2x+3y)^3\times 3=12(2x+3y)^3$

$f_x(0,0)=0$，$f_y(0,0)=0$

（3） $\dfrac{\partial f}{\partial x}=f_x(x,y)=e^{4x-2y}\times 4=4e^{4x-2y}$

$\dfrac{\partial f}{\partial y}=f_y(x,y)=e^{4x-2y}\times(-2)=-2e^{4x-2y}$

$f_x(0,0)=4$，$f_y(0,0)=-2$

（4） $\dfrac{\partial f}{\partial x}=f_x(x,y)=\dfrac{1}{2x+3y+4}\times 2=\dfrac{2}{2x+3y+4}$

$\dfrac{\partial f}{\partial y}=f_y(x,y)=\dfrac{1}{2x+3y+4}\times 3=\dfrac{3}{2x+3y+4}$

$$f_x(0,0) = \frac{1}{2},\ \ f_y(0,0) = \frac{3}{4}$$

◆

［**問題 2.1.1**］　次の2変数関数 $z = f(x, y)$ の偏導関数 $f_x(x, y)$，$f_y(x, y)$ および偏微分係数 $f_x(0, 0)$，$f_y(0, 0)$ の値を求めよ．

（1）　$z = f(x, y) = 2x^4 + 3x^3y^2 - 3y^3$　　（2）　$z = f(x, y) = (5x + 4y)^5$

（3）　$z = f(x) = e^{6x-3y}$　　（4）　$z = \log_e(3x + 4y + 2)$

［**問題 2.1.2**］　ある企業では，原料Aを x トン，原料Bを y トン使用して，製品Cの量 z トンを次の式に従って生産しているとする．

$$z = f(x, y) = 3x^2 - 4xy^2 + 5y^3$$

（1）　原料Aを1トンに固定して y のみを変化させたときの z の変化率を求めよ．

（2）　原料Aを x という任意の定数に固定しておき，y だけ変化させたときの z の変化率を求めよ．

（3）　原料Bを2トンに固定して x のみを変化させたときの z の変化率を求めよ．

（4）　原料Bを y という任意の定数に固定しておき，x だけ変化させたときの z の変化率を求めよ．

2.3　全微分

2変数関数の偏導関数は，1つの変数だけを変化させたときの変化率であった．そこで今度は，2つの変数を同時に変化させることを考えてみよう．

2つの変数を同時に変化させると，x の変化量と y の変化量の大きさに依存することになる．したがって，x を dx だけ，y を dy だけ変化させたときの z の変化量を表すことになるが，1変数関数のときは，関数 $y = f(x)$ の接線の傾きが $f'(x) = \dfrac{dy}{dx}$ で与えられるので，x が dx だけ変化すると y は $dy = f'(x)\,dx$ だけ変化するのであった．

2変数関数の例として前に挙げた $z = f(x, y) = 8 - x^2 - y^2$ の点 $\mathrm{P}(1, 1)$ における偏導関数の値である偏微分係数 $\dfrac{\partial z}{\partial x}(1, 1) = -2$，$\dfrac{\partial z}{\partial y}(1, 1) = -2$

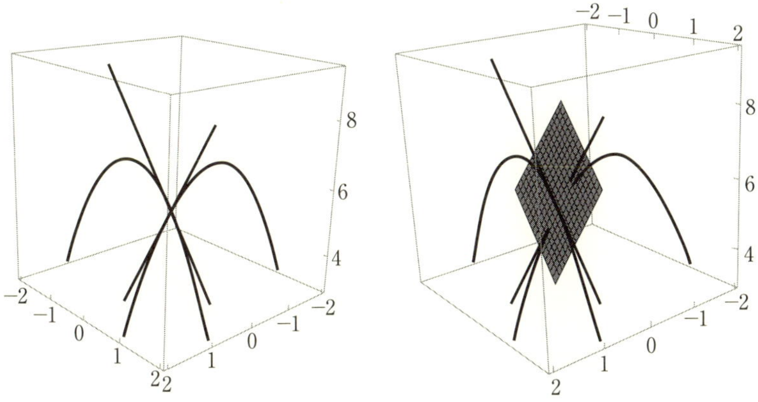

図 2.5

は，それぞれこの点における 2 つの接線の傾きを表している．この 2 つの接線でつくられる平面を**接平面**とよび，この点で曲面に接していて，この点における曲面の変化を表している．

一般に，点 $\mathrm{P}(x_0, y_0, z_0)$ を通り，x 軸に対する傾きが a，y 軸に対する傾きが b の平面は次のような式で表せる．

$$z - z_0 = a(x - x_0) + b(y - y_0)$$

そこで，傾き a，b を点 $\mathrm{P}(x_0, y_0, z_0)$ における偏微分係数で書きかえると，曲面 $z = f(x, y)$ の点 $\mathrm{P}(x_0, y_0, z_0)$ における接平面は，次のような式で表せる．

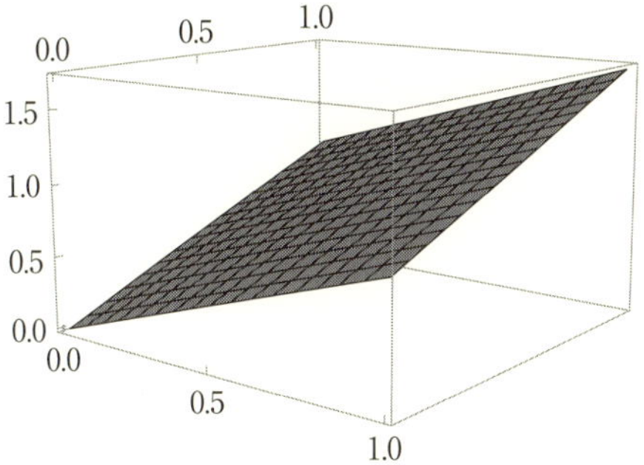

図 2.6

$$z - z_0 = \frac{\partial z}{\partial x}(x - x_0) + \frac{\partial z}{\partial y}(y - y_0)$$

ここで，$x - x_0$，$y - y_0$，$z - z_0$ はそれぞれ x の変化量，y の変化量，z の変化量を表しているから，微分の記号を使って $x - x_0 = dx$，$y - y_0 = dy$，$z - z_0 = dz$ とおくと，次のように表せる．

$$dz = \frac{\partial z}{\partial x}dx + \frac{\partial z}{\partial y}dy \tag{2.3}$$

この dz のことを z の**全微分**といい，これは x の変化量 dx と，y の変化量 dy に対する，接平面上での z の変化量を表している．

例題 2.2

2 変数関数 $z = f(x, y) = 6x^3 - 3x^2y^3 + 5y^2$ において，点 $\mathrm{P}(x, y)$ における z の全微分 dz を求めよ．また，点 $\mathrm{P}(1, 2)$ における，x の変化量 $dx = 0.4$ と y の変化量 $dy = 0.6$ に対する z の全微分 dz を求めよ．

［**解**］ $\dfrac{\partial z}{\partial x} = 18x^2 - 6xy^3$，$\dfrac{\partial z}{\partial y} = -9x^2y^2 + 10y$ であるから，点 $\mathrm{P}(x, y)$ における z の全微分 dz は次のようになる．

$$dz = \frac{\partial z}{\partial x}dx + \frac{\partial z}{\partial y}dy = (18x^2 - 6xy^3)\,dx + (-9x^2y^2 + 10y)\,dy$$

また，点 $\mathrm{P}(1, 2)$ においては $\dfrac{\partial z}{\partial x} = -30$，$\dfrac{\partial z}{\partial y} = -16$ となり，これに $dx = 0.4$ と $dy = 0.6$ を代入すると，dz は次のようになる．

$$dz = -30 \times 0.4 - 16 \times 0.6 = -21.6$$

◆

［**問題 2.2.1**］ 2 変数関数 $z = f(x, y) = 7x^4 - 4x^3y^2 + 2y^3$ において，点 $\mathrm{P}(x, y)$ における z の全微分 dz を求めよ．また，点 $\mathrm{P}(2, 1)$ における x の変化量 $dx = 0.2$ と y の変化量 $dy = 0.3$ に対する z の全微分 dz を求めよ．

［**問題 2.2.2**］ ある企業では，原料 A を x トン，原料 B を y トン使用して，製品 C の量 z トンを次の式に従って生産しているとする．

$$z = f(x, y) = 2x^2 - 3xy^2 + 4y^3$$

（1）　ある時点において，原料 A を dx トン，原料 B を dy トン増やしたときの製品 C の量 z の変化の仕方がそのまま維持されたとするとき，製品の量 z の変化量を求めよ．

（2）　原料 A を 1 トン，原料 B を 2 トン使っている状況において，原料 A を 0.2 トン，原料 B を 0.3 トン増やしたときの z の変化の仕方がそのまま維持されたとするとき，製品の量 z の変化量を求めよ．

2.4　多変数の合成関数の導関数

2.4.1　2 変数と 2 変数の合成関数の導関数

ここでは，z が t，s の 2 変数から定まる 2 変数関数で，その t，s がさらに x，y という別の 2 変数の合成関数になっている場合の導関数について述べる．

$$z = g(t, s), \qquad \begin{cases} t = f(x, y) \\ s = h(x, y) \end{cases}$$

この関係をブラックボックスで示すと図 2.7 のようになる．

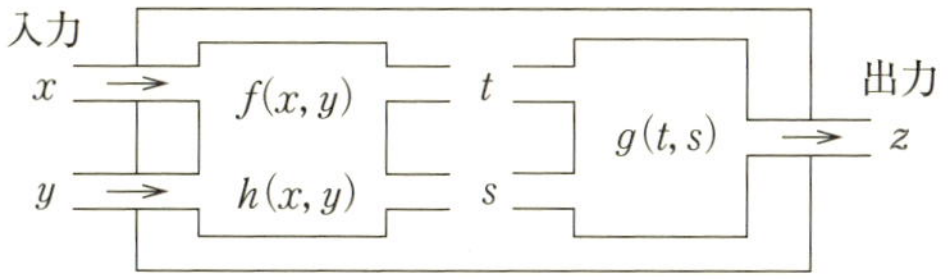

図 2.7

この場合，結論を先に述べると，偏導関数の間の関係は

$$\frac{\partial z}{\partial x} = \frac{\partial z}{\partial t}\frac{\partial t}{\partial x} + \frac{\partial z}{\partial s}\frac{\partial s}{\partial x} \qquad (2.4)$$

$$\frac{\partial z}{\partial y} = \frac{\partial z}{\partial t}\frac{\partial t}{\partial y} + \frac{\partial z}{\partial s}\frac{\partial s}{\partial y} \qquad (2.5)$$

となる．この多変数関数の合成関数の微分公式も，全微分の関係式から得られる．

（注）　まず，dx，dy に対する t，s の全微分は，2.3節でみたように，

$$dt = \frac{\partial t}{\partial x}dx + \frac{\partial t}{\partial y}dy, \qquad ds = \frac{\partial s}{\partial x}dx + \frac{\partial s}{\partial y}dy$$

と表され，この dt，ds に対する z の全微分は

$$dz = \frac{\partial z}{\partial t}dt + \frac{\partial z}{\partial s}ds$$

であるから，この式に dt と ds の式を代入すると

$$\begin{aligned} dz &= \frac{\partial z}{\partial t}\left(\frac{\partial t}{\partial x}dx + \frac{\partial t}{\partial y}dy\right) + \frac{\partial z}{\partial s}\left(\frac{\partial s}{\partial x}dx + \frac{\partial s}{\partial y}dy\right) \\ &= \left(\frac{\partial z}{\partial t}\frac{\partial t}{\partial x} + \frac{\partial z}{\partial s}\frac{\partial s}{\partial x}\right)dx + \left(\frac{\partial z}{\partial t}\frac{\partial t}{\partial y} + \frac{\partial z}{\partial s}\frac{\partial s}{\partial y}\right)dy \end{aligned} \tag{2.6}$$

となる．また，x，y から z が定まっているので，次のようになっている．

$$dz = \frac{\partial z}{\partial x}dx + \frac{\partial z}{\partial y}dy = f_x(x, y)dx + f_y(x, y)dy \tag{2.7}$$

(2.6) と (2.7) を比較し，dx と dy の係数が等しいことから，(2.4) と (2.5)，つまり，求める多変数の合成関数の微分公式が得られる．

2.4.2　2変数と1変数の合成関数の導関数

次に，2変数関数が1変数関数になる場合の導関数について述べる．$z = g(t)$，$t = f(x, y)$ のような2変数関数と1変数関数の合成関数の場合をブラックボックスで示すと図2.8のようになる．

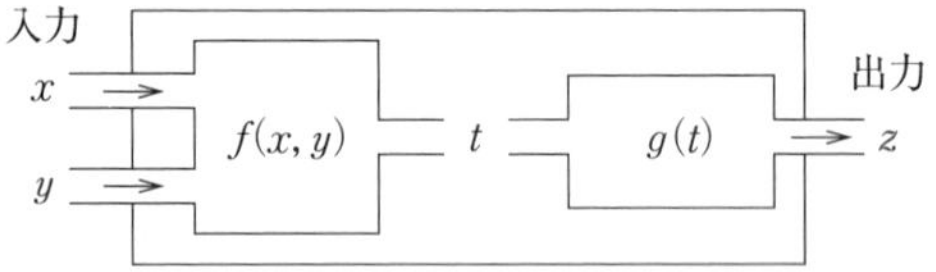

図 2.8

この場合の合成関数の導関数は次のようになる．

$$\frac{\partial z}{\partial x} = \frac{dz}{dt}\frac{\partial t}{\partial x}, \qquad \frac{\partial z}{\partial y} = \frac{dz}{dt}\frac{\partial t}{\partial y} \tag{2.8}$$

これは，2変数と1変数の合成関数の微分公式である．

例題 2.3

$z = g(t) = t^3 + 2e^{4t}$，$t = f(x, y) = x^3 - 4xy^3 + 6y^5$ のとき，$\dfrac{\partial z}{\partial x}$ と $\dfrac{\partial z}{\partial y}$ を求めよ．

［解］ $$\frac{\partial z}{\partial x} = \frac{dz}{dt}\frac{\partial t}{\partial x}$$

$$= (3t^2 + 8e^{4t})(3x^2 - 4y^3)$$

$$\frac{\partial z}{\partial y} = \frac{dz}{dt}\frac{\partial t}{\partial y}$$

$$= (3t^2 + 8e^{4t})(-12xy^2 + 30y^4)$$

◆

［問題 2.3.1］ $z = g(t) = t^4 - 3e^{2t}$，$t = f(x, y) = x^2 - 5x^2y^3 + 7y^4$ のとき，$\dfrac{\partial z}{\partial x}$ と $\dfrac{\partial z}{\partial y}$ を求めよ．

［問題 2.3.2］ ある企業における利益 z は，製品 A の売上数量 t によって，次の式で決まっているとする．

$$z = g(t) = t^3 - 2t + 3$$

また，売上数量 t は，資本金 x と従業員数 y によって次の式で決まっているとする．

$$t = f(x, y) = e^{2x+3y} - x^2 + 4y^2$$

このとき，次の問いに答えよ．

（1） 従業員数を固定したまま，資本金を変化させたとき，資本金の変化に対する利益の変化率を求めよ．

（2） 資本金を固定したまま，従業員数を変化させたとき，従業員数の変化に対する利益の変化率を求めよ．

2.4.3　1 変数と 2 変数の合成関数の導関数

最後に，$y = g(t, s)$，$t = f(x)$，$s = h(x)$ の場合をブラックボックスで示すと図 2.9 のようになる．そして，この場合の合成関数の微分公式は次のようになる．

$$\frac{dy}{dx} = \frac{\partial y}{\partial t}\frac{dt}{dx} + \frac{\partial y}{\partial s}\frac{ds}{dx} \qquad (2.9)$$

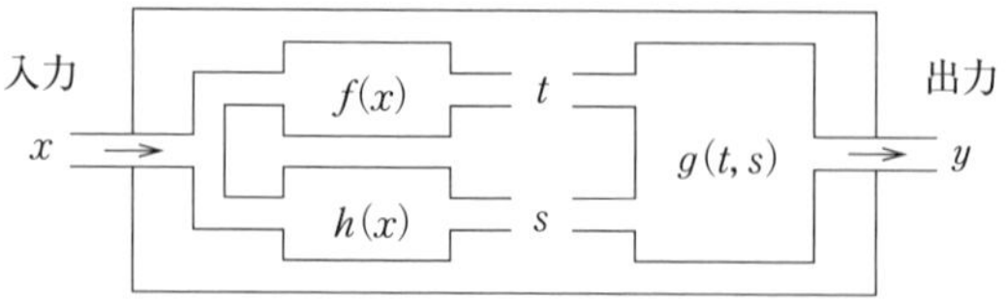

図 2.9

例題 2.4

$$y = g(t, s) = 2t + 5ts + 3s, \qquad \begin{cases} t = f(x) = 2e^{3x} - 6x^2 \\ s = h(x) = e^{-4x} - 3x^2 \end{cases}$$

となっているとき，$\dfrac{dy}{dx}$ を求めよ．

［**解**］ 先に偏導関数を求めておくと，

$$\frac{\partial y}{\partial t} = 2 + 5s, \qquad \frac{\partial y}{\partial s} = 5t + 3,$$

$$\frac{dt}{dx} = 6e^{3x} - 12x, \qquad \frac{ds}{dx} = -4e^{-4x} - 6x$$

となる．これらを合成関数の微分公式（2.9）に代入すれば，

$$\begin{aligned} \frac{dy}{dx} &= \frac{\partial y}{\partial t}\frac{dt}{dx} + \frac{\partial y}{\partial s}\frac{ds}{dx} \\ &= (2 + 5s)(6e^{3x} - 12x) + (5t + 3)(-4e^{-4x} - 6x) \end{aligned}$$

となる．

◆

［**問題 2.4.1**］

$$y = g(t, s) = 2t^2 + 4ts + 3s^3$$

$$\begin{cases} t = f(x) = 7e^{-3x} + 5x^2 \\ s = h(x) = 4e^{-3x} + 2x^2 \end{cases}$$

となっているとき，$\dfrac{dy}{dx}$ を求めよ．

［**問題 2.4.2**］ ある企業における製品の生産量 y（トン）は，原料Aの仕入れ量 t（トン）と原料Bの仕入れ量 s（トン）によって次のように定まっているとする．

$$y = 0.8t + 0.6s$$

また，原料AとBの仕入れ量は，資本金 x（万円）によって次のように定まっているとする．

$$t = f(x) = 3e^{-4x}x^2, \qquad s = h(x) = x^3e^{-5x}$$

このとき，生産量 y が資本金 x の変化によってどのように変わるかの変化率を求めよ．

2.5　陰関数の導関数

2.5.1　陰関数

2つの変数 x と y が，一定の経済的な制約条件（予算の制約条件等）の関係式，例えば $2x + 3y = 5$ を満たしているとしよう．このような場合，x の値が定まると，y の値は必然的に定まってしまう．つまり，y は x の値によって定まる「関数」にほかならない．そして，いままでは関数というと $y = f(x)$ という形をしていたが，このような関数の形を**陽関数**といい，$2x + 3y = 5$ のように，$y =$ と表していない形を**陰関数**という．

ところで，$x^2 + y^2 = 1$ の場合，$y =$ とすると $y = \pm\sqrt{1 - x^2}$ となり，1つの x の値に対して y の値が2つになってしまい，これは（陽）関数とはいえない．（陽）関数というときには，独立変数 x の値1つに対し，従属変数 y は1つの値に定まらなければならないのである．

2.5.2　陰関数の導関数

ここでは，$x^2 + y^2 - 1 = 0$ を例にして，関数が陰関数の形で与えられた場合に，$y =$ という陽関数の形に変形しないで導関数 $\dfrac{dy}{dx}$ を求める方法について述べる．

$x^2 + y^2 - 1 = 0$ の場合，左辺を2変数関数と考え，$z = f(x, y) = x^2 + y^2 - 1$ とする．そして，陰関数 $x^2 + y^2 - 1 = 0$ は，2変数関数を $z = 0$ で切った切り口（曲線）と考えるのである．

陰関数の導関数 $\dfrac{dy}{dx}$ は，dx と dy の変化にもかかわらず切り口では dz が0にとどまっているという条件から定まり，

$$dz = \frac{\partial z}{\partial x}\,dx + \frac{\partial z}{\partial y}\,dy = 0$$

$$\therefore \quad 2x\,dx + 2y\,dy = 0$$

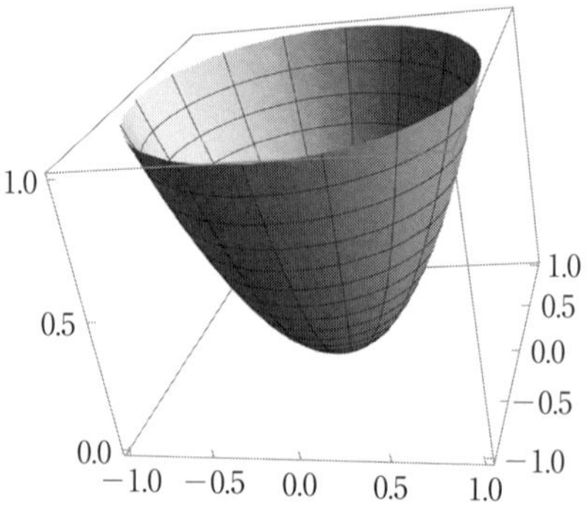

図 2.10

となる．そして，この式を変形すると，次のように $\dfrac{dy}{dx}$ が求められる．

$$2y\,dy = -2x\,dx, \qquad \therefore \quad \frac{dy}{dx} = -\frac{x}{y}$$

一般に，陰関数 $f(x, y) = 0$ の導関数 $\dfrac{dy}{dx}$ は

$$dz = \frac{\partial f}{\partial x}\,dx + \frac{\partial f}{\partial y}\,dy = 0$$

より，

$$\frac{dy}{dx} = -\frac{\dfrac{\partial f}{\partial x}}{\dfrac{\partial f}{\partial y}} \tag{2.10}$$

となり，これが，陰関数の導関数の公式である．

（注）　ところで，分母がゼロになるときが気になるが，うまい具合いに，分母がある点で0でなければ，その点の近くでは，y は x の関数として一意的（ただ1つ）に定まることが知られている．ここでは詳しい証明は省略する．

まとめると次のようになる．

陰関数 $f(x, y) = 0$ は，点 $\mathrm{P}(a, b)$ において $\dfrac{\partial f}{\partial y}(a, b) \neq 0$ ならば，その点 $\mathrm{P}(a, b)$ の近くで y は x の関数として定まり，$\dfrac{dy}{dx} = -\dfrac{\dfrac{\partial f}{\partial x}}{\dfrac{\partial f}{\partial y}}$ となる．

例題 2.5

陰関数の形，$f(x, y) = x^2 + 2e^{3x} + y^2 + 4y - 2 = 0$ において，点 $\mathrm{P}(0, 0)$ の近傍で y は x の関数として一意的に定まるか．また定まるなら，その近傍における導関数 $\dfrac{dy}{dx}$ を求めよ．

［**解**］　$\dfrac{\partial f}{\partial y} = 2y + 4$ であり，点 $\mathrm{P}(0, 0)$ において，$\dfrac{\partial f}{\partial y}(0, 0) = 4 \neq 0$ となる．したがって，点 $\mathrm{P}(0, 0)$ の近傍において，y は x の関数として一意的に定まる．

また，その近傍における導関数は次のようになる．

$$\frac{dy}{dx} = -\frac{\dfrac{\partial f}{\partial x}}{\dfrac{\partial f}{\partial y}} = -\frac{2x + 6e^{3x}}{2y + 4}$$

［**問題 2.5.1**］　陰関数の形，$f(x, y) = 4x^3 + 3e^{-2x} + 3y^3 - 4y - 3 = 0$ において，点 $\mathrm{P}(0, 0)$ の近傍で y は x の関数として一意的に定まるか．また定まるなら，その近傍における導関数 $\dfrac{dy}{dx}$ を求めよ．

［**問題 2.5.2**］　ある商品の市場への投入量 x と販売量 y の間には，次の関係式が成り立っているとする．

$$x^2 - 3xe^{-2y} + y^2 - 2y = 0$$

初期の段階（$x = y = 0$ の近く）での，投入量の変化に対する販売量の変化率を求めよ．

2.6　1 変数関数のテイラー展開

2.6.1　指数関数の多項式近似

関数の多項式近似とは，指数関数や対数関数を，x^2，x^3，$(x - 1)^2$，$(x + 2)^4$ などの x の多項式で表すことである．

いま，指数関数の例として，例えば $f(x) = e^x$ が $(x - 1)^n$ を用いて多項

式で

$$f(x) = e^x = a_0 + a_1(x-1) + a_2(x-1)^2 + a_3(x-1)^3 + \cdots$$

と表したいとする．$x = 1$ を代入すると，2項目以降がゼロとなるので，

$$f(1) = e = a_0$$

となり，a_0 が求められる．また，一度両辺を x で微分した式

$$f'(x) = e^x = a_1 + 2a_2(x-1) + 3a_3(x-1)^2 + \cdots$$

において $x = 1$ を代入すると，2項目以降がゼロとなるので

$$f'(1) = e = a_1$$

となり，今度は a_1 が求められる．さらに a_2 を求めるには，もう一度両辺を x で微分してから $x = 1$ とおけばよい．

$$f''(x) = e^x = 2a_2 + 3\cdot 2a_3(x-1) + \cdots$$

$$f''(1) = e = 2a_2, \qquad a_2 = \frac{e}{2}$$

以下，同様にしていくと，$f(x) = e^x$ の $x = 1$ での多項式近似は次のようになる．

$$f(x) = e^x = e + e(x-1) + \frac{e}{2}(x-1)^2 + \cdots + \frac{e}{n!}(x-1)^n + \cdots$$

なお，項数を無限に増やしていけば e^x にいくらでも近くなること（すなわち，収束すること）はきちんと証明しなければならないのであるが，ここでは省略する．

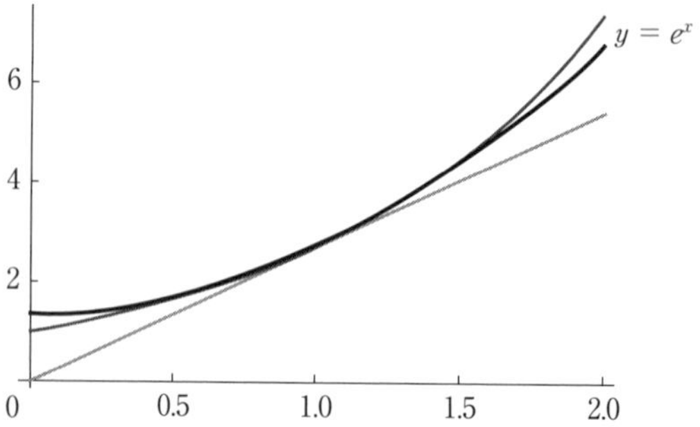

図 2.11

ここで，$f(x)$ の最初の 3 項である $y = e^x$，$y = e + e(x-1)$，$y = e + e(x-1) + \frac{e}{2}(x-1)^2$ のグラフを同じ平面上に描いてみるとわかるように，真中が $y = e^x$ のグラフであるが，$x = 1$ の近くでは極めてよく近似されていることがわかる（図 2.11 を参照）.

例題 2.6

指数関数 $f(x) = e^x$ の $x = 0$ での多項式近似を求めよ.

［**解**］ いま，

$$f(x) = e^x = a_0 + a_1 x + a_2 x^2 + a_3 x^3 + \cdots$$

と表せたとしよう．2 項目以降がゼロとなるように $x = 0$ を代入すると

$$f(0) = 1 = a_0$$

となり，a_0 が求められる．また，一度両辺を x で微分した式

$$f'(x) = e^x = a_1 + 2a_2 x + 3a_3 x^2 + \cdots$$

において 2 項目以降がゼロとなるように $x = 0$ を代入すると，

$$f'(0) = 1 = a_1$$

となり，a_1 が求められる．さらに a_2 を求めるには，もう一度両辺を x で微分してから $x = 0$ とおけばよい.

$$f''(x) = e^x = 2a_2 + 3\cdot 2a_3 x + \cdots$$

$$f''(0) = 1 = 2a_2, \qquad \therefore \quad a_2 = \frac{1}{2}$$

以下，同様にしていくと，$f(x) = e^x$ の $x = 0$ での多項式近似は次のようになる.

$$f(x) = 1 + x + \frac{1}{2}x^2 + \cdots + \frac{1}{n!}x^n + \cdots$$

◆

［**問題 2.6.1**］ 指数関数 $y = f(x) = 2e^{3x}$ の $x = 0$ での多項式近似を求めよ.

［**問題 2.6.2**］ ある島の人口が，ある年の初めから x 年後には $f(x) = e^{-3x}$（人）であるとする．x 年後のこの島の人口を，x の 3 次式で近似した式で表せ.

2.6.2 テイラー展開

指数関数 $y = e^x$ に限らず，いろいろな関数が多項式で近似できるが，これを一般に**テイラー展開**とよび，例えば $x = a$ のところで近似する場合には

$$f(x) = f(a) + \frac{f'(a)}{1!}(x-a) + \frac{f''(a)}{2!}(x-a)^2 + \frac{f^{(3)}(a)}{3!}(x-a)^3 + \cdots + \frac{f^{(n)}(a)}{n!}(x-a)^n + \cdots \quad (2.11)$$

と表すことができる．この式は，すべての x について成り立つ場合も多いが，x の一定の範囲でしか成り立たない場合もあるので注意が必要である．

例題 2.7

対数関数 $f(x) = \log_e(1+x)$ の $x = 0$ でのテイラー展開を，4次の項まで求めよ．

［解］ $x = 0$ での4次の項までのテイラー展開は，(2.11) より

$$f(x) = \log_e(1+x) = f(0) + f'(0)x + \frac{f''(0)}{2}x^2 + \frac{f^{(3)}(0)}{3!}x^3 + \frac{f^{(4)}(0)}{4!}x^4 + \cdots$$

と表せる．また，

$$f'(x) = \frac{1}{1+x} = (1+x)^{-1}, \qquad f''(x) = -(1+x)^{-2},$$

$$f^{(3)}(x) = 2(1+x)^{-3}, \qquad f^{(4)}(x) = -6(1+x)^{-4}$$

となるから，

$$f(0) = 0, \quad f'(0) = 1, \quad f''(0) = -1, \quad f^{(3)}(0) = 2, \quad f^{(4)}(0) = -6$$

したがって，

$$f(x) = 0 + 1x + \frac{-1}{2!}x^2 + \frac{2}{3!}x^3 + \frac{-6}{4!}x^4 + \cdots$$

$$= x - \frac{1}{2}x^2 + \frac{1}{3}x^3 - \frac{1}{4}x^4 + \cdots$$

となる．

◆

［**問題 2.7.1**］　関数 $f(x) = 3e^{-4x}$ の $x = 1$ でのテイラー展開を，4 次の項まで求めよ．

［**問題 2.7.2**］　ある島の人口が，今年を基準として x 年後には $f(x) = 0.1e^{2x}$ で表せるという．x 年後の島の人口を，$(x - 1)$ の 3 次の多項式で近似して表せ．

2.7　多変数関数のテイラー展開

2.6 節では 1 変数関数のテイラー展開について述べたが，ここでは多変数関数（といっても，実際に扱うのは 2 変数関数であるが）のテイラー展開について述べる．

経済・経営で必要なのは，利益を最大にしたり，損失を最小にしたりすることであるが，そのために，多変数関数のテイラー展開が大いに活躍してくれるのである（経済・経営への応用は後のお楽しみに）．

2 変数関数 $z = f(x, y)$ を $x = a$，$y = b$ でテイラー展開するとは，A〜J のようなある定数を用いて次のような形に表すことである．

$$
\begin{aligned}
f(x, y) = A &+ \{B(x-a) + C(y-b)\} \\
&+ \{D(x-a)^2 + E(x-a)(y-b) + F(y-b)^2\} \\
&+ \{G(x-a)^3 + H(x-a)^2(y-b) + I(x-a)(y-b)^2 \\
&\qquad + J(y-b)^3\} + \cdots
\end{aligned}
$$

各係数を決めるには，1 変数関数のときと同じように，x で偏微分したり y で偏微分したりして，$x = a$，$y = b$ を代入していけばよい．

ここでは，その結果だけを示すが，A〜J は，偏導関数 $\dfrac{\partial f}{\partial x}$ において $x = a$，$y = b$ を代入した偏微分係数を表している．

$$
A = f(a, b),\quad B = \frac{\partial f}{\partial x}(a, b),\quad C = \frac{\partial f}{\partial y}(a, b),\quad D = \frac{1}{2!}\frac{\partial^2 f}{\partial x^2}(a, b),
$$

$$
E = \frac{1}{2!}\cdot 2\frac{\partial^2 f}{\partial x\,\partial y}(a, b),\quad F = \frac{1}{2!}\frac{\partial^2 f}{\partial y^2}(a, b),\quad G = \frac{1}{3!}\frac{\partial^3 f}{\partial x^3}(a, b),
$$

$$H=\frac{1}{3\,!}\cdot 3\frac{\partial^3 f}{\partial x^2\,\partial y}(a,\,b),\quad I=\frac{1}{3\,!}\cdot 3\frac{\partial^3 f}{\partial x\,\partial y^2}(a,\,b),\quad J=\frac{1}{3\,!}\frac{\partial^3 f}{\partial y^3}(a,\,b)$$

したがって，展開式は次のように表せる．

$$\begin{aligned}f(x,y)=f(a,b)&\\&+\left\{\frac{\partial f}{\partial x}(a,b)(x-a)+\frac{\partial f}{\partial y}(a,b)(y-b)\right\}\\&+\frac{1}{2\,!}\left\{\frac{\partial^2 f}{\partial x^2}(a,b)(x-a)^2+2\frac{\partial^2 f}{\partial x\,\partial y}(a,b)(x-a)(y-b)\right.\\&\qquad\left.+\frac{\partial^2 f}{\partial y^2}(a,b)(y-b)^2\right\}\\&+\frac{1}{3\,!}\left\{\frac{\partial^3 f}{\partial x^3}(a,b)(x-a)^3+3\frac{\partial^3 f}{\partial x^2\,\partial y}(a,b)(x-a)^2(y-b)\right.\\&\quad\left.+3\frac{\partial^3 f}{\partial x\,\partial y^2}(a,b)(x-a)(y-b)^2+\frac{\partial^3 f}{\partial y^3}(a,b)(y-b)^3\right\}+\cdots\end{aligned}\tag{2.12}$$

上の式で，2次の項の係数が1, 2, 1となり，3次の項の係数が1, 3, 3, 1となっているのは，次のような展開式の係数と同じである．

$$(a+b)^2=a^2+2ab+b^2$$
$$(a+b)^3=a^3+3a^2b+3ab^2+b^3$$
$$(a+b)^4=a^4+4a^3b+6a^2b^2+4ab^3+b^4$$

これらの係数だけを上から順に並べたものは「パスカルの三角形」とよばれ，1つ上の段の数2つを加えることで次の段の数がつくられている．

1 1
1 2 1
1 3 3 1
1 4 6 4 1

例題 2.8

2変数関数 $z=f(x,y)=e^{2x}+x^3e^{-3y}+y^3$ を，$x=0$，$y=0$ においてて3次の項までテイラー展開せよ．

［**解**］　まず，必要な偏導関数と偏微分係数の値を求めると，

$$f(0,0) = 1 + 0 + 0 = 1$$

$$\begin{cases} \dfrac{\partial f}{\partial x} = 2e^{2x} + 3x^2 e^{-3y}, & \dfrac{\partial f}{\partial x}(0,0) = 2 \\[2ex] \dfrac{\partial f}{\partial y} = -3x^3 e^{-3y} + 3y^2, & \dfrac{\partial f}{\partial y}(0,0) = 0 \end{cases}$$

$$\begin{cases} \dfrac{\partial^2 f}{\partial x^2} = 4e^{2x} + 6xe^{-3y}, & \dfrac{\partial^2 f}{\partial x^2}(0,0) = 4 \\[2ex] \dfrac{\partial^2 f}{\partial x\,\partial y} = -\,9x^2 e^{-3y}, & \dfrac{\partial^2 f}{\partial x\,\partial y}(0,0) = 0 \\[2ex] \dfrac{\partial^2 f}{\partial y^2} = 9x^3 e^{-3y} + 6y, & \dfrac{\partial^2 f}{\partial y^2}(0,0) = 0 \end{cases}$$

$$\begin{cases} \dfrac{\partial^3 f}{\partial x^3} = 8e^{2x} + 6e^{-3y}, & \dfrac{\partial^3 f}{\partial x^3}(0,0) = 14 \\[2ex] \dfrac{\partial^3 f}{\partial x^2\,\partial y} = -18xe^{-3y}, & \dfrac{\partial^3 f}{\partial x^2\,\partial y}(0,0) = 0 \\[2ex] \dfrac{\partial^3 f}{\partial x\,\partial y^2} = 27x^2 e^{-3y}, & \dfrac{\partial^3 f}{\partial x\,\partial y^2}(0,0) = 0 \\[2ex] \dfrac{\partial^3 f}{\partial y^3} = -27x^3 e^{-3y} + 6, & \dfrac{\partial^3 f}{\partial y^3}(0,0) = 6 \end{cases}$$

となる．

これらの値を (2.12) に代入すれば，3 次の項までのテイラー展開は次のようになる．

$$\begin{aligned} f(x,y) &= e^{2x} + x^3 e^{-3y} + y^3 \\ &= f(0,0) + \left\{ \frac{\partial f}{\partial x}(0,0)\cdot x + \frac{\partial f}{\partial y}(0,0)\cdot y \right\} \\ &\qquad + \frac{1}{2!}\left\{ \frac{\partial^2 f}{\partial x^2}(0,0)\cdot x^2 + 2\cdot\frac{\partial^2 f}{\partial x\,\partial y}(0,0)\cdot xy + \frac{\partial^2 f}{\partial y^2}(0,0)\cdot y^2 \right\} \\ &\qquad + \frac{1}{3!}\left\{ \frac{\partial^3 f}{\partial x^3}(0,0)\cdot x^3 + 3\cdot\frac{\partial^3 f}{\partial x^2\,\partial y}(0,0)\cdot x^2 y \right. \\ &\qquad\qquad \left. + 3\cdot\frac{\partial^3 f}{\partial x\,\partial y^2}(0,0)\cdot xy^2 + \frac{\partial^3 f}{\partial y^3}(0,0)\cdot y^3 \right\} + \cdots \end{aligned}$$

$$= 1 + 2x + 0y + \frac{1}{2!}(4x^2 + 2\cdot 0xy + 0y^2)$$

$$+ \frac{1}{3!}(14x^3 + 3\cdot 0x^2y + 3\cdot 0xy^2 + 6y^3) + \cdots$$

$$= 1 + 2x + 2x^2 + \frac{7}{3}x^3 + y^3 \cdots$$

◆

[**問題 2.8.1**]　2変数関数 $z = f(x, y) = x^2e^{-4y} + 5e^{3x}y^2 + 2y^3 - 3y + 6$ を，$x = 0$，$y = 0$ において3次の項までテイラー展開せよ．

[**問題 2.8.2**]　ある農産物の生産高が，原料Aの量 x と原料Bの量 y から次のように定まっていたとする．

$$f(x, y) = (x^2 - 3x + 2)e^{3y}$$

このとき，x 年後の生産高を x と y の3次式で近似して表せ．

2.8　極値問題と最大・最小問題

経済行為においては，利益を最大にするとか，損失を最小にすることが大切になってくる場合が多い．そこで，この節では，ある量を極大（最大）にする，極小（最小）にするためには導関数が役に立つことを学ぶ．

2.8.1　1変数関数の極大・極小

例えば，ある製品の売上高 y が，ある材料の原料費 x から次の式で決まっているとしよう．

$$y = f(x) = 2x^3 - 9x^2 + 12x \qquad (0 < x < 2.4)$$

この関数のグラフは図2.12のようになる．$x = 1$ までは，つまり $0 < x < 1$ の間では，x の増加にともなって y も増加し，この区間では「増加の状態」にある．導関数は $y' = f'(x) = 6x^2 - 18x + 12 = 6(x^2 - 3x + 2) = 6(x - 1)(x - 2)$ であるから，$0 < x < 1$ では導関数の値はプラス（$f'(x) > 0$）で，$x > 2$ でも同様の状態である．また，$1 < x < 2$ においては $f'(x) =$

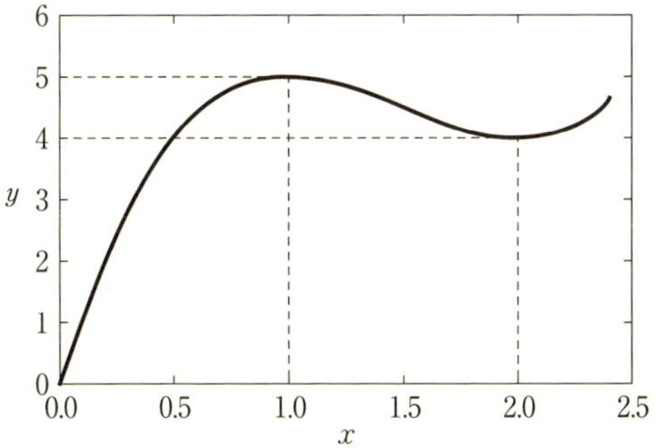

図 2.12

$6(x-1)(x-2)<0$ となり，$f(x)$ は「減少の状態」にある．この状況を次のような表で表し，これを**増減表**という．

x	0		1		2		2.4
$f'(x)$		+	0	−	0	+	
$f(x)$		↗		↘		↗	

一般に，次のことがいえる．

区間 I で $f'(x)>0$　$\Longleftrightarrow$　「区間 I で $f(x)$ は増加の状態」

区間 J で $f'(x)<0$　$\Longleftrightarrow$　「区間 J で $f(x)$ は減少の状態」

ここで例としてとりあげた $y=f(x)=2x^3-9x^2+12x\ (0<x<2.4)$ では，$x=1$ の前後で $f'(x)$ の符号が正から負に変化し，$f'(1)=0$ となっている．$x=1$ の近くでは $f(x)$ の中で $f(1)$ が一番大きな値になっていることを，

「$f(x)$ は $x=1$ で極大で，極大値 $f(1)=5$ である」

という．同様にして，$x=2$ の近くでは $f(2)$ は $f(x)$ の中で一番小さな値になっているので，

「$f(x)$ は $x=2$ で極小で，極小値 $f(2)=4$ である」

という．

このことを，グラフからではなく計算で確認してみよう．$f(x) = 2x^3 - 9x^2 + 12x$ の $x = 1$ の近くでの変化を調べるには，$x = 1$ でのテイラー展開

$$f(x) = 5 - 3(x-1)^2 + 2(x-1)^3 - \cdots$$

が役に立つ．

いま，2乗の項までを考えると，$f(x) = 5 - 3(x-1)^2 \leq 5$ となり，5が極大値であることがわかる．しかし，3乗の項までを考えると $5 - 3(x-1)^2 + 2(x-1)^3 > 5$ となってしまわないかと心配になるが，$x = 1$ のごく近くだけを考える場合には，例えば $x = 1.001$ のとき，$-3(x-1)^2 = -0.000003$ であるのに対し，$2(x-1)^3 = 0.000000002$ となり，3乗の項は2乗の項のマイナスをプラスに変えるにはおよばない．つまり，$x = 1$ の近くだけを考える限り，2乗の項までで $f(x) \leq 5$ と結論づけてよいことがわかる．テイラー展開で2乗の項の係数は $f''(1) = -3$ となっているので，$f''(1) < 0$ より $x = 1$ で極大となっている．

また，もし仮に2乗の項の符号が正の場合には $5 + 3(x-1)^2 \geq 5$ となり，$x = 1$ のときに極小になる．すなわち，極大になるか極小になるかは，2乗の係数の正負で決まっていることがわかる．

一般に，次のことがいえる．

$$f'(a) = 0, \qquad f''(a) > 0 \iff 「f(x) \text{ は } x = a \text{ で極小}」$$

$$f'(a) = 0, \qquad f''(a) < 0 \iff 「f(x) \text{ は } x = a \text{ で極大}」$$

ここで，極大・極小と最大・最小との違いを説明しておこう．極大・極小というのは局所的な概念で，極大になる点では関数 $f(x)$ が上に凸（グラフが $\frown$ の形），極小になる点では関数 $f(x)$ が下に凸（グラフが $\smile$ の形）になっているということである．したがって，1つの関数 $f(x)$ の中に極大・極小になる点が複数存在することもよくある．

一方，最大・最小は，ある「変域（独立変数の変化する範囲）」の中で，その関数が最大値・最小値をとる点のことである．

例えば，$y = f(x) = x^3 - 3x\ (-3 \leq x \leq 3)$ のグラフ（図2.13）では，

$x=-1$のときに極大で，極大値は$f(-1)=2$，$x=1$のときに極小で，極小値は$f(1)=-2$である．しかし，$-3\leq x\leq 3$の範囲において最大になるのは$x=3$のときで，最大値は$f(3)=18$である．また，最小になるのは$x=-3$のときで，最小値は$f(-3)=-18$となる．

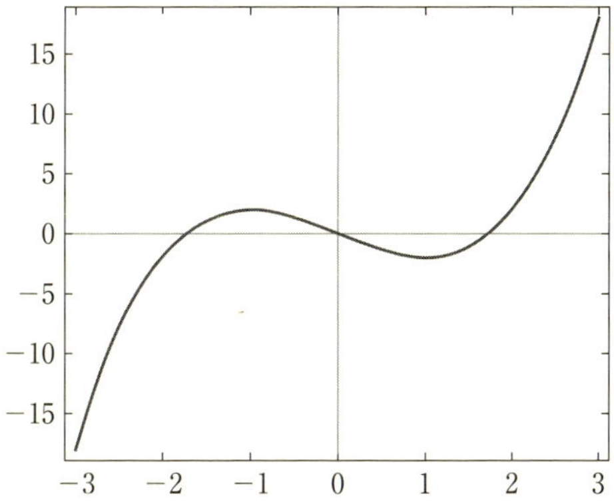

図 2.13

例題 2.9

関数$f(x)=x^2e^{-x}$について，次の問いに答えよ．

（1） $f'(x)=0$となるxを求めよ．

（2） （1）で求めたxの値でのテイラー展開を2次の項まで求めよ．

（3） （1）で求めたxでの極大・極小を判定し，極大値・極小値を求めよ．

（4） $f(x)$のグラフを描き，（1）から（3）の結果を確かめよ．

［**解**］ （1） $f'(x)=2xe^{-x}+x^2(-e^{-x})=-x(x-2)e^{-x}=0$ より，$x=0$，$x=2$が得られる．

（2） $f''(x)=(-2x+2)e^{-x}+(x^2-2x)e^{-x}=(x^2-4x+2)e^{-x}$

$x=0$においては，$f(0)=0$，$f'(0)=0$，$f''(0)=2$であるから，2次の項までは次のようにテイラー展開される．

$$f(x)=f(0)+f'(0)x+\frac{f''(0)}{2!}x^2+\cdots=0+\frac{2}{2!}x^2+\cdots=x^2+\cdots$$

$x=2$においては，$f'(2)=0$，$f''(2)=-2e^{-2}$であるから，2次の項までは次のようにテイラー展開される．

$$f(x) = 0 + \frac{-2e^{-2}}{2!}(x-2)^2 + \cdots = -e^{-2}(x-2)^2 + \cdots$$

（3）　$f'(0) = 0$，$f''(0) > 0$ であるから，$f(x)$ は下に凸となる．よって，$x = 0$ で極小で，極小値は $f(0) = 0$ となる．

$f'(2) = 0$，$f''(2) < 0$ であるから，$f(x)$ は上に凸となる．よって，$x = 2$ で極大で，極大値は $f(2) = 4e^{-2}$ となる．

（4）　例えば，Mathematica では，次のように入力すると図 2.14 が得られる．

Plot[x^2 Exp[−x], {x, −1, 4}]

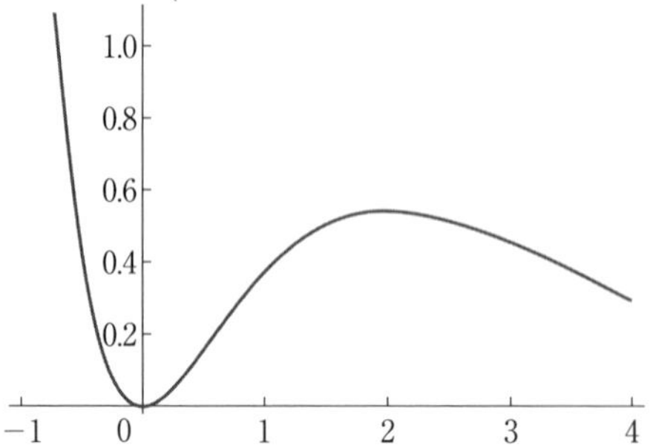

図 2.14

◆

[**問題 2.9.1**]　関数 $f(x) = (2x+3)e^{-x}$ について，次の問いに答えよ．

（1）　$f'(x) = 0$ となる x を求めよ．

（2）　（1）で求めた x の値でのテイラー展開を2次の項まで求めよ．

（3）　（1）で求めた x での極大・極小を判定し，極大値・極小値を求めよ．

（4）　$f(x)$ のグラフを描き，（1）から（3）の結果を確かめよ．

[**問題 2.9.2**]　日本がアメリカから輸入して蓄積しているある農産物の量が，ある年のはじめを基準として x ヶ月後に，$f(x) = -(x-2)e^x$ であるとする．

（1）　$0 < x < 2$ において，農産物の量が極大になるのは何ヶ月後か．

（2）　$y = f(x)$ のグラフを描いて，（1）の結果を確かめよ．

2.8.2　2 変数関数の極値問題

2 変数関数の例として，$z = f(x, y) = 2x - x^2 + 4y - y^2$ の極値を調べてみよう．まず，この関数のグラフを描くと図 2.15 のようになる．

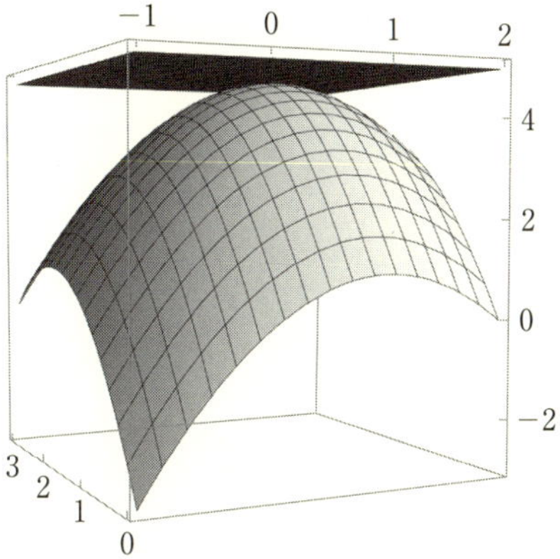

図 2.15

曲面の一番高いところが極値であり，ここでは接平面が水平になっていることから，$\dfrac{\partial f}{\partial x} = 0$ かつ $\dfrac{\partial f}{\partial y} = 0$ となっている．したがって，$\dfrac{\partial f}{\partial x} = 2 - 2x = 0$ より $x = 1$，$\dfrac{\partial f}{\partial y} = 4 - 2y = 0$ より $y = 2$ と求まり，この点を P とすると，その座標は $(1, 2)$ であることがわかる．

点 P$(1, 2)$ で極大になることを確かめるために，この点でのテイラー展開を行なう．

$$f(x, y) = 2x - x^2 + 4y - y^2 = 5 - (x-1)^2 - (y-2)^2$$

この展開式から，$5 - (x-1)^2 - (y-2)^2 \leq 5$ がわかり，$x = 1$，$y = 2$ のとき，極大値が 5 となることがわかる．

ところで，一般に 2 次式 $y = f(x) = ax^2 + bx + c$ が図 2.16 のように常に正になるか（x 軸より上にあるか），常に負になる（x 軸より下にある）条件は，高等学校の数学で学んだように，

$$f(x) = ax^2 + bx + c > 0 \iff a > 0 \text{ かつ } b^2 - 4ac < 0$$

$$f(x) = ax^2 + bx + c < 0 \iff a < 0 \text{ かつ } b^2 - 4ac < 0$$

が成り立つことであり，このことは，2 次関数のグラフと，頂点の座標 $\left(-\dfrac{b}{2a},\ -\dfrac{b^2 - 4ac}{4a}\right)$ の位置からわかることであった．

同じように，2 変数関数の極大・極小の判定も，1 変数の 2 次関数の正負

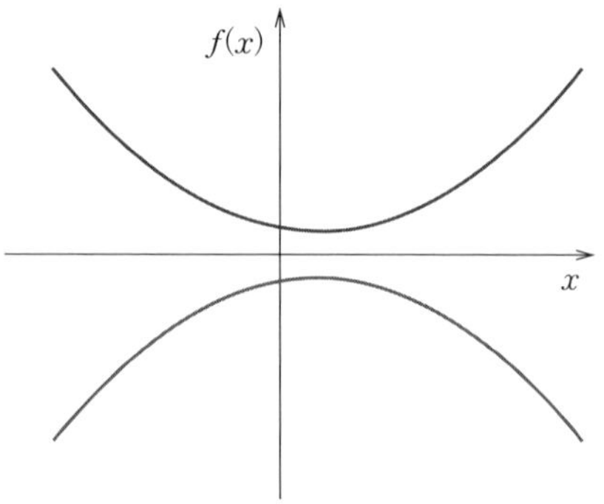

図 2.16

の判定条件へ帰着させる.

（注）
$$\begin{aligned} & a(x-x_0)^2+b(x-x_0)(y-y_0)+c(y-y_0)^2 \\ &= (y-y_0)^2\left\{a\frac{(x-x_0)^2}{(y-y_0)^2}+b\frac{x-x_0}{y-y_0}+\frac{c}{(y-y_0)^2}\right\} \\ &= (y-y_0)^2(aX^2+bX+c) \qquad \left(X=\frac{x-x_0}{y-y_0}\right) \end{aligned}$$

なお,2変数関数のテイラー展開において,2次の項の係数×2は次のように定まっていた.

$$a=\frac{\partial^2 f}{\partial x^2}(x_0, y_0), \qquad b=2\cdot\frac{\partial^2 f}{\partial x\,\partial y}(x_0, y_0), \qquad c=\frac{\partial^2 f}{\partial y^2}(x_0, y_0)$$

以上のことをまとめると，2変数関数 $z=f(x,y)$ の極大・極小は次のステップで求めることができる.

［1］
$$\frac{\partial f}{\partial x}=0, \qquad \frac{\partial f}{\partial y}=0$$

を x，y の連立方程式として解き，その解 $x=x_0$，$y=y_0$ を求める.

［2］　点 $\mathrm{P}(x_0, y_0)$ におけるテイラー展開を行ない，1次の項は $\frac{\partial f}{\partial x}(x_0, y_0)=0$，$\frac{\partial f}{\partial y}(x_0, y_0)=0$ であるから，2次の項の係数 × 2 を求める.

$$a=\frac{\partial^2 f}{\partial x^2}(x_0, y_0), \qquad b=2\cdot\frac{\partial f}{\partial x\,\partial y}(x_0, y_0), \qquad c=\frac{\partial^2 f}{\partial y^2}(x_0, y_0)$$

［3］　極大・極小は,

$$a > 0 \text{ かつ } b^2 - 4ac < 0 \iff (x_0, y_0) \text{ で極小値 } f(x_0, y_0)$$

$$a < 0 \text{ かつ } b^2 - 4ac < 0 \iff (x_0, y_0) \text{ で極大値 } f(x_0, y_0)$$

となる.

例題 2.10

2 変数関数 $f(x,y) = e^{-x^2-y^2+4x+5y-xy-7}$ について極大・極小になる点の有無を調べ，その点があれば，それぞれの極大値・極小値を求めよ.

[解] まず,

$$\begin{cases} \dfrac{\partial f}{\partial x} = e^{-x^2-y^2+4x+5y-xy-7}(4-2x-y) = 0 \\ \dfrac{\partial f}{\partial y} = e^{-x^2-y^2+4x+5y-xy-7}(5-x-2y) = 0 \end{cases}$$

を x, y の連立方程式として解くと，$4-2x-y=0$, $5-x-2y=0$ より，その解は $x=1$, $y=2$ となる.

次に，$x=1$, $y=2$ で $f(x,y)$ をテイラー展開し，2 次の係数を求めるために，2 階の偏導関数を求める（この計算では，積の導関数を求める公式(1.4)を用いる).

$$\frac{\partial^2 f}{\partial x^2} = e^{-x^2-y^2+4x+5y-xy-7}(4-2x-y)^2 + e^{-x^2-y^2+4x+5y-xy-7}(-2)$$

$$\frac{\partial^2 f}{\partial x\,\partial y} = e^{-x^2-y^2+4x+5y-xy-7}(5-x-2y)(4-2x-y) + e^{-x^2-y^2+4x+5y-xy-7}(-1)$$

$$\frac{\partial^2 f}{\partial y^2} = e^{-x^2-y^2+4x+5y-xy-7}(5-x-2y)^2 + e^{-x^2-y^2+4x+5y-xy-7}(-2)$$

ここで，$x=1$, $y=2$ を代入すると,

$$a = \frac{\partial^2 f}{\partial x^2}(1,2) = -2 < 0$$

$$b = 2\cdot\frac{\partial^2 f}{\partial x\,\partial y}(1,2) = -2$$

$$c = \frac{\partial^2 f}{\partial y^2}(1,2) = -2$$

となり,

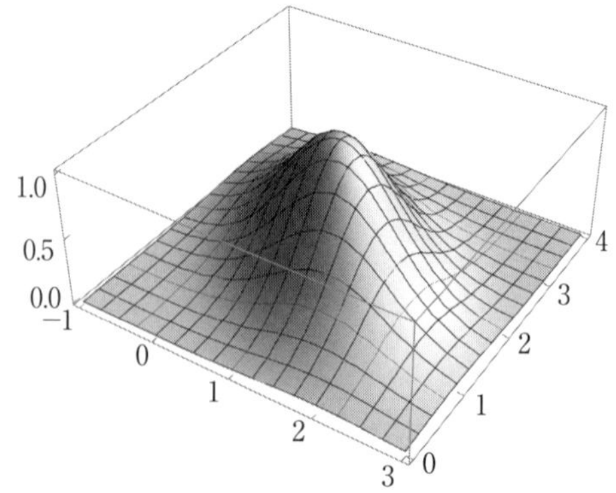

図 2.17

$$b^2 - 4ac = -12 < 0$$

となる．

以上から，$f(x, y)$ は $x = 1$，$y = 2$ のとき極大になることがわかる．そして，極大値は $f(1, 2) = e^0 = 1$ となる．なお，このグラフは図 2.17 のようになっている．

◆

［**問題 2.10.1**］ 2 変数関数 $z = f(x, y) = e^{-x^2-y^2}$ について極大・極小になる点の有無を調べ，その点があれば，それぞれの極大値・極小値を求めよ．

［**問題 2.10.2**］ ある企業では工業部門と農業部門で生産活動をしており，工業部門への投資量 $x > 0$ と農業部門への投資量 $y > 0$ に対する利益 z は次の式で表せるとする．

$$z = f(x, y) = 100 + x^3 + y^3 - 9xy$$

このとき，x と y をいくらにすれば利益 z が極大になるか．

2.8.3 条件付き極値問題（ラグランジュの未定乗数法）

これまでは，2 つの変数 x と y が自由な値をとっていたが，ここでは，x と y が一定の条件を満たしながら変化するという，ある条件の下での 2 変数関数 $z = f(x, y)$ の極大・極小を考えよう．極値を調べたい関数を**目的関数**といい，経済・経営で x と y の条件として一般的なものは，予算の制約条件である．

条件式が簡単な場合

ある製品をつくるのに2つの原料が必要となり，1単位当たり2億円の原料Aと，1単位当たり1億円の原料Bが必要で，予算が5億円だとすると，次のような制約条件が必要になる．

$$2x + y \leq 5$$

ここでは，この条件を $h(x, y) = 2x + y - 5 = 0$ と表すことにする．このとき，例として，利益が関数 $f(x, y) = 7 - x^2 - y^2$ で表されるときの極値を求めてみよう．

制約条件 $h(x, y) = 2x + y - 5 = 0$ は陰関数の形をしているが，$y = -2x + 5$ と変形できるので容易に陽関数の形になる．これを $f(x, y)$ に代入すれば，次のように x だけの1変数関数となる．

$$f(x, -2x + 5) = 7 - x^2 - (-2x + 5)^2 = -5x^2 + 20x - 18$$

この関数の極値を求めるために，導関数を求めてゼロとおくと，

$$\frac{df}{dx} = -10x + 20 = 0$$

となり，

$$x = 2$$

となる．

$x = 2$ で極大か極小かを調べるために，$x = 2$ でテイラー展開すると

$$z = f(x, y) = 2 - 5(x - 2)^2 \leq 2$$

したがって，$x = 2$，$y = 1$ のとき，極大値2をとることがわかる．すなわち，この製品をつくるには原料Aを $x = 2$，原料Bを $y = 1$ とするときに利益 z は極大になることがわかる．

一般の場合

制約条件式を一般に $h(x, y) = 0$，目的関数を $z = f(x, y)$ とする．$h(x, y)$ を**条件関数**ともよぶ．これまでの例でわかったように，陰関数 $h(x, y) = 0$

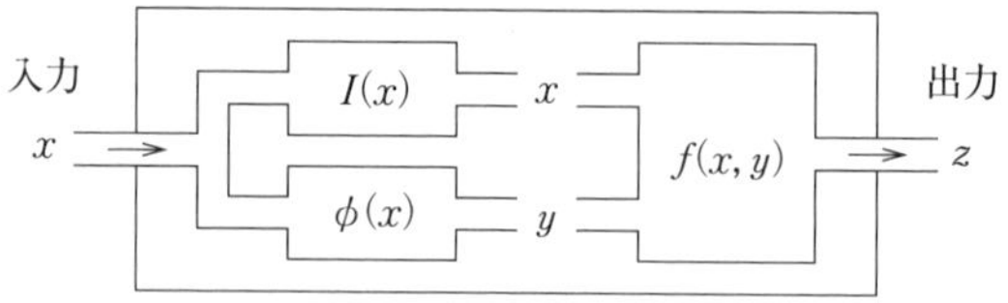

図 2.18

から，一定の条件の下で y は x の関数として定まるので，それを $y = \phi(x)$ とおく．これにより 2 変数の関数 $z = f(x, y)$ は，実質的には $z = f(x, \phi(x))$ のように 1 変数の関数で表すことができる．これをブラックボックスで表すと図 2.18 のようになる．$I(x)$ は**恒等関数**とよばれ，$I(x) = x$ である．

ここで，極値となる点を探すために導関数を求めてゼロとおくと，1 変数と 2 変数関数の導関数の公式 (2.9) を用いて，

$$\frac{dz}{dx} = \frac{\partial z}{\partial x}\frac{dx}{dx} + \frac{\partial z}{\partial y}\frac{dy}{dx} = 0$$

となり，さらに $\dfrac{dy}{dx}$ を求めるのに陰関数の導関数の公式 (2.10) を用いると

$$\frac{dz}{dx} = \frac{\partial z}{\partial x}\cdot 1 - \frac{\partial z}{\partial y}\frac{\dfrac{\partial h}{\partial x}}{\dfrac{\partial h}{\partial y}} = 0$$

となり，これを変形して次の関係式が得られる．

$$\frac{\dfrac{\partial z}{\partial x}}{\dfrac{\partial h}{\partial x}} = \frac{\dfrac{\partial z}{\partial y}}{\dfrac{\partial h}{\partial y}}$$

いま，この両辺に共通の値を仮りに λ とおいて分母を払うと，次の 2 つの式が出てくる．

$$\frac{\partial z}{\partial x} - \lambda\frac{\partial h}{\partial x} = 0, \qquad \frac{\partial z}{\partial y} - \lambda\frac{\partial h}{\partial y} = 0$$

すなわち，極値を与える x と y というのは，この 2 つの式と，条件式 $h(x, y) = 0$ を満たすものを求めればよいことになる．以上のことをより

スマートに計算するために用いられるのが，次の**ラグランジュ関数**とよばれるものである．

$$L(x, y, \lambda) = f(x, y) - \lambda\, h(x, y) \tag{2.13}$$

そしてラグランジュ関数を用いると，極値を与える x と y を求める計算は，この関数 L をそれぞれの変数で偏微分した次の連立方程式を解くことにおきかわるのである．

$$\begin{cases} \dfrac{\partial L}{\partial x} = \dfrac{\partial z}{\partial x} - \lambda\dfrac{\partial h}{\partial x} = 0 \\[2ex] \dfrac{\partial L}{\partial y} = \dfrac{\partial z}{\partial y} - \lambda\dfrac{\partial h}{\partial y} = 0 \\[2ex] \dfrac{\partial L}{\partial \lambda} = \dfrac{\partial z}{\partial \lambda} = -h(x, y) = 0 \end{cases} \tag{2.14}$$

ここで（仮りに導入した）λ は**ラグランジュの未定乗数**とよばれ，目的関数 z と条件関数（制約条件）h の双方における，x の変化による変化率の比と y の変化による変化率が等しい値になるときの値であり，具体的な経済法則では大事な意味をもつことが多い．

例題 2.11

制約条件が $h(x, y) = x^3 + y^3 - 16 = 0$ のとき，目的関数 $z = f(x, y) = 3x^2y^2$ の極値を求めよ．

［**解**］(2.13) より，ラグランジュ関数を次のようにおく．

$$L(x, y, \lambda) = 3x^2y^2 - \lambda(x^3 + y^3 - 16)$$

極値を与える x，y の値は，(2.14) より，次の連立方程式を解いて得られる．

$$\begin{cases} \dfrac{\partial L}{\partial x} = \dfrac{\partial z}{\partial x} - \lambda\dfrac{\partial h}{\partial x} = 6xy^2 - \lambda(3x^2) = 0 \\[2ex] \dfrac{\partial L}{\partial y} = \dfrac{\partial z}{\partial y} - \lambda\dfrac{\partial h}{\partial y} = 6x^2y - \lambda(3y^2) = 0 \\[2ex] \dfrac{\partial L}{\partial \lambda} = \dfrac{\partial z}{\partial \lambda} = -(x^3 + y^3 - 16) = 0 \end{cases}$$

はじめの2つの式から，次の関係式が導かれる．

$$\lambda = \frac{2y^2}{x} = \frac{2x^2}{y}, \qquad y^3 = x^3, \qquad y = x$$

これらを制約条件 $h(x, y)$ に代入すると，$x = 2$，$y = 2$ が得られる．そして，これらの値を目的関数に代入すると，その極値は $f(2, 2) = 3 \cdot 2^2 \cdot 2^2 = 48$ となる．ただし，この極値が極大値か極小値であるかはこれだけでは判定できない．

◆

［問題 2.11.1］ 制約条件が $h(x, y) = 3x^2 + xy + 3y^2 - 1 = 0$ のとき，目的関数 $z = f(x, y) = x^2 + y^2$ の極値を次の手順で求めよ．

（1） ラグランジュの未定乗数を λ とおいて，ラグランジュ関数 $L = L(x, y, \lambda)$ を表せ．

（2） $\dfrac{\partial L}{\partial x}$，$\dfrac{\partial L}{\partial y}$，$\dfrac{\partial L}{\partial \lambda}$ を求めよ．

（3） $z = f(x, y)$ が極値をとるときの x，y，λ を定める連立方程式を求めよ．

（4） （3）の連立方程式を解いて，z が極値をとるときの x，y，λ を求めよ．

（5） $z = f(x, y)$ の極値を求めよ．

［問題 2.11.2］ ある機械を製造している佐藤さんは，300万円をもって材料を買いに来た．材料Aは1個30万円，材料Bは1個50万円であった．材料Aを x 個，材料Bを y 個買ったときの佐藤さんの効用 u は次の式で表せるという．

$$u = u(x, y) = x^{0.5}y^{0.5}$$

このとき以下の問いに答えよ．

（1） 300万円を全部使うとして，材料Aを x 個，材料Bを y 個買うときの予算の制約式を表せ．

（2） ラグランジュの未定乗数を λ として，ラグランジュ関数を表せ．

（3） 効用を最大にする x と y を求めよ．

2.9 積分（蓄積量）の概念と計算

微分は，平均変化率から瞬間変化率を求めるときに必要になったが，平均変化率そのものは，例えば電車の平均速度の例でみれば，3 時間で 600 km 走れば平均速度は $\frac{600}{3} = 200$ km/h となる．

この演算は，小学校で学んだ「割り算」に他ならず，微分は，割り算の進化した概念であった．そして実は，「かけ算」の進化した概念が積分なのである．

（注）　速さが一定ならば，「速度」×「時間」=「距離」で，走った距離が求められる．200 km/h の速さで，3 時間過ぎれば，走行距離は，

$$200 \text{ km/h} \times 3 \text{ h} = 600 \text{ km}$$

のように掛け算で求められる．ここで，「進化した掛け算」へ移行する．それは，速さが一定ではなく，時々刻々変化する場合である．例えば，x 秒後の速さが，$2x$ km/h のようになっている場合，速度と時間を掛ける計算はどのように行なえばよいだろうか？

2.9.1　定積分の考え方と計算

速度と時間から進んだ距離を求めるのが「積分」の考え方であるが，いま，2 秒から 3 秒までの 1 秒間の電車の走行距離を求めるのに，この 1 秒間を例えば 0.1 秒ごとに区切り，その短い時間の中では電車の速度が一定であると近似してみよう．x 秒後の電車の速度が x の関数として $f(x) = 2x$ で表せるとき，次のように 2 秒から 3 秒の間を 10 等分してみる（表 2.1 を参照）．

各時間の区間で，速度と時間を掛けて距離を求める計算をし，それらを合計してみると，

表 2.1　2 秒から 3 秒までの電車の速度の変化

x	$f(x)$	x	$f(x)$
2.0〜2.1	4.0	2.5〜2.6	5.0
2.1〜2.2	4.2	2.6〜2.7	5.2
2.2〜2.3	4.4	2.7〜2.8	5.4
2.3〜2.4	4.6	2.8〜2.9	5.6
2.4〜2.5	4.8	2.9〜3.0	5.8

$$
\begin{aligned}
&f(2.0)\times 0.1+f(2.1)\times 0.1+f(2.2)\times 0.1+f(2.3)\times 0.1\\
&\qquad +f(2.4)\times 0.1+f(2.5)\times 0.1+f(2.6)\times 0.1+f(2.7)\times 0.1\\
&\qquad +f(2.8)\times 0.1+f(2.9)\times 0.1\\
&\ =4.0\times 0.1+4.2\times 0.1+4.4\times 0.1+4.6\times 0.1+4.8\times 0.1\\
&\qquad +5.0\times 0.1+5.2\times 0.1+5.4\times 0.1+5.6\times 0.1+5.8\times 0.1\\
&\ =4.9
\end{aligned}
$$

となる．この計算は，0.1 秒間の間，本当はどんどん速くなっているのに，速度が一定であると近似した場合の結果である．

さらに良い近似値を求めるために，速度一定の時間幅をもっと短くして，例えば0.01 秒間としてみると，

$$
\begin{aligned}
&f(2.00)\times 0.01+f(2.01)\times 0.01+f(2.02)\times 0.01+f(2.03)\times 0.1\\
&\qquad +\cdots+f(2.95)\times 0.01+f(2.96)\times 0.01+f(2.97)\times 0.01\\
&\qquad +f(2.98)\times 0.01+f(2.99)\times 0.01\\
&\ =4.00\times 0.1+4.02\times 0.1+4.04\times 0.1+4.06\times 0.1+4.08\times 0.1\\
&\qquad +\cdots+5.90\times 0.01+5.92\times 0.01+5.94\times 0.01+5.96\times 0.01\\
&\qquad +5.98\times 0.01\\
&\ =4.99
\end{aligned}
$$

となる．そして，時間の幅をさらにどんどん細かくしていくと，2 秒から 3 秒の間に電車が進んだ距離は，$4.999, 4.9999, 4.99999, 4.999999\cdots$と，次第に，5 に近づいていくことがわかる．

いま，これらのことを一般化し，2 秒から 3 秒の間を n 等分すると，$\Delta x=\dfrac{1}{n}$ の間は等速であるとしたときの距離を求める式は次のように表せる．

$$\sum_{k=0}^{n-1} f(2+k\times \Delta x)\times \Delta x$$

ここで，n をどんどん大きくし，すなわち，Δx をどんどん小さくしていった $\Delta x\to 0$ の極限値である 5 が，2 秒から 3 秒の間に電車が実際に進んだ距

離を表すことがわかる．これを式では

$$\lim_{\Delta x \to 0}\left\{\sum_{k=0}^{n-1} f(2+k\times \Delta x)\times \Delta x\right\} = \int_2^3 f(x)\,dx$$

と表し，右辺を「関数 $f(x)$ の，$x=2$ から 3 までの**積分**（正式には，積分する範囲が決まっているので**定積分**）」という．記号 $\int$ はインテグラルと読み，上限と下限の範囲で積分する（和をとる）ことを意味する．

例題 2.12

ある生産量（リットル）の，時刻 x（分）における変化率（リットル/分）が $f(x)=3x^2$ で表されるとき，次の問いに答えよ．

（1） 2 分後から 3 分後までの間の総生産量の近似値を，時間の幅を 0.1 分ごとにして求めよ．

（2） （1）において，時間の幅を無限に小さくしていったときの総生産量の極限値を求めよ．ただし，次の公式を使ってよいとする．

$$\sum_{k=0}^{n-1} k = \frac{n(n-1)}{2}, \qquad \sum_{k=0}^{n-1} k^2 = \frac{n(n-1)(2n-1)}{6}$$

（3） （2）の結果を，積分の式で表せ．

［**解**］（1） $f(x)=3x^2$ のとき，表 2.2 が得られる．

各時間の区間で，変化率と時間を掛けて生産量を求める計算をし，それらを合計すれば次のようになる．

表 2.2　2 分から 3 分までの総生産量の変化

x	$f(x)$	x	$f(x)$
2.0〜2.1	12.00	0.6〜0.7	18.75
2.1〜2.2	13.23	2.5〜2.6	20.28
2.2〜2.3	14.52	2.7〜2.8	21.87
2.3〜2.4	15.87	2.8〜2.9	23.52
2.4〜2.5	17.28	2.9〜3.0	25.23

$$
\begin{aligned}
&f(2.0)\times 0.1+f(2.1)\times 0.1+f(2.2)\times 0.1+f(2.3)\times 0.1+f(2.4)\times 0.1\\
&\qquad +f(2.5)\times 0.1+f(2.6)\times 0.1+f(2.7)\times 0.1+f(2.8)\times 0.1\\
&\qquad +f(2.9)\times 0.1\\
&\ =12.00\times 0.1+13.23\times 0.1+14.52\times 0.1+15.87\times 0.1+17.28\times 0.1\\
&\qquad\quad +18.75\times 0.1+20.28\times 0.1+21.87\times 0.1+23.52\times 0.1\\
&\qquad\quad +25.23\times 0.1\\
&\ =18.255\ \text{（リットル）}
\end{aligned}
$$

（2） 2秒から3秒の間を n 等分し，時間の各区間を $\Delta x=\dfrac{1}{n}$ とするときの総和を求めると

$$
\begin{aligned}
\sum_{k=0}^{n-1} f(2+k\times\Delta x)\times\Delta x &= \sum_{k=0}^{n-1} 3\left(2+k\cdot\frac{1}{n}\right)^2\times\frac{1}{n}\\
&= \sum_{k=0}^{n-1} 3\left\{4+4k\cdot\frac{1}{n}+k^2\left(\frac{1}{n}\right)^2\right\}\times\frac{1}{n}
\end{aligned}
$$

となる．したがって，この極限値をとると

$$
\begin{aligned}
&\lim_{n\to\infty}\left(\sum_{k=0}^{n-1}\frac{12}{n}+\frac{12}{n^2}\sum_{k=0}^{n-1}k+\frac{3}{n^3}\sum_{k=0}^{n-1}k^2\right)\\
&\qquad =\lim_{n\to\infty}\left\{\frac{12(n-1)}{n}+\frac{12}{n^2}\cdot\frac{n(n-1)}{2}+\frac{3}{n^3}\cdot\frac{n(n-1)(2n-1)}{6}\right\}\\
&\qquad =12+6+1=19
\end{aligned}
$$

となる．

（3） 積分の式で表すと次のようになる．

$$
\int_2^3 f(x)\,dx=\int_2^3 3x^2\,dx=19\ \text{（リットル）}
$$

◆

［問題 2.12.1］ x 秒後の量が $f(x)$ で表せるとする．x 秒後の変化率が $f'(x)=2x+3$ で表されるとき，次の問いに答えよ．ただし，$f(0)=0$ であるとする．

（1） 0秒から1秒までの間を10等分し，それぞれの区間では変化率は一定として，近似的に $f(1)$ を求めよ．

（2） 0秒から1秒までの間を n 等分し，それぞれの区間では変化率は一定と

して，近似的に $f(1)$ を n の式で表せ．

（３）　$n \to \infty$ として，$f(1)$ の値を求めよ．

（４）（３）の結果を定積分の記号を用いて表せ．

［**問題 2.12.2**］　ある銀行の保有資金は，時間 x に対して連続的に変化させているという．時刻 x のときの保有資金の変化率が $0.4x$ で表されるとき，次の問いに答えよ．

（１）　$0 < x < 5$ の間を 10 等分し，それぞれの区間では変化率は一定として，近似的に $f(5)$ を求めよ．

（２）　$0 < x < 5$ の区間を n 等分し，それぞれの区間では変化率は一定として，近似的に $f(5)$ を n の式で表せ．

（３）（２）の結果で $n \to \infty$ として，$f(5)$ を求めよ．

（４）（３）の結果を定積分の記号を用いて表せ．

2.9.2　不定積分

関数 x^3 の導関数は，x で微分して $3x^2$ であり，この $3x^2$ から元の関数 x^3 を求めることは，微分の逆の操作ということになる．

この微分の逆の操作を具体的にいうと，例えば時刻 x までの生産量を $f(x)$ と表したとき，導関数 $f'(x)$ は，時刻 x での瞬間的な生産量の変化率であり，微分して $f'(x)$ となる元の関数 $f(x)$ は，時刻 x までの生産量ということになる．すなわち，微分の逆の操作というのは，積分と一致する．

このように，微分と積分は互いに逆の関係にあるが，例えば微分して $3x^2$ となる関数は，$(x^3+6)'=3x^2$，$(x^3-20)'=3x^2, \cdots$ といった具合いにいくらでも存在する．しかし，その違いは定数の部分だけである．したがって，微分して $3x^2$ となる元の関数が x^3 と求められれば，同じく微分して $3x^2$ となる関数は x^3+C と，任意の定数 C を加える形で一般に表すことができ，関数が１つに定まらない（C の値が定まらない）この積分を**不定積分**とよぶ．ここで C は，「任意の定数で何でもよい」ことを意味しているが，積分の計算で用いるときには，特に**積分定数**とよばれる．

不定積分を表す記号は定積分と同じ記号を用いるが，積分記号 $\int$ の上限と下限に文字がない（積分の範囲がない）のが特徴で，例えば，$3x^2$ の不定積分は，

$$\int (3x^2)\,dx = x^3 + C \qquad (C\text{ は積分定数})$$

となる．

不定積分の公式は微分の公式を逆に見るだけであるから，表2.3のような公式が得られる．右の列を微分すると左の列が求まることを，各自で確認してほしい．

表 2.3 不定積分の公式

$f(x)$	$\int f(x)\,dx$
x^n	$\dfrac{1}{n+1}x^{n+1} + C$
e^{kx}	$\dfrac{1}{k}e^{kx} + C$
a^x	$\dfrac{1}{\log_e a}a^x + C$
$\dfrac{1}{x}$	$\log x + C$

2.9.3 積分の線形性

微分のときに線形性が成り立ったように，定積分や不定積分でも次のような線形性が成り立つ．

$$\int_a^b \{f(x) \pm g(x)\}\,dx = \int_a^b f(x)\,dx \pm \int_a^b g(x)\,dx$$

$$\int \{f(x) \pm g(x)\}\,dx = \int f(x)\,dx \pm \int g(x)\,dx$$

$$\int_a^b \{k\,f(x)\}\,dx = k\int_a^b f(x)\,dx$$

$$\int \{k\,f(x)\}\,dx = k\int f(x)\,dx$$

例題 2.13

次の不定積分を求めよ．

（1） $I = \displaystyle\int (2x^4 + 3x^2 + 4x - 2)\,dx$

（2） $I = \displaystyle\int (2e^{4x} + 3e^{2x} + 5x + 3)\,dx$

（3） $I = \int (3e^{-4x} - 5e^{2x} + x^3 - 4x + 7)\, dx$

（4） $I = \int \left(2 \cdot 5^x - \dfrac{3}{x}\right) dx$

［**解**］ 以下，C は積分定数とする．

（1） $I = \dfrac{2}{5}x^5 + x^3 + 2x^2 - 2x + C$

（2） $I = \dfrac{1}{2}e^{4x} + \dfrac{3}{2}e^{2x} + \dfrac{5}{2}x^2 + 3x + C$

（3） $I = -\dfrac{3}{4}e^{-4x} - \dfrac{5}{2}e^{2x} + \dfrac{1}{4}x^4 - 2x^2 + 7x + C$

（4） $I = \dfrac{2}{\log_e 5}5^x - 3\log_e x + C$

［**問題 2.13.1**］ 次の不定積分を求めよ．

（1） $I = \int (3x^5 + 2x^3 + 5x - 4)\, dx$

（2） $I = \int (5e^{3x} + 2e^{-2x} + 4x + 2)\, dx$

（3） $I = \int (2e^{-3x} - 4e^{3x} + x^4 - 2x + 6)\, dx$ （4） $I = \int \left(2 \cdot 3^x - \dfrac{5}{x}\right) dx$

2.9.4 定積分を不定積分から導く

時刻 x における生産量の瞬間変化率を表す関数を $f'(x)$ とすると，定積分 $\int_a^b f(x)\, dx$ は，時刻 a から b までの総生産量（変化量）の値を表す．一方，不定積分 $F(x) = \int f(x)\, dx$ は，x 分後の総生産量（変化量）を表す関数であるから，したがって，両者は次の関係式で結ばれることになる．

$$\int_a^b f(x)\, dx = F(b) - F(a) = \left[\int f(x)\, dx\right]_a^b \qquad (2.15)$$

ここで［ ］$_a^b$ は，［ ］の中を求めた後に，それに b を代入した結果と a を代入した結果の差をとることを表す.

例題 2.14

次の定積分の値を求めよ.

（1） $I = \int_1^2 (2x^4 + 3x^2 + 4x - 2)\,dx$

（2） $I = \int_0^1 (2e^{4x} + 3e^{2x} + 5x + 3)\,dx$

（3） $I = \int_1^e \left(3x + \dfrac{1}{x}\right)dx$ （4） $I = \int_1^e \left(2\cdot 5^x - \dfrac{3}{x}\right)dx$

［解］ （1） $I = \left[\dfrac{2}{5}x^5 + x^3 + 2x^2 - 2x\right]_1^2$

$$= \left(\frac{5}{2}\cdot 32 + 8 + 8 - 4\right) - \left(\frac{2}{5} + 1 + 2 - 2\right) = \frac{117}{5}$$

（2） $I = \left[\dfrac{1}{2}e^{4x} + \dfrac{3}{2}e^{2x} + \dfrac{5}{2}x^2 + 3x\right]_0^1$

$$= \left(\frac{1}{2}e^4 + \frac{3}{2}e^2 + \frac{5}{2} + 3\right) - \left(\frac{1}{2} + \frac{3}{2} + 0 + 0\right) = \frac{7 + 3e^2 + e^4}{2}$$

（3） $I = \left[\dfrac{3}{2}x^2 + \log_e x\right]_1^e = \dfrac{3}{2}e^2 + 1 - \dfrac{1}{2} - 0 = \dfrac{3}{2}e^2 - \dfrac{1}{2}$

（4） $I = \left[\dfrac{2}{\log_e 5}\,5^x - 3\log_e x\right]_1^e$

$$= \left(\frac{2}{\log_e 5}\,5^e - 3\log_e e\right) - \left(\frac{2}{\log_e 5}\,5 - 3\cdot 0\right) = -3 + \frac{2(-5 + 5^e)}{\log_e 5}$$

◆

［問題 2.14.1］ 次の定積分の値を求めよ.

（1） $I = \int_0^2 (3x^3 + 2x^4 + 2x - 3)\,dx$

（2） $I = \int_0^1 (2e^{-2x} - 4e^{3x} + 4x + 2)\,dx$

（3） $I = \int_1^e \left(-4x + \dfrac{3}{x}\right)dx$ （4） $I = \int_1^e \left(3\cdot 7^x - \dfrac{5}{x}\right)dx$

［**問題 2.14.2**］ある企業の x ヶ月後の生産量（トン）の変化率（トン/月）が $f(x) = 2 + 2x + e^{-3x}$ で表されるとき，生産開始から3ヶ月後までの総生産量を求めよ．

2.10　微分方程式と基本型の解法

2.10.1　微分方程式とは何か

中学校や高等学校で扱ってきた「方程式」は，未知の量や数の関係を表したものであった．一方，その未知のものが量や数ではなく「関数」で，しかも，その「関係式」が微分の関係で与えられるのが**微分方程式**とよばれるものである．

例えば，時刻 x（分）とともに変化する量 y（リットル）があるとき，量の時間に対する瞬間変化率（リットル/分）は導関数 $y' = f'(x) = \dfrac{dy}{dx}$ で与えられるが，その瞬間変化率 y' が，そのときの量 y に比例していて，例えばその比例定数が2なら，その関係式は

$$\frac{dy}{dx} = 2y \qquad (x = 0 \text{ のとき，例えば } y = 1 \text{ とする})$$

のように表せる．これは「微分方程式」の一例である．

このように，微分方程式は微分の関係を表した関係式であるが，微分方程式を解くということは，任意の x，y の関係式を導くことである．

上の例で挙げた微分方程式を解いてみよう．導関数はグラフの上では接線の傾きであるから，微分方程式は，グラフ上では接線の上で成り立っている関係式ということがいえる．dx と dy を接線の上の量と考えると，接線の上では，$dy = 2y\,dx$，$\dfrac{dy}{y} = 2\,dx$ が成り立っている．

いま，$\dfrac{dy}{y} = 2\,dx$ において，左辺で初期条件の $y = 1$ から一般の y まで加える間，右辺では初期条件の $x = 0$ から一般の x まで加え，$dx \to 0$,

$dy \to 0$とすると，次のような積分の計算になる．

（注）　次の計算では，積分の範囲もxやyと同じ文字で表しているので，一見わかりにくいかもしれないが注意してほしい．

$$\int_1^y \frac{dy}{y} = \int_0^x 2\,dx$$

$$[\log_e y]_1^y = [2x]_0^x$$

$$\log_e y - \log_e 1 = 2x - 0$$

$$\log_e y = 2x$$

$$\therefore \quad y = e^{2x}$$

$y = e^{2x}$がはじめの微分方程式の条件を満たしていることはすぐにわかる．実際，$\dfrac{dy}{dx} = 2e^{2x} = 2y$となり，また$x = 0$とすると$f(0) = e^{2\cdot 0} = e^0 = 1$より「$x = 0$のとき，$y = 1$」という初期条件も満たしている．

2.10.2　変数分離型

導関数がxだけの関数とyだけの関数の積になっている次のような微分方程式の型を，**変数分離型**という．

$$\frac{dy}{dx} = f(x)\,g(y) \tag{2.16}$$

初期条件を$x = a$のとき$y = b$とすると，この微分方程式の解は次のように求められる．

まず，yの式を左辺に，xの式を右辺に分離すると，

$$\frac{dy}{g(y)} = f(x)\,dx$$

となり，この両辺をそれぞれxについてはaからxまで，yについてはbからyまで積分すると，

$$\int_b^y \frac{dy}{g(y)} = \int_a^x f(x)\,dx$$

そして，この定積分を不定積分から求めると $\left[\int \frac{1}{g(y)}dy\right]_b^y = \left[\int f(x)\,dx\right]_a^x$ となり，上の積分を実行すれば解が得られる．

なお，積分した結果，$y = h(x)$ のように y が x で表せればいいが，表せなくても，x と y の関係がわかれば微分方程式が解けたということになる．

例題 2.15

次の微分方程式を，初期条件「$x = 0$ のとき，$y = 2$」のもとで解け．

$$\frac{dy}{dx} = e^{3x-4y}$$

［解］ この微分方程式は次のように x だけの式と y だけの式に分離できるので，変数分離型であることがわかる．

$$\frac{dy}{dx} = e^{3x} \cdot e^{-4y}$$

y の入った部分を左辺に，x の入った部分を右辺にまとめると，$e^{4y}\,dy = e^{3x}\,dx$ となり，この両辺をそれぞれ定積分で表すと，

$$\int_2^y e^{4y}\,dy = \int_0^x e^{3x}\,dx$$

となる．したがって，

$$\left[\frac{e^{4y}}{4}\right]_2^y = \left[\frac{e^{3x}}{3}\right]_0^x$$

$$\frac{e^{4y} - e^8}{4} = \frac{e^{3x} - e^0}{3}$$

式を整理して，

$$e^{4y} = \frac{4}{3}(e^{3x} - 1) + e^8$$

$$4y = \log_e\left\{\frac{4}{3}(e^{3x} - 1) + e^8\right\}$$

よって，y を x で表せば

$$y = \frac{1}{4}\log_e\left\{\frac{4}{3}(e^{3x} - 1) + e^8\right\}$$

となり，微分方程式の解が求められる．

◆

［**問題 2.15.1**］ 次の微分方程式を，初期条件「$x = 0$ のとき，$y = 1$」のもとで解け．

$$\frac{dy}{dx} = 2xy$$

［**問題 2.15.2**］ ある国では物価が急激に変化し，牛肉 100 グラムの x 日後の価格が y 円で，最初の価格が 5 円であるとする．また，価格の上昇率について次の関係が成り立っているとする．

$$\frac{dy}{dx} = (2x + 1)e^{-3y}$$

このとき，y を x の式で表せ．

2.10.3 完全微分方程式

x と y の関係式が次のようになっている場合の x と y の間の微分の関係，すなわち微分方程式を導く方法を考えてみよう．なお，初期条件は $x = 1$ のとき $y = 2$ とする．

$$z = x^3 + 5xy - y^2 - 7 = 0$$

この式から微分方程式を導くには，左辺を 2 変数の関数と考えて z が常にゼロで変化がないことから，全微分 dz がゼロとなることから，(2.3) より，

$$dz = (3x^2 + 5y)\,dx + (5x - 2y)\,dy = 0$$

$$(5x - 2y)\,dy = -(3x^2 + 5y)\,dx$$

$$\frac{dy}{dx} = -\frac{3x^2 + 5y}{5x - 2y}$$

これが，求めたかった微分方程式である．

今度は逆に，この微分方程式を解いて元の x と y の関係式を導いてみたいのだが，このタイプの微分方程式は，次のような形に表しておくと便利である．

$$P(x, y)\,dx + Q(x, y)\,dy = 0 \tag{2.17}$$

上の例のように，2 変数関数の全微分から得られた場合には，次の関係式が成り立つことがわかる．

$$\frac{\partial P(x, y)}{\partial y} = \frac{\partial Q(x, y)}{\partial x}$$

また，この場合，偏微分は偏微分する変数の順序が違っても同じ結果になることから，次の関係式が成り立つ．

$$\frac{\partial P(x, y)}{\partial y} = \frac{\partial^2 z}{\partial x\,\partial y}, \qquad \frac{\partial Q(x, y)}{\partial x} = \frac{\partial^2 z}{\partial y\,\partial x}$$

逆に，微分方程式 $P(x, y)\,dx + Q(x, y)\,dy = 0$ において，上にも記した次の条件が満たされるとき，これを**完全微分方程式**という．

$$\frac{\partial P(x, y)}{\partial y} = \frac{\partial Q(x, y)}{\partial x} \tag{2.18}$$

なお，完全微分方程式には $z = f(x, y) = 0$ という微分方程式の解があり，

$$\frac{\partial f(x, y)}{\partial x} = P(x, y), \qquad \frac{\partial f(x, y)}{\partial y} = Q(x, y) \tag{2.19}$$

となることが知られているが，ここではその証明は省略する．

しかし，$f(x, y)$ の求め方は難しくないので，最初の例 $(3x^2 + 5y)\,dx + (5x - 2y)\,dy = 0$ の場合で説明しておこう．

初期条件の点 $(1, 2)$ から微分方程式の解の点 (x, y) まで，図 2.19 のような道に沿って左辺を足していくと求められてしまうのである．最初は，$(1, 2)$ から $(x, 2)$ までの道 T に沿って加える．

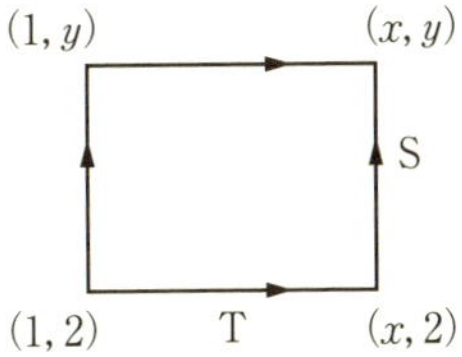

図 2.19　完全微分方程式の積分経路

$$\sum_{x=1}^{x} (3x^2 + 5\cdot 2)\,\Delta x + (5x - 2y)\,\Delta y = 0$$

$\Delta x \to 0$ とすると和から積分になるので，次のようになる．

$$\int_1^x (3x^2+10)\,dx + (5x-2y)\,\Delta y = 0$$

$$[x^3+10x]_1^x + (5x-2y)\,\Delta y = 0$$

$$\therefore \quad x^3+10x-11+(5x-2y)\,\Delta y = 0$$

次に，$(x, 2)$ から (x, y) の道 S に沿って加えていく．

$$x^3+10x-11+\sum_{y=2}^{y}(5x-2y)\,\Delta y = 0$$

$\Delta y \to 0$ とすると和から積分になるので，次のようになる．

$$x^3+10x-11+\int_2^y (5x-2y)\,dy = 0$$

$$x^3+10x-11+[5xy-y^2]_2^y = 0$$

$$\therefore \quad x^3+5xy-y^2-7 = 0$$

これが微分方程式の解で，最初の x と y の関係が得られたことがわかる．

一般にも同様で，初期条件を $x=a$ のとき $y=b$ として，

$$P(x, y)\,dx + Q(x, y)\,dy = 0, \qquad ただし，\frac{\partial P}{\partial y} = \frac{\partial Q}{\partial x}$$

を満たす形の完全微分方程式は次のように解く．

はじめに，(a, b) から (x, b) まで加える．

$$\sum_{x=a}^{x} P(x, b)\,\Delta x + Q(x, y)\,\Delta y = 0$$

$\Delta x \to 0$ として和から積分になる．

$$\int_a^x P(x, b)\,dx + Q(x, y)\,\Delta y = 0$$

次に，(x, b) から (x, y) まで加える（$P(x, b)$ の b に注意する）．

$$\int_a^x P(x, b)\,dx + \sum_{y=b}^{y} Q(x, y)\,\Delta y = 0$$

$\Delta y \to 0$ として和から積分になる．

$$\int_a^x P(x, b)\,dx + \int_b^y Q(x, y)\,dy = 0$$

これで，x と y の関係，すなわち微分方程式の解が得られる．

実は，点 (a, b) から (x, y) へ至る道はいくらでもある．完全微分方程式という条件があると，どの道を通って積分しても同じ結果が得られるのであるが，証明するには程度の高い数学が必要になるので省略する．

以上，本書では，2つのタイプの微分方程式を扱ったが，この他にもたくさんの微分方程式の形がある．経済・経営でも様々なタイプの微分方程式が登場し，扱い方，解き方もいろいろなので，その時々で学んでいくしかない．

例題 2.16

次の微分方程式が完全微分方程式であることを確かめ，初期条件 $x = 0$ のとき $y = 1$ のもとで解け．

$$(3x^2 + 10xy)\,dx + (5x^2 - 2y)\,dy = 0$$

［**解**］　完全微分方程式の条件を確かめる．

$$\frac{\partial(3x^2 + 10xy)}{\partial y} = \frac{\partial(5x^2 - 2y)}{\partial x} = 10x$$

より，完全微分方程式であることがわかる．

道 $(0, 1) \to (x, 1) \to (x, y)$ に沿って積分していく（はじめは $y = 1$ としている）．

$$\int_0^x (3x^2 + 10x)\,dx + \int_1^y (5x^2 - 2y)\,dy = 0$$

$$[x^3 + 5x^2]_0^x + [5x^2y - y^2]_1^y = 0$$

$$\therefore \quad x^3 + 5x^2y - y^2 + 1 = 0$$

これが求める解である．初期条件を満たしていることは，実際に $x = 0$，$y = 1$ を満たしていることから確認できる．

◆

［**問題 2.16.1**］　次の微分方程式が完全微分方程式であることを確かめ，初期条件 $x = 0$ のとき $y = 1$ のもとで解け．

$$(4x^3 + 24x^2y^4)\,dx + (32x^3y^3 - 12y^2)\,dy = 0$$

［**問題 2.16.2**］　物価が急激に変化している国があり，x 日後の鳥肉 100 グラムの価格が y 円で，最初の価格が 30 円とする．また，価格の上昇率について次の関

係が成り立っているとする．

$$\frac{dy}{dx} = -\frac{-2e^{-2x} + e^{3y}}{3xe^{3y} + 2}$$

このとき，x と y の関係を表す式を求めよ．

第Ⅱ部 線形代数と経済・経営

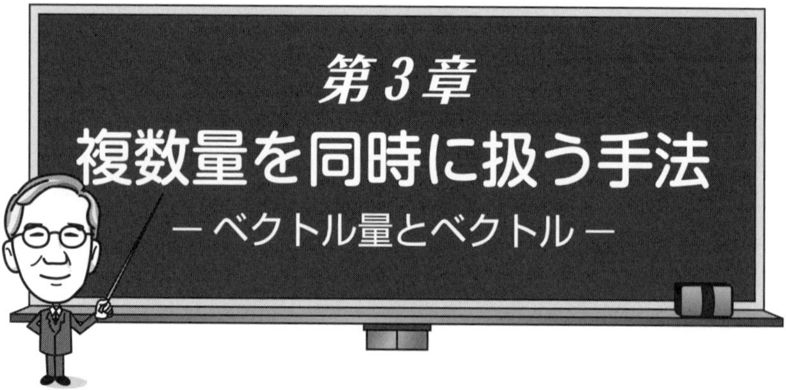

第3章 複数量を同時に扱う手法

－ベクトル量とベクトル－

世の中は，いろいろな数値で満ちあふれている．新聞や雑誌の紙面にある多くの数値は一定の規則で並び，1列の表になっている．経済・経営に関係した数値も，1列の表になっている場合がほとんどである．そして，このような社会における表の数学的概念がベクトルである．この章では，ベクトルについての基本的な事柄を学ぶ．

3.1　ベクトル量とベクトル

3.1.1　ベクトル量

ベクトル量（多次元量ともいう）というのは，いくつかの単独の量が集まって，1つのまとまった量になっているような量である．先に例を紹介した方がわかりやすいだろう．

商品，例えば1台のテレビを考えてみると，価格，重さ，テレビを入れるダンボール箱の縦の長さ，横の長さ，高さ，箱の体積など，いろいろな量が付随していることがわかる．そして，これらの量が合わさって，「テレビの量」というものが定まっていると考えることができる．

$$
\text{テレビの量} = \begin{cases} \text{価格/台} \\ \text{重さ/台} \\ \text{箱の縦の長さ/台} \\ \text{箱の横の長さ/台} \\ \text{箱の高さ/台} \\ \text{箱の体積/台} \\ \quad\vdots \end{cases}
$$

これがベクトル量の１つの例である．

3.1.2 ベクトル

単独の量は大きさをもっていて，個々の大きさは「数（単位を省いて数値だけ）」で表せる．また，ベクトル量の大きさは，個々の単独の量の大きさを表す「数の組み合わせ」であり，**ベクトル**とよばれる．「数の組み合わせ」としてのベクトルを図示すると，高等学校で学んだ「大きさと方向をもったベクトル」と同じになる．

例えば，

$$
\text{テレビのベクトル量} = \begin{cases} \text{価格/台} \\ \text{重さ/台} \\ \text{箱の縦の長さ/台} \\ \text{箱の横の長さ/台} \\ \text{箱の高さ/台} \\ \text{箱の体積/台} \end{cases} = \begin{cases} 54000\text{ 円/台} \\ 4.7\text{ kg/台} \\ 40\text{ cm/台} \\ 30\text{ cm/台} \\ 50\text{ cm/台} \\ 60000\text{ cm}^3\text{/台} \end{cases}
$$

の場合には

$$
\text{テレビのベクトル} = \begin{pmatrix} 54000 \\ 4.7 \\ 40 \\ 30 \\ 50 \\ 60000 \end{pmatrix}
$$

となる．なお，ベクトルは次のように横に並べて書いてもよい．

$$\text{テレビのベクトル} = (54000 \quad 4.7 \quad 40 \quad 30 \quad 50 \quad 60000)$$

3.2 ベクトルの演算

3.2.1 ベクトルの加減と定数倍

ベクトルの演算はベクトル量の演算から導かれる．あるテレビ1台の量が，価格，重さ，箱の体積の3つの量からなる次のようなベクトル量であったとする．

$$\text{テレビのベクトル量} = \begin{pmatrix} 54000\,\text{円/台} \\ 4.7\,\text{kg/台} \\ 60000\,\text{cm}^3\text{/台} \end{pmatrix}$$

そして，ある年に大幅なモデルチェンジをして，価格も重さも箱の体積も増加し，増加分を表すベクトル量が

$$\text{増加分のベクトル量} = \begin{pmatrix} 8000\,\text{円/台} \\ 0.5\,\text{kg/台} \\ 10000\,\text{cm}^3\text{/台} \end{pmatrix}$$

のようになったとすると，この場合，モデルチェンジ後のベクトル量は次のように求められる．

$$\text{元のテレビのベクトル量} + \text{増加分のベクトル量} = \text{現在のテレビのベクトル量}$$

$$\begin{pmatrix} 54000\,\text{円/台} \\ 4.7\,\text{kg/台} \\ 60000\,\text{cm}^3\text{/台} \end{pmatrix} + \begin{pmatrix} 8000\,\text{円/台} \\ 0.5\,\text{kg/台} \\ 10000\,\text{cm}^3\text{/台} \end{pmatrix} = \begin{pmatrix} 62000\,\text{円/台} \\ 5.2\,\text{kg/台} \\ 70000\,\text{cm}^3\text{/台} \end{pmatrix}$$

（注）　数の組み合わせであるベクトルの和の基礎には量的な和の意味がある．量の和についても実はいろいろな意味があり，ここであげた「元の量に増加量を加える」他に，「対等平等の量を合併する」場合，「元の量が変化する」場合，等々がある．

上のベクトル量を単に数値だけのベクトルの和として表すと，それぞれの単位をとって，

元のテレビのベクトル ＋ 増加分のベクトル ＝ 現在のテレビのベクトル

$$\begin{pmatrix} 54000 \\ 4.7 \\ 60000 \end{pmatrix} + \begin{pmatrix} 8000 \\ 0.5 \\ 10000 \end{pmatrix} = \begin{pmatrix} 62000 \\ 5.2 \\ 70000 \end{pmatrix}$$

となる．このように数のベクトルの和にすると，量の意味による区別がなくなることがわかる．

ところで，数を一般的に表すには $a, b, \cdots, x, y, z$ などの文字を用いるが，ベクトルを一般的に表すには $\boldsymbol{a}$，$\boldsymbol{b}$，$\boldsymbol{x}$，$\boldsymbol{y}$，$\boldsymbol{z}$ など太字の文字を使う．また，ベクトルがいくつの数の組みからできているかを表す数のことを，**ベクトルの次元**という．

ベクトルは，一般に

$$\boldsymbol{a} = \begin{pmatrix} a_1 \\ a_2 \\ \vdots \\ a_n \end{pmatrix}, \qquad \boldsymbol{b} = \begin{pmatrix} b_1 \\ b_2 \\ \vdots \\ b_n \end{pmatrix} \tag{3.1}$$

のように表せ，この記号を用いると，ベクトルの和の一般的な定義は次のように表せる．

$$\boldsymbol{a} + \boldsymbol{b} = \begin{pmatrix} a_1 + b_1 \\ a_2 + b_2 \\ \vdots \\ a_n + b_n \end{pmatrix} \tag{3.2}$$

また，和と同じように，ベクトルの差の一般的な定義は次のように表せる．

$$\boldsymbol{a} - \boldsymbol{b} = \begin{pmatrix} a_1 - b_1 \\ a_2 - b_2 \\ \vdots \\ a_n - b_n \end{pmatrix} \tag{3.3}$$

次に，ベクトルの定数倍であるが，数の掛け算と同じように考えるとわかりやすい．例えば，1 皿にみかんが 3 個ずつ載せてあり，お皿が合計 4 皿あったとき，みかんは全部でいくつになるかという場合には，

$$3\,\text{個}/\text{皿} \times 4\,\text{皿} = 12\,\text{個}$$
$$4\,\text{皿} \times 3\,\text{個}/\text{皿} = 12\,\text{個}$$

となり，小学校ではもっぱら上段の表し方で書くように教わった人が多いかもしれないが，どちらでもかまわない．しかし，一般にベクトルの定数倍の場合には下段の表し方で書くことが多い．

例えば，ある缶詰1個のベクトル量が次のようになっているとする．

$$\text{缶詰のベクトル量} = \begin{pmatrix} \text{価格}\,400\,\text{円}/\text{個} \\ \text{重さ}\,300\,\text{グラム}/\text{個} \\ \text{体積}\,100\,\text{ミリリットル}/\text{個} \end{pmatrix}$$

この缶詰を3個購入すると，ベクトル量の中のすべての量が3倍になり，

$$\begin{aligned} 3\,\text{個} \times \text{缶詰のベクトル量} &= 3\,\text{個} \times \begin{pmatrix} \text{価格}\,400\,\text{円}/\text{個} \\ \text{重さ}\,300\,\text{グラム}/\text{個} \\ \text{体積}\,100\,\text{ミリリットル}/\text{個} \end{pmatrix} \\ &= \begin{pmatrix} 3\,\text{個} \times 400\,\text{円}/\text{個} \\ 3\,\text{個} \times 300\,\text{グラム}/\text{個} \\ 3\,\text{個} \times 100\,\text{ミリリットル}/\text{個} \end{pmatrix} \\ &= \begin{pmatrix} 1200\,\text{円} \\ 900\,\text{グラム} \\ 300\,\text{ミリリットル} \end{pmatrix} \end{aligned}$$

となる．したがって，一般にベクトルの定数倍は次のように定義される．

$$k\boldsymbol{a} = k \times \begin{pmatrix} a_1 \\ a_2 \\ \vdots \\ a_n \end{pmatrix} = \begin{pmatrix} ka_1 \\ ka_2 \\ \vdots \\ ka_n \end{pmatrix} \tag{3.4}$$

なお，数の演算規則から，次のようなベクトルの演算規則が自然に成り立つ．

(1)　$\boldsymbol{a} + \boldsymbol{b} = \boldsymbol{b} + \boldsymbol{a}$　(3.5)

(2)　$(\boldsymbol{a} + \boldsymbol{b}) + \boldsymbol{c} = \boldsymbol{a} + (\boldsymbol{b} + \boldsymbol{c})$　(3.6)

(3)　$k(\boldsymbol{a} + \boldsymbol{b}) = k\boldsymbol{a} + k\boldsymbol{b}$　(3.7)

例題 3.1

ある魚の缶詰と果物の缶詰の 1 個当たりの価格，重さ，体積を表すベクトル量が次のようになっていたとする．

$$\text{魚の缶詰} = \begin{pmatrix} 250\ \text{円/個} \\ 300\ \text{グラム/個} \\ 200\ \text{ミリリットル/個} \end{pmatrix}$$

$$\text{果物の缶詰} = \begin{pmatrix} 300\ \text{円/個} \\ 400\ \text{グラム/個} \\ 300\ \text{ミリリットル/個} \end{pmatrix}$$

このとき，魚の缶詰を 3 個，果物の缶詰を 2 個買ったときの合計の金額，重さ，体積を表すベクトル量を求めよ．

［**解**］ 3個 × 魚の缶詰 + 2 個 × 果物の缶詰

$$= 3\ \text{個} \times \begin{pmatrix} 250\ \text{円/個} \\ 300\ \text{グラム/個} \\ 200\ \text{ミリリットル/個} \end{pmatrix} + 2\ \text{個} \times \begin{pmatrix} 300\ \text{円/個} \\ 400\ \text{グラム/個} \\ 300\ \text{ミリリットル/個} \end{pmatrix}$$

$$= \begin{pmatrix} 3\ \text{個} \times 250\ \text{円/個} \\ 3\ \text{個} \times 300\ \text{グラム/個} \\ 3\ \text{個} \times 200\ \text{ミリリットル/個} \end{pmatrix} + \begin{pmatrix} 2\ \text{個} \times 300\ \text{円/個} \\ 2\ \text{個} \times 400\ \text{グラム/個} \\ 2\ \text{個} \times 300\ \text{ミリリットル/個} \end{pmatrix}$$

$$= \begin{pmatrix} 750\ \text{円} \\ 900\ \text{グラム} \\ 600\ \text{ミリリットル} \end{pmatrix} + \begin{pmatrix} 600\ \text{円} \\ 800\ \text{グラム} \\ 600\ \text{ミリリットル} \end{pmatrix}$$

$$= \begin{pmatrix} 1350\ \text{円} \\ 1700\ \text{グラム} \\ 1200\ \text{ミリリットル} \end{pmatrix}$$

◆

［**問題 3.1.1**］ ある魚の缶詰と果物の缶詰の 1 個当たりの価格，重さ，体積を表すベクトル量が次のようになっていたとする．

$$\text{魚の缶詰} = \begin{pmatrix} 250\ \text{円/個} \\ 300\ \text{グラム/個} \\ 200\ \text{ミリリットル/個} \end{pmatrix}, \quad \text{果物の缶詰} = \begin{pmatrix} 300\ \text{円/個} \\ 400\ \text{グラム/個} \\ 300\ \text{ミリリットル/個} \end{pmatrix}$$

このとき，魚の缶詰を5個，果物の缶詰を4個買ったときの合計の金額，重さ，体積を表すベクトル量を求めよ．

例題 3.2

次のような2つのベクトル $\boldsymbol{a}, \boldsymbol{b}$ に対して，ベクトル $2\boldsymbol{a} - 3\boldsymbol{b}$ を求めよ．

$$\boldsymbol{a} = \begin{pmatrix} 3 \\ 2 \\ -4 \end{pmatrix}, \qquad \boldsymbol{b} = \begin{pmatrix} 0 \\ -5 \\ 4.3 \end{pmatrix}$$

［**解**］

$$2\boldsymbol{a} - 3\boldsymbol{b} = 2 \times \begin{pmatrix} 3 \\ 2 \\ -4 \end{pmatrix} - 3 \times \begin{pmatrix} 0 \\ -5 \\ 4.3 \end{pmatrix}$$

$$= \begin{pmatrix} 6 \\ 4 \\ -8 \end{pmatrix} - \begin{pmatrix} 0 \\ -15 \\ 12.9 \end{pmatrix}$$

$$= \begin{pmatrix} 6 \\ 19 \\ -20.9 \end{pmatrix}$$

◆

［**問題 3.2.1**］　次のような2つのベクトル $\boldsymbol{x}$，$\boldsymbol{y}$ に対して，ベクトル $3\boldsymbol{x} + 4\boldsymbol{y}$ を求めよ．

$$\boldsymbol{x} = \begin{pmatrix} 3 \\ 2 \\ -4 \end{pmatrix}, \qquad \boldsymbol{y} = \begin{pmatrix} 0 \\ -5 \\ 4.3 \end{pmatrix}$$

［**問題 3.2.2**］　2つの商品 A，B の金額，重さ，体積が次のベクトル $\boldsymbol{x}$，$\boldsymbol{y}$ で表されているとする．

$$\boldsymbol{x} = \begin{pmatrix} 150 \\ 250 \\ 300 \end{pmatrix}, \qquad \boldsymbol{y} = \begin{pmatrix} 100 \\ 300 \\ 200 \end{pmatrix}$$

このとき，A を4つ，B を5つ買ったときのベクトル $4\boldsymbol{x} + 5\boldsymbol{y}$ を求めよ．

3.2.2 ベクトルの内積

「ベクトルの定数倍」は，「数」×「ベクトル」=「ベクトル」であった．ここでは，「ベクトル」×「ベクトル」=「数」という掛け算を扱う．

掛け算の量的な意味は，小学校で学んだように，「1 つ当たりの量」×「いくつ分（いくら分）」=「全体の量」であるが，経済・経営の例でいえば，「単価」×「数量」=「金額」である．

ここで，「単価」と「数量」がベクトル量になった場合を考えよう．お店で 1 本 80 円の鉛筆，1 本 100 円のボールペン，1 冊 150 円のノートを購入するとき，文房具の単価を表すベクトル量は

$$\text{文房具の単価のベクトル量} = \begin{pmatrix} \text{鉛筆 80 円/本} \\ \text{ボールペン 100 円/本} \\ \text{ノート 150 円/冊} \end{pmatrix}$$

となる．また，購入数量を表すベクトル量は

$$\text{文房具の購入数量のベクトル量} = \begin{pmatrix} \text{鉛筆 4 本} \\ \text{ボールペン 3 本} \\ \text{ノート 5 冊} \end{pmatrix}$$

となる．

ここで，「商品別の単価」と「商品別の購入数量」から気になる唯一の量は，「支払い総金額」ということになろう．この総金額を求めるには，各商品別の金額を求めて，それらを次のように合計すればよい．

$$\begin{aligned} &\text{鉛筆 80 円/本} \times \text{鉛筆 4 本} + \text{ボールペン 100 円/本} \times \text{ボールペン 3 本} \\ &\qquad\qquad + \text{ノート 150 円/冊} \times \text{ノート 5 冊} \\ &= \text{320 円} + \text{300 円} + \text{750 円} \\ &= \text{1370 円} \end{aligned}$$

この例のように，2 つのベクトル量から単一の量を求める計算を，「ベクトル量の総和法，あるいはベクトル量の内積」といい，次のように表す．

$$\begin{pmatrix} \text{鉛筆 80 円/本} \\ \text{ボールペン 100 円/本} \\ \text{ノート 150 円/冊} \end{pmatrix} \cdot \begin{pmatrix} \text{鉛筆 4 本} \\ \text{ボールペン 3 本} \\ \text{ノート 5 冊} \end{pmatrix}$$

＝ 鉛筆 80 円/本 × 鉛筆 4 本 ＋ ボールペン 100 円/本 × ボールペン 3 本
＋ ノート 150 円/冊 × ノート 5 冊

＝ 320 円 ＋ 300 円 ＋ 750 円

＝ 1370 円

そして，具体的な量の意味をなくして（単位を省いて），単に数の組み合わせとなった「ベクトル」について，

$$\begin{pmatrix} 80 \\ 100 \\ 150 \end{pmatrix} \cdot \begin{pmatrix} 4 \\ 3 \\ 5 \end{pmatrix} = 80 \times 4 + 100 \times 3 + 150 \times 5$$

$$= 320 + 300 + 750$$

$$= 1370$$

のように「ベクトル」×「ベクトル」＝「数」となるような計算を**ベクトルの内積**という．

一般に，ベクトルの内積は次のように定義される．

$$\begin{pmatrix} a_1 \\ a_2 \\ \vdots \\ a_n \end{pmatrix} \cdot \begin{pmatrix} b_1 \\ b_2 \\ \vdots \\ b_n \end{pmatrix} = a_1b_1 + a_2b_2 + \cdots + a_nb_n = \sum_{k=1}^{n} a_kb_k \qquad (3.8)$$

最後の $\sum_{k=1}^{n} a_kb_k$ の $\sum$ は和を表す記号でシグマと読み，k を 1 から n まで変化させて，各項の和をとることを表す．

例題 3.3

ある電気店で 1 日に売り上げたテレビ，冷蔵庫，洗濯機の売価と商品別数量が次のようなベクトル量で表せたとする．

$$売価 = \begin{pmatrix} テレビ\ 4\ 万円/台 \\ 冷蔵庫\ 8\ 万円/台 \\ 洗濯機\ 3\ 万円/台 \end{pmatrix}, \qquad 売上数量 = \begin{pmatrix} テレビ\ 5\ 台 \\ 冷蔵庫\ 2\ 台 \\ 洗濯機\ 1\ 台 \end{pmatrix}$$

この電気店のその日の売上高（万円）を求めよ．

［**解**］「売価」と「売上数量」という2つのベクトル量の内積を求めればよい．

$$
\text{「売価」}\cdot\text{「売上数量」} = \begin{pmatrix} \text{テレビ 4 万円/台} \\ \text{冷蔵庫 8 万円/台} \\ \text{洗濯機 3 万円/台} \end{pmatrix} \cdot \begin{pmatrix} \text{テレビ 5 台} \\ \text{冷蔵庫 2 台} \\ \text{洗濯機 1 台} \end{pmatrix}
$$

$$
= 4\text{ 万円} \times 5 + 8\text{ 万円} \times 2 + 3\text{ 万円} \times 1
$$

$$
= 20\text{ 万円} + 16\text{ 万円} + 3\text{ 万円}
$$

$$
= 39\text{ 万円}
$$

◆

［**問題 3.3.1**］ ある八百屋で1日に売り上げた野菜3種類の売価と売上数量が次のようなベクトル量で表せたとする．

$$
\text{売価} = \begin{pmatrix} \text{玉ねぎ 50 円/個} \\ \text{ホウレンソウ 80 円/束} \\ \text{ジャガイモ 30 円/個} \end{pmatrix}, \qquad \text{売上数量} = \begin{pmatrix} \text{玉ねぎ 30 個} \\ \text{ホウレンソウ 20 束} \\ \text{ジャガイモ 15 個} \end{pmatrix}
$$

この八百屋のその日の総売上額（円）を求めよ．

例題 3.4

次の2つのベクトル $\boldsymbol{a}$ と $\boldsymbol{b}$ の内積 $\boldsymbol{a}\cdot\boldsymbol{b}$ を求めよ．

$$
\boldsymbol{a} = \begin{pmatrix} 2 \\ -3 \\ 0 \\ 6 \end{pmatrix}, \qquad \boldsymbol{b} = \begin{pmatrix} -6 \\ 1 \\ 9 \\ -3 \end{pmatrix}
$$

［**解**］（3.8）を用いて，

$$
\boldsymbol{a}\cdot\boldsymbol{b} = \begin{pmatrix} 2 \\ -3 \\ 0 \\ 6 \end{pmatrix} \cdot \begin{pmatrix} -6 \\ 1 \\ 9 \\ -3 \end{pmatrix}
$$

$$
= 2 \times (-6) + (-3) \times 1 + 0 \times 9 + 6 \times (-3)
$$

$$
= -12 - 3 - 18
$$

$$
= -33
$$

◆

［**問題 3.4.1**］　次の2つのベクトル $\boldsymbol{x}$ と $\boldsymbol{y}$ の内積 $\boldsymbol{x}\cdot\boldsymbol{y}$ を求めよ．

$$\boldsymbol{x}=\begin{pmatrix}5\\2\\0\\-6\end{pmatrix},\qquad \boldsymbol{y}=\begin{pmatrix}0\\-3\\7\\-2\end{pmatrix}$$

［**問題 3.4.2**］　ある電気店での洗濯機，テレビ，電子レンジの売価 $\boldsymbol{x}$ とそれぞれの売上数量 $\boldsymbol{y}$ がわかっているとき，総売上額を求めよ．

$$\boldsymbol{x}=\begin{pmatrix}4\text{ 万円/台}\\5\text{ 万円/台}\\2\text{ 万円/台}\end{pmatrix},\qquad \boldsymbol{y}=\begin{pmatrix}3\text{ 台}\\2\text{ 台}\\1\text{ 台}\end{pmatrix}$$

ベクトルの内積に関しては，次のような演算規則が成り立つ．なお，本書では扱う数はすべて実数である．

(1)　$\boldsymbol{a}\cdot\boldsymbol{b}=\boldsymbol{b}\cdot\boldsymbol{a}$　　（交換法則）　　(3.9)

(2)　$(\boldsymbol{a}+\boldsymbol{b})\cdot\boldsymbol{c}=\boldsymbol{a}\cdot\boldsymbol{c}+\boldsymbol{b}\cdot\boldsymbol{c}$　　（分配法則）　　(3.10)

(3)　$\boldsymbol{a}\cdot\boldsymbol{a}\geqq 0$　　(3.11)

(4)　$(k\boldsymbol{a})\cdot\boldsymbol{b}=k\times(\boldsymbol{a}\cdot\boldsymbol{b})$　　(3.12)

3.2.3　ベクトルの矢線表示と演算

数字や文字だけではイメージが湧きにくいときには図を使うとよいが，ベクトルも同様である．ベクトルを図で表すには，ベクトル量を平面上での「点の移動」と対応させ，例えば $\begin{pmatrix}3\text{ 万円}\\2\text{ キログラム}\end{pmatrix}$ というベクトル量は，座標が入っている平面上での原点 $(0,0)$ から点 $\mathrm{P}(3,2)$ への矢線と同じものと考えるのである．言い換えると，原点Oから点Pまでの矢線を，ベクトルを図で表したもの

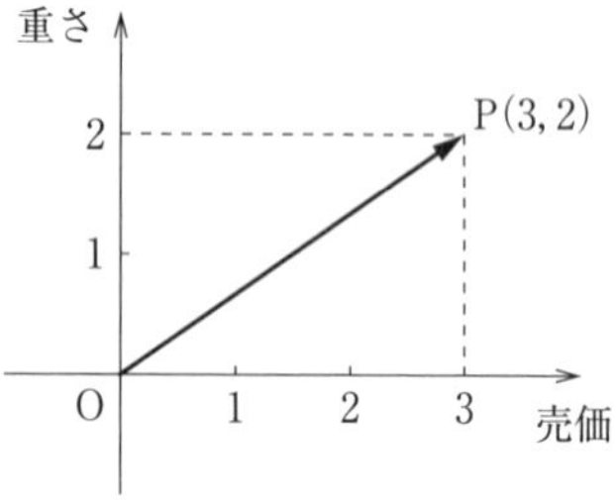

図 3.1

と考えるのである．

例題 3.5

ある自動車販売店で 1 日に売れた乗用車とトラックの台数が $\begin{pmatrix}\text{乗用車3台}\\ \text{トラック1台}\end{pmatrix}$ というベクトル量で表されるとき，これを矢線で図示せよ．

［**解**］

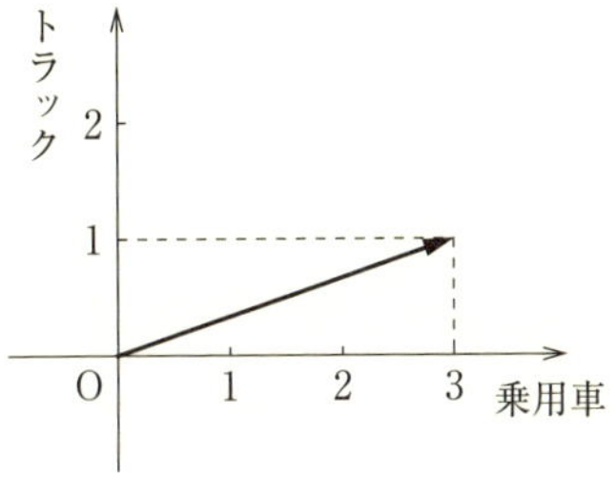

◆

［**問題 3.5.1**］　ベクトル $\begin{pmatrix}-3\\ -5\end{pmatrix}$ を矢線で図示せよ．

［**問題 3.5.2**］　ある中小企業における，男性と女性の従業員の数が $\begin{pmatrix}\text{男性従業員 6 人}\\ \text{女性従業員 5 人}\end{pmatrix}$ というベクトル量で表されるとき，これを矢線で図示せよ．

矢線とベクトルの和

ここで，「ベクトルの和」が矢線としてどのように表されるかをみてみよう．例えば，次の 3 つのベクトル

$$\boldsymbol{a} = \begin{pmatrix}3\\ 2\end{pmatrix}, \qquad \boldsymbol{b} = \begin{pmatrix}1\\ 4\end{pmatrix}$$

$$\boldsymbol{a} + \boldsymbol{b} = \begin{pmatrix}4\\ 6\end{pmatrix}$$

を矢線で図示すると，$\boldsymbol{a} + \boldsymbol{b}$ の矢線は，$\boldsymbol{a}$ と $\boldsymbol{b}$ でつくられる平行四辺形の対

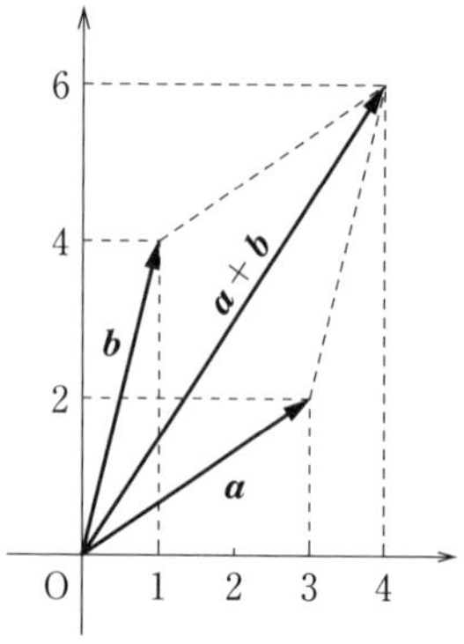

図 3.2

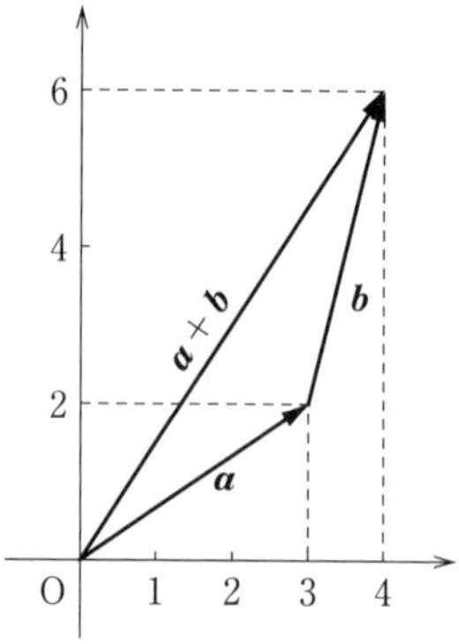

図 3.3

角線になる（図 3.2）．また，$\boldsymbol{a}$ の矢線の終点に $\boldsymbol{b}$ の始点をもってくると，$\boldsymbol{a}$ の始点から $\boldsymbol{b}$ の終点への矢線が $\boldsymbol{a}+\boldsymbol{b}$ の矢線となることもわかる（図 3.3）．

この 2 つの和の表し方は，「平行四辺形による方法」と，「三角形による方法」とよばれ，これらは，平面上に座標が設定されていなくても使える方法である．

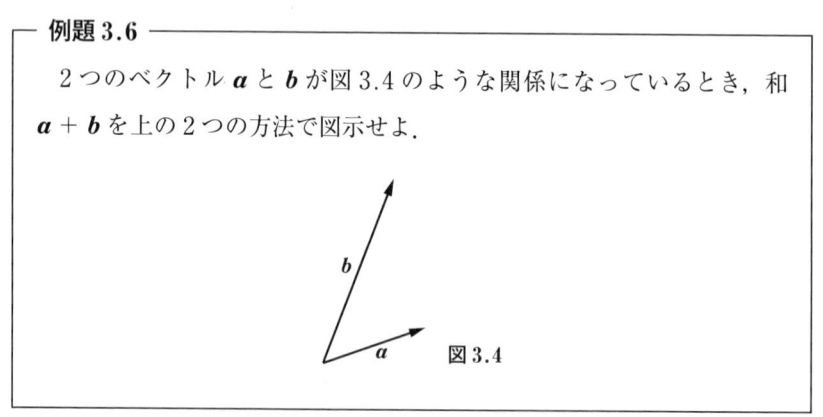

例題 3.6

2 つのベクトル $\boldsymbol{a}$ と $\boldsymbol{b}$ が図 3.4 のような関係になっているとき，和 $\boldsymbol{a}+\boldsymbol{b}$ を上の 2 つの方法で図示せよ．

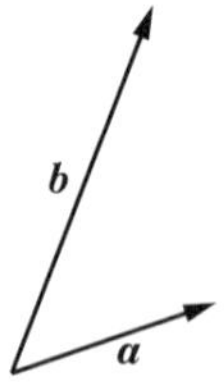

図 3.4

［**解**］「平行四辺形の方法」によると図 3.5 のようになる．また，「三角形の方法」によると図 3.6 のようになる．

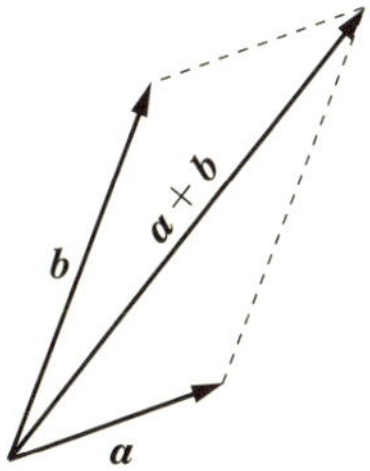

図 3.5

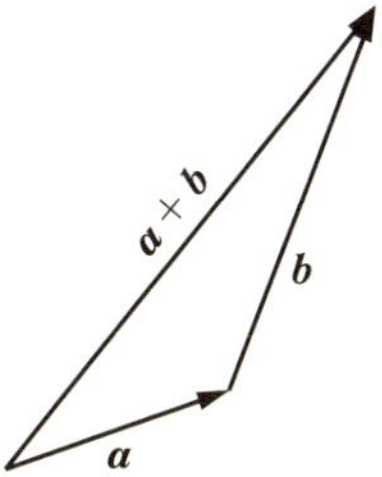

図 3.6

◆

[**問題 3.6.1**]　次の 2 つのベクトル $\boldsymbol{a}$ と $\boldsymbol{b}$ が図 3.7 のような関係になっているとき，和 $2\boldsymbol{a}+3\boldsymbol{b}$ を上の 2 つの方法で図示せよ．

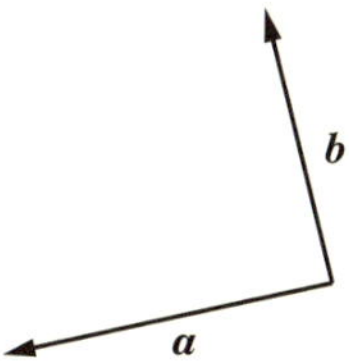

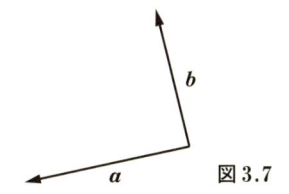

図 3.7

[**問題 3.6.2**]　ある洋品店の 2 つの店舗における商品別売上数量 1 日分のベクトル量 $\boldsymbol{a}$ と $\boldsymbol{b}$ が図 3.8 のような関係になっているとき，売上数量 $4\boldsymbol{a}+3\boldsymbol{b}$ を図示せよ．

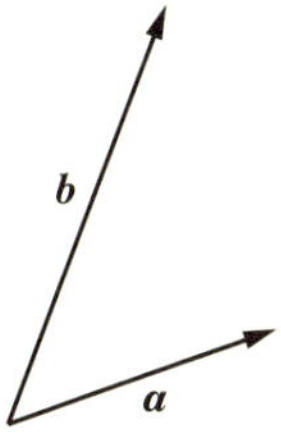

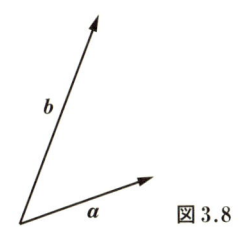

図 3.8

矢線とベクトルの差

次に，「ベクトルの差」が矢線としてどのように表されるかをみてみよう．

$\boldsymbol{a}$ と $\boldsymbol{b}$ の差 $\boldsymbol{a}-\boldsymbol{b}$ を図示するには 2 通りの方法がある．1 つ目は，$\boldsymbol{a}-\boldsymbol{b}=\boldsymbol{a}+(-\boldsymbol{b})$ のように差を和で書き直し，先に述べた和の方法を用いるも

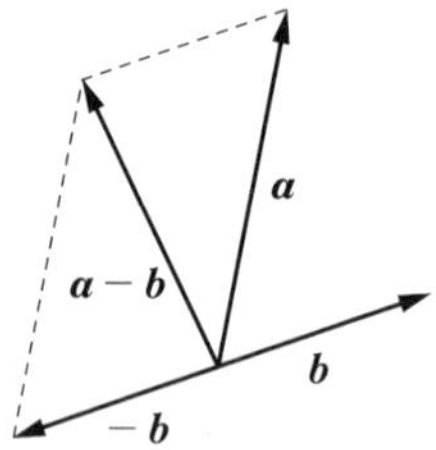

図 3.9

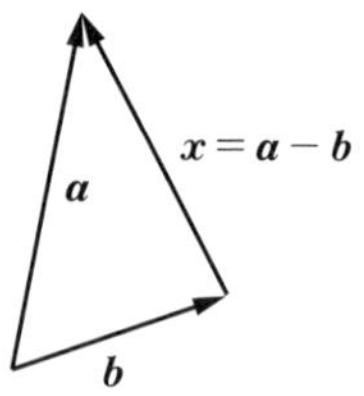

図 3.10

のである（図 3.9）．

2つ目は，$\boldsymbol{a}-\boldsymbol{b}=\boldsymbol{x}$ とおいて，$\boldsymbol{a}=\boldsymbol{b}+\boldsymbol{x}$ となる $\boldsymbol{x}$ を求める方法であり，$\boldsymbol{x}$ は，$\boldsymbol{b}$ の終点から $\boldsymbol{a}$ の終点に至るベクトルであることがわかる（図 3.10）．

例題 3.7

図 3.11 のベクトル $\boldsymbol{a}$ と $\boldsymbol{b}$ に対して，その差のベクトル $\boldsymbol{b}-\boldsymbol{a}$ を2つの方法で作図せよ．

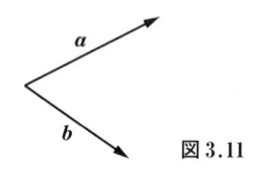

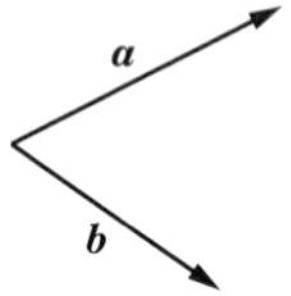

図 3.11

［解］　図 3.12 のようになる．左が $\boldsymbol{b}+(-\boldsymbol{a})$ と考えた方法で，右が $\boldsymbol{b}-\boldsymbol{a}=\boldsymbol{x}$ とおいて $\boldsymbol{b}=\boldsymbol{a}+\boldsymbol{x}$ となる $\boldsymbol{x}$ を求める方法である．

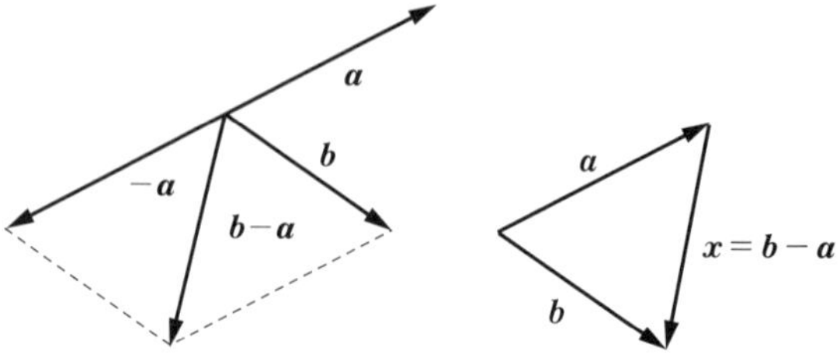

図 3.12

◆

［**問題 3.7.1**］ 図 3.11 のベクトル $\boldsymbol{a}$ と $\boldsymbol{b}$ に対して，ベクトル $3\boldsymbol{b}-2\boldsymbol{a}$ を 2 つの方法で作図せよ．

［**問題 3.7.2**］ ある不動産会社でのマンション部門の売上数量と戸建部門の売上数量が，1 月では $\boldsymbol{a}$，2 月では $\boldsymbol{b}$ となり，互いの関係が図 3.8 のベクトルで表せたとする．このとき，ベクトル $\boldsymbol{b}-2\boldsymbol{a}$ をここで述べた 2 つの方法で作図せよ．

第4章
表から行列へ
― 行列と線形変換 ―

1列に並んだ表をもとにして，1列だけでなく縦と横に並んだ表をつくる場合も多い．日常生活だけでなく，経済や経営に関係した表も多数あり，有効に使われている．支店別製品売上高などは，企業においては大事な数値である．これらの具体的な縦と横に並んだ表は，数字では，行列となる．この章では，この行列についての基本性質を学ぶ．

4.1　表から行列へ

毎日の新聞や週刊誌でも，文字や数字が縦横に並べられた表を数多く目にすると思うが，例えば，都道府県別の人口と世帯数の表を見てみよう．

このように，経済・経営や社会で現実に使われる表は，具体的な量を縦と横に並べたものである．なお，本書では，単一の「量」や「ベクトル量」の発展した量の

表 5.1　都道府県別の人口と世帯数の例

都道府県	人　口	世帯数
北海道	5465451 人	2709610 世帯
青森県	1372010 人	581393 世帯
岩手県	1314180 人	512115 世帯
宮城県	2318692 人	937269 世帯
秋田県	1076205 人	423751 世帯
山形県	1155942 人	404981 世帯
福島県	1980259 人	754115 世帯
茨城県	2997072 人	1177748 世帯
以下，略		

総務省発表（平成 25 年 8 月 28 日）

ことを便宜上，「行列量」とよぶことにする．

そして，具体的なベクトル量から単位をとって数だけを並べたものを「ベクトル」と名付けたように，数を縦と横に並べたものを**行列**とよび，記号では大文字のアルファベットを使うことが多い．

例えば，

$$A = \begin{pmatrix} 3 & 4 & 1 & 7 \\ 0 & 2 & 9 & -3 \\ -2 & 8 & 3 & 0 \end{pmatrix}$$

という行列について，$(3 \quad 4 \quad 1 \quad 7)$ を第 1 行目の**横ベクトル**，$(0 \quad 2 \quad 9 \quad -3)$ を第 2 行目の横ベクトル，$(-2 \quad 8 \quad 3 \quad 0)$ を第 3 行目の横ベクトルという．

また，$\begin{pmatrix} 3 \\ 0 \\ -2 \end{pmatrix}$ を第 1 列目の**縦ベクトル**，$\begin{pmatrix} 4 \\ 2 \\ 8 \end{pmatrix}$ を第 2 列目の縦ベクトル，$\begin{pmatrix} 1 \\ 9 \\ 3 \end{pmatrix}$ を第 3 列目の縦ベクトル，$\begin{pmatrix} 7 \\ -3 \\ 0 \end{pmatrix}$ を第 4 列目の縦ベクトルという．そして，この行列のことを「3×4 行列」あるいは「3 行 4 列の行列」という．

なお，一般に行列は次のように表し，i 行と j 列の交差している場所の要素を $(\boldsymbol{i}, \boldsymbol{j})$ **要素**という．

$$A = \begin{pmatrix} a_{11} & a_{12} & \cdots & a_{1n} \\ a_{21} & a_{22} & \cdots & a_{2n} \\ \vdots & \vdots & \vdots & \vdots \\ a_{m1} & a_{m2} & \cdots & a_{mn} \end{pmatrix} \tag{4.1}$$

4.2　行列の和・差・定数倍

数を縦と横に並べた行列の和・差・定数倍は，行列量（数表）の和・差・定数倍から導かれる．

例えば，1年前の電化製品（テレビ，洗濯機，冷蔵庫）のカタログの行列量に1年後の変化分の行列量を加えて，今年のカタログの行列量を求める場合を考える．いま，その行列量が

$$\begin{array}{c} \\ \text{昨年のカタログ} = \end{array}\begin{array}{c} \begin{array}{ccc} \text{テレビ} & \text{洗濯機} & \text{冷蔵庫} \end{array} \\ \begin{pmatrix} 7\text{ 万円} & 4\text{ 万円} & 12\text{ 万円} \\ 6\text{ kg} & 8\text{ kg} & 20\text{ kg} \\ 0.05\text{ m}^3 & 0.1\text{ m}^3 & 0.4\text{ m}^3 \end{pmatrix} \end{array}\begin{array}{l} \\ \text{価格} \\ \text{重さ} \\ \text{箱の体積} \end{array}$$

$$\begin{array}{c} \\ \text{カタログの変化量} = \end{array}\begin{array}{c} \begin{array}{ccc} \text{テレビ} & \text{洗濯機} & \text{冷蔵庫} \end{array} \\ \begin{pmatrix} +1\text{ 万円} & +0.5\text{ 万円} & +0.8\text{ 万円} \\ +0.3\text{ kg} & +0.5\text{ kg} & +3\text{ kg} \\ +0.01\text{ m}^3 & +0.02\text{ m}^3 & +0.07\text{ m}^3 \end{pmatrix} \end{array}\begin{array}{l} \\ \text{価格} \\ \text{重さ} \\ \text{箱の体積} \end{array}$$

のようになっていたとすると

$$\begin{aligned} &\text{今年のカタログ} \\ &= \text{昨年のカタログ} + \text{カタログの変化量} \\ &= \begin{pmatrix} 7\text{ 万円} & 4\text{ 万円} & 12\text{ 万円} \\ 6\text{ kg} & 8\text{ kg} & 20\text{ kg} \\ 0.05\text{ m}^3 & 0.1\text{ m}^3 & 0.4\text{ m}^3 \end{pmatrix} + \begin{pmatrix} +1\text{ 万円} & +0.5\text{ 万円} & +0.8\text{ 万円} \\ +0.3\text{ kg} & +0.5\text{ kg} & +3\text{ kg} \\ +0.01\text{ m}^3 & +0.02\text{ m}^3 & +0.07\text{ m}^3 \end{pmatrix} \\ &= \begin{pmatrix} 8\text{ 万円} & 4.5\text{ 万円} & 12.8\text{ 万円} \\ 6.3\text{ kg} & 8.5\text{ kg} & 23\text{ kg} \\ 0.06\text{ m}^3 & 0.12\text{ m}^3 & 0.47\text{ m}^3 \end{pmatrix} \end{aligned}$$

となる．

このように，具体的な量からできている行列量の和や差を求める場合には，対応する同じ行と列にある同じ単位をもつ量の和や差をとればよい．このことから，数を縦と横に並べた行列の和や差についても，対応する同じ要素同士の和や差をとればよいことがわかる．

一般に，行列の和と差は次のように定めるが，2つの行列の行と列の数が同じでなければいけない．

$$\begin{pmatrix} a_{11} & a_{12} & \cdots & a_{1n} \\ a_{21} & a_{22} & \cdots & a_{2n} \\ \vdots & \vdots & \vdots & \vdots \\ a_{m1} & a_{m2} & \cdots & a_{mn} \end{pmatrix} + \begin{pmatrix} b_{11} & b_{12} & \cdots & b_{1n} \\ b_{21} & b_{22} & \cdots & b_{2n} \\ \vdots & \vdots & \vdots & \vdots \\ b_{m1} & b_{m2} & \cdots & b_{mn} \end{pmatrix}$$

$$= \begin{pmatrix} a_{11}+b_{11} & a_{12}+b_{12} & \cdots & a_{1n}+b_{1n} \\ a_{21}+b_{21} & a_{22}+b_{22} & \cdots & a_{2n}+b_{2n} \\ \vdots & \vdots & \vdots & \vdots \\ a_{m1}+b_{m1} & a_{m2}+b_{m2} & \cdots & a_{mn}+b_{mn} \end{pmatrix} \tag{4.2}$$

また，行列の引き算と定数倍は次のように定める（k は任意の定数）.

$$\begin{pmatrix} a_{11} & a_{12} & \cdots & a_{1n} \\ a_{21} & a_{22} & \cdots & a_{2n} \\ \vdots & \vdots & \vdots & \vdots \\ a_{m1} & a_{m2} & \cdots & a_{mn} \end{pmatrix} - \begin{pmatrix} b_{11} & b_{12} & \cdots & b_{1n} \\ b_{21} & b_{22} & \cdots & b_{2n} \\ \vdots & \vdots & \vdots & \vdots \\ b_{m1} & b_{m2} & \cdots & b_{mn} \end{pmatrix}$$

$$= \begin{pmatrix} a_{11}-b_{11} & a_{12}-b_{12} & \cdots & a_{1n}-b_{1n} \\ a_{21}-b_{21} & a_{22}-b_{22} & \cdots & a_{2n}-b_{2n} \\ \vdots & \vdots & \vdots & \vdots \\ a_{m1}-b_{m1} & a_{m2}-b_{m2} & \cdots & a_{mn}-b_{mn} \end{pmatrix} \tag{4.3}$$

$$k \times \begin{pmatrix} a_{11} & a_{12} & \cdots & a_{1n} \\ a_{21} & a_{22} & \cdots & a_{2n} \\ \vdots & \vdots & \vdots & \vdots \\ a_{m1} & a_{m2} & \cdots & a_{mn} \end{pmatrix} = \begin{pmatrix} ka_{11} & ka_{12} & \cdots & ka_{1n} \\ ka_{21} & ka_{22} & \cdots & ka_{2n} \\ \vdots & \vdots & \vdots & \vdots \\ ka_{m1} & ka_{m2} & \cdots & ka_{mn} \end{pmatrix} \tag{4.4}$$

例題 4.1

次の行列 A と B に対して，$A+B$，$A-B$，$2A$ を求めよ.

$$A = \begin{pmatrix} 5 & 3 & 0 \\ -2 & 0 & 7 \\ -1 & 6 & 9 \end{pmatrix}, \qquad B = \begin{pmatrix} -2 & 4 & -4 \\ 3 & 2 & 3 \\ 2 & -3 & 4 \end{pmatrix}$$

［解］

$$A+B = \begin{pmatrix} 5 & 3 & 0 \\ -2 & 0 & 7 \\ -1 & 6 & 9 \end{pmatrix} + \begin{pmatrix} -2 & 4 & -4 \\ 3 & 2 & 3 \\ 2 & -3 & 4 \end{pmatrix} = \begin{pmatrix} 3 & 7 & -4 \\ 1 & 2 & 10 \\ 1 & 3 & 13 \end{pmatrix}$$

$$A-B=\begin{pmatrix} 5 & 3 & 0 \\ -2 & 0 & 7 \\ -1 & 6 & 9 \end{pmatrix}-\begin{pmatrix} -2 & 4 & -4 \\ 3 & 2 & 3 \\ 2 & -3 & 4 \end{pmatrix}=\begin{pmatrix} 7 & -1 & 4 \\ -5 & -2 & 4 \\ -3 & 9 & 5 \end{pmatrix}$$

$$2A=2\times\begin{pmatrix} 5 & 3 & 0 \\ -2 & 0 & 7 \\ -1 & 6 & 9 \end{pmatrix}=\begin{pmatrix} 10 & 6 & 0 \\ -4 & 0 & 14 \\ -2 & 12 & 18 \end{pmatrix}$$

◆

［**問題 4.1.1**］ 次の行列 A と B に対して，$A+B$, $A-B$, $3A$ を求めよ．

$$A=\begin{pmatrix} -2 & 4 & 5 \\ -2 & 0 & 4 \\ -3 & 2 & 5 \end{pmatrix}, \qquad B=\begin{pmatrix} 0 & 2 & -3 \\ 6 & 0 & 2 \\ -2 & 3 & 9 \end{pmatrix}$$

4.3 行列の積

数の掛け算のときには，例えば 1 台 4 万円のテレビを 3 台購入した場合，テレビの単価 4 万円/台 × 3 台 = 12 万円のように計算する．また，1 台 4 万円のテレビを 2 台，1 台 3 万円の洗濯機を 5 台購入した場合をベクトルの内積を使って計算すると

$$\begin{pmatrix} \text{テレビの単価 4 万円/台} \\ \text{洗濯機の単価 3 万円/台} \end{pmatrix}\cdot\begin{pmatrix} \text{2 台} \\ \text{5 台} \end{pmatrix}$$

$$= \text{テレビの単価 4 万円/台} \times \text{2 台} + \text{洗濯機の単価 3 万円/台} \times \text{5 台}$$

$$= \text{8 万円} + \text{15 万円} = \text{23 万円}$$

となり，どちらの場合にも

「単価（1 つ当たりの量）」×「数量」=「総金額（全体量）」

という一般的な意味があり，行列の積も，この延長上にある．

例えば，次のような行列量 A, B を考えてみよう．まず，行列量 A は，テレビ，冷蔵庫，洗濯機の「単価・単重（1 つ当たりの重量）」を表すものである．なお，本書では 1 台当たりの重さを「単重」とよぶことにするが，これは 1 台当たりの価格を「単価」というのと同じである．

$$A = \begin{array}{c} \begin{array}{ccc} \text{テレビ} & \quad\text{冷蔵庫} & \quad\text{洗濯機} \end{array} \\ \left(\begin{array}{ccc} 4\,\text{万円/台} & 8\,\text{万円/台} & 5\,\text{万円/台} \\ 2\,\text{kg/台} & 20\,\text{kg/台} & 9\,\text{kg/台} \end{array}\right) \end{array} \begin{array}{l} \\ \text{価格(単価)} \\ \text{重量(単重)} \end{array}$$

次は，「数量」を表す行列量 B である．いま，各支店でそれぞれの電化製品が下の台数だけ売れたとしよう．

$$B = \begin{array}{c} \begin{array}{cccc} \text{東京支店} & \text{名古屋支店} & \text{京都支店} & \text{大阪支店} \end{array} \\ \left(\begin{array}{cccc} 2\,\text{台} & 3\,\text{台} & 1\,\text{台} & 4\,\text{台} \\ 0\,\text{台} & 1\,\text{台} & 3\,\text{台} & 6\,\text{台} \\ 3\,\text{台} & 6\,\text{台} & 0\,\text{台} & -2\,\text{台} \end{array}\right) \end{array} \begin{array}{l} \\ \text{テレビ} \\ \text{冷蔵庫} \\ \text{洗濯機} \end{array}$$

ここで -2 台というのは，2 台の返品があったことを表している．

これらの行列量 A，B から，売上総数と総重量の具体的な量からなる行列量 C を求めよう．

$$C = \begin{array}{c} \begin{array}{cccc} \text{東京支店} & \text{名古屋支店} & \text{京都支店} & \text{大阪支店} \end{array} \\ \left(\begin{array}{cccc} c_{11}\,\text{円} & c_{12}\,\text{円} & c_{13}\,\text{円} & c_{14}\,\text{円} \\ c_{21}\,\text{kg} & c_{22}\,\text{kg} & c_{23}\,\text{kg} & c_{24}\,\text{kg} \end{array}\right) \end{array} \begin{array}{l} \\ \text{売上総額} \\ \text{総重量} \end{array}$$

行列量 C の 8 個の数量を求める計算方法は，小学生でもわかるであろう．例えば，c_{11}（東京支店の売上総額）を求めるには，A の商品別の単価を表すベクトル量と，B の支店別の売上台数を表すベクトル量を用いて次のように計算すればよい．

$$\text{単価}\ \begin{array}{c} \begin{array}{ccc} \text{テレビ} & \quad\text{冷蔵庫} & \quad\text{洗濯機} \end{array} \\ \left(\begin{array}{ccc} 4\,\text{万円/台} & 8\,\text{万円/台} & 5\,\text{万円/台} \end{array}\right) \end{array} \cdot \begin{array}{c} \text{東京支店} \\ \left(\begin{array}{c} 2\,\text{台} \\ 0\,\text{台} \\ 3\,\text{台} \end{array}\right) \end{array} \begin{array}{l} \\ \text{テレビ} \\ \text{冷蔵庫} \\ \text{洗濯機} \end{array}$$

$$\begin{aligned} &= 4\,\text{万円/台} \times 2\,\text{台} + 8\,\text{万円/台} \times 0\,\text{台} + 5\,\text{万円/台} \times 3\,\text{台} \\ &= 23\,\text{万円} \end{aligned}$$

この計算は，2 つのベクトル量の内積の計算にほかならず，$C = AB$ の 1 行 1 列の要素を求めるには，A の 1 行目の横ベクトルと，B の 1 列目の縦ベクトル量の内積を求めればよいことがわかる．

もう1つ，例をとろう．例えば c_{23} は京都支店が扱っている総重量を表すから，単重を表すベクトル量

$$\begin{array}{cccc} & \text{テレビ} & \text{冷蔵庫} & \text{洗濯機} \\ \text{単重} & (2\,\text{kg/台} & 20\,\text{kg/台} & 9\,\text{kg/台}) \end{array}$$

と，京都支店の売上数量を表す縦ベクトル量

$$\begin{array}{cc} & \text{京都支店} \\ \begin{array}{c}\text{テレビ}\\ \text{冷蔵庫}\\ \text{洗濯機}\end{array} & \begin{pmatrix} 1\,\text{台} \\ 3\,\text{台} \\ 0\,\text{台} \end{pmatrix} \end{array}$$

同士の掛け算，すなわち，A の2行目の横ベクトル量と B の3列目の縦ベクトル量の内積をとって，

$$\begin{array}{cccc} & \text{テレビ} & \text{冷蔵庫} & \text{洗濯機} \\ \text{単重} & (2\,\text{kg/台} & 20\,\text{kg/台} & 9\,\text{kg/台}) \end{array} \cdot \begin{array}{cc} \text{京都支店} & \\ \begin{pmatrix} 1\,\text{台} \\ 3\,\text{台} \\ 0\,\text{台} \end{pmatrix} & \begin{array}{c}\text{テレビ}\\ \text{冷蔵庫}\\ \text{洗濯機}\end{array} \end{array}$$

$$= 2\,\text{kg/台} \times 1\,\text{台} + 20\,\text{kg/台} \times 3\,\text{台} + 9\,\text{kg/台} \times 0\,\text{台}$$
$$= 62\,\text{万円}$$

となる．

この2つの例からわかるように，一般に c_{ij} を求めるには，A の i 行目の横ベクトル量と B の j 列目の縦ベクトル量の内積を計算すればよい．

以上が行列量の掛け算の説明であるが，同様にして，数を縦横に並べただけの行列

$$A = \begin{pmatrix} a_{11} & a_{12} & \cdots & a_{1n} \\ a_{21} & a_{22} & \cdots & a_{2n} \\ \vdots & \vdots & \vdots & \vdots \\ a_{m1} & a_{m2} & \cdots & a_{mn} \end{pmatrix}, \qquad B = \begin{pmatrix} b_{11} & b_{12} & \cdots & b_{1l} \\ b_{21} & b_{22} & \cdots & b_{2l} \\ \vdots & \vdots & \vdots & \vdots \\ b_{n1} & b_{n2} & \cdots & b_{nl} \end{pmatrix}$$

の積 AB（ベクトルの内積では $\boldsymbol{A} \cdot \boldsymbol{B}$ のように・を入れて表すが，行列の積では，単に AB と表す）を

$$C = \begin{pmatrix} c_{11} & c_{12} & \cdots & c_{1l} \\ c_{21} & c_{22} & \cdots & c_{2l} \\ \vdots & \vdots & \vdots & \vdots \\ c_{m1} & c_{m2} & \cdots & c_{ml} \end{pmatrix}$$

とおくと，c_{ij} は次の式で表される．

$$c_{ij} = a_{i1}b_{1j} + a_{i2}b_{2j} + \cdots + a_{ik}b_{kj} + \cdots + a_{in}b_{nj} = \sum_{k=1}^{n} a_{ik}b_{kj} \quad (4.5)$$

ここで注意したいのは，どんなタイプの2つの行列でも掛け算ができるわけではなく，上の例でわかるように，AB と掛け算ができるためには，行列 A の列の数と行列 B の行の数が一致していることが必要である．また，掛け算ができたとき，掛けた結果としての行列 C の行の数は A の行の数 m と一致し，列の数は B の列の数 l と一致する．すなわち，行列 C は m 行 l 行となる．

例題 4.2

次の行列 A，B の積 AB を求めよ．なお，積が求められないときは，その理由を述べよ．

（1） $A = \begin{pmatrix} 3 & 2 & 0 & -1 \\ 0 & -2 & 3 & 7 \\ -2 & 4 & 0 & 6 \end{pmatrix}$，　$B = \begin{pmatrix} 4 & 6 \\ -3 & 2 \\ -4 & 0 \\ 1 & 1 \end{pmatrix}$

（2） $A = \begin{pmatrix} 2 & 4 & 0 \\ 5 & -2 & 3 \\ -2 & 3 & 0 \end{pmatrix}$，　$B = \begin{pmatrix} 9 & -3 \\ -2 & 2 \\ -3 & 1 \end{pmatrix}$

（3） $A = \begin{pmatrix} 1 & 4 \\ 6 & -2 \\ -4 & 3 \end{pmatrix}$，　$B = \begin{pmatrix} 9 & -3 \\ -2 & 2 \\ -3 & 1 \end{pmatrix}$

（4） $A = \begin{pmatrix} 1 & 4 & 0 \\ 6 & -2 & 1 \\ -4 & 3 & 5 \end{pmatrix}$，　$B = \begin{pmatrix} 8 \\ -3 \\ -2 \end{pmatrix}$

（5）　$A = (-1 \quad 7 \quad 2)$,　　$B = \begin{pmatrix} 2 \\ -4 \\ -5 \end{pmatrix}$

（6）　$A = \begin{pmatrix} 2 \\ 3 \\ 4 \end{pmatrix}$,　　$B = (2 \quad -4)$

（7）　$A = (2 \quad 2 \quad 10)$,　　$B = \begin{pmatrix} 2 & -5 \\ 0 & -1 \\ 1 & 0 \end{pmatrix}$

［**解**］（1）A は3行4列，B は4行2列なので，A の列の数4と B の行の数4が等しいために掛け算ができて，掛けた結果の行列は，A の行の数3と B の列の数2から，3行2列となる．はじめに，求める行列の行の数と列の数を確認し，下のように□をつくっておいてから各要素を計算すると，計算漏れがなくなってよい．

$$\begin{pmatrix} 3 & 2 & 0 & -1 \\ 0 & -2 & 3 & 7 \\ -2 & 4 & 0 & 6 \end{pmatrix} \begin{pmatrix} 4 & 6 \\ -3 & 2 \\ -4 & 0 \\ 1 & 1 \end{pmatrix} = \begin{pmatrix} \square & \square \\ \square & \square \\ \square & \square \end{pmatrix} = \begin{pmatrix} 5 & 21 \\ 1 & 3 \\ -14 & 2 \end{pmatrix}$$

（2）A は3行3列，B は3行2列なので，A の列の数3と B の行の数3が等しいために掛け算ができて，掛けた結果の行列は，A の行の数3と B の列の数2から，3行2列となる．

$$\begin{pmatrix} 2 & 4 & 0 \\ 5 & -2 & 3 \\ -2 & 3 & 0 \end{pmatrix} \begin{pmatrix} 9 & -3 \\ -2 & 2 \\ -3 & 1 \end{pmatrix} = \begin{pmatrix} \square & \square \\ \square & \square \\ \square & \square \end{pmatrix} = \begin{pmatrix} 10 & 2 \\ 40 & -16 \\ -24 & 12 \end{pmatrix}$$

（3）A も B も3行2列なので，A の列の数2と B の行の数3が等しくないために掛け算はできない．

（4）A は3行3列，B は3行1列なので，A の列の数3と B の行の数3が等しいために掛け算ができて，掛けた結果の行列は，A の行の数3と B の列の数1から，3行1列となる．

$$\begin{pmatrix} 1 & 4 & 0 \\ 6 & -2 & 1 \\ -4 & 3 & 5 \end{pmatrix}\begin{pmatrix} 8 \\ -3 \\ -2 \end{pmatrix} = \begin{pmatrix} \square \\ \square \\ \square \end{pmatrix} = \begin{pmatrix} -4 \\ 52 \\ -51 \end{pmatrix}$$

（5） A は1行3列，B は3行1列なので，A の列の数3と B の行の数3が等しいために掛け算ができて，掛けた結果の行列は，A の行の数1と B の列の数1から，1行1列となる．この計算は，ベクトルの内積の計算にほかならない．

$$(-1 \quad 7 \quad 2)\begin{pmatrix} 2 \\ -4 \\ -5 \end{pmatrix} = (\square) = (-40) = -40$$

（6） A は3行1列，B は1行2列なので，A の列の数1と B の行の数1が等しいために掛け算ができて，掛けた結果の行列は，A の行の数3と B の列の数2から，3行2列となる．

$$\begin{pmatrix} 2 \\ 3 \\ 4 \end{pmatrix}(2 \quad -4) = \begin{pmatrix} \square & \square \\ \square & \square \\ \square & \square \end{pmatrix} = \begin{pmatrix} 4 & -8 \\ 6 & -12 \\ 8 & -16 \end{pmatrix}$$

（7） A は1行3列，B は3行2列なので，A の列の数3と B の行の数3が等しいために掛け算ができて，掛けた結果の行列は，A の行の数1と B の列の数2から，1行2列となる．

$$(2 \quad 2 \quad 10)\begin{pmatrix} 2 & -5 \\ 0 & -1 \\ 1 & 0 \end{pmatrix} = (\square \quad \square) = (14 \quad -12)$$

◆

[問題 4.2.1] 次のそれぞれの行列 A，B の積 AB を求めよ．なお，積が求められないときは，その理由を述べよ．

（1） $A = \begin{pmatrix} 4 & 3 & 1 & 0 \\ 1 & -1 & 4 & 8 \\ -1 & 5 & 1 & 7 \end{pmatrix}$，　$B = \begin{pmatrix} 5 & 7 \\ -2 & 3 \\ -3 & 1 \\ 2 & 2 \end{pmatrix}$

（2） $A = \begin{pmatrix} 3 & 5 & 1 \\ 6 & -1 & 4 \\ -1 & 4 & 0 \end{pmatrix}$，　$B = \begin{pmatrix} 8 & -4 \\ -3 & 1 \\ -4 & 0 \end{pmatrix}$

(3) $A = \begin{pmatrix} 2 & 5 \\ 7 & -1 \\ -3 & 4 \end{pmatrix}, \quad B = \begin{pmatrix} 8 & -4 \\ -3 & 1 \\ -4 & 0 \end{pmatrix}$

(4) $A = \begin{pmatrix} 2 & 5 & 1 \\ 7 & -1 & 2 \\ -3 & 4 & 6 \end{pmatrix}, \quad B = \begin{pmatrix} 9 \\ -2 \\ -1 \end{pmatrix}$

(5) $A = (0 \quad 6 \quad 1), \quad B = \begin{pmatrix} 3 \\ -3 \\ -4 \end{pmatrix}$

(6) $A = \begin{pmatrix} 3 \\ 4 \\ 5 \end{pmatrix}, \quad B = (3 \quad -3)$

(7) $A = (3 \quad 3 \quad 9), \quad B = \begin{pmatrix} 3 & -4 \\ 1 & 0 \\ 2 & 1 \end{pmatrix}$

[**問題 4.2.2**] ステレオと電子レンジの単価と単重を表す行列 A が

$$A = \begin{pmatrix} 5 & 2 \\ 7 & 4 \end{pmatrix}$$

支店別，商品別数量を表す行列 B が

$$B = \begin{pmatrix} 3 & 2 \\ 8 & 9 \end{pmatrix}$$

のとき，支店別総売上額と総重量を表す行列を求めよ．

行列の演算については，次のような性質が成り立つ．

(1) $A + B = B + A$ (4.6)

(2) $(A + B) + C = A + (B + C)$ (4.7)

(3) $k(A + B) = kA + kB$ (4.8)

(4) $(AB)C = A(BC)$ (4.9)

(5) $A(B + C) = AB + AC$ (4.10)

(6) 一般には，$AB \neq BA$ (4.11)

4.4 行列と線形変換

4.4.1 線形変換とは

高等学校までに学んだ「関数」は $y = f(x)$ という形をしていて，x も y も 1 変数の「1 変数関数」であった．ここで学ぶ「線形変換」は $\boldsymbol{y} = f(\boldsymbol{x})$ と，形は似ているが，$\boldsymbol{x}$ も $\boldsymbol{y}$ もベクトルである．すなわち，独立変数も従属変数もともにベクトルの**多変数関数**である．（ベクトルは複数の要素（成分）から成るので多変数であり，そのベクトルを変数にもつ関数は多変数関数となる．）

多変数関数の中で最も易しく基本的な関数が，ここで学ぶ**線形変換**ということになる．

1 変数関数の中で基本的な関数は $y = f(x) = ax$ と表せる正比例関数である．これに対応して，多変数関数の「正比例関数」ともいうべき関数が，$\boldsymbol{y} = f(\boldsymbol{x}) = A\boldsymbol{x}$ で，A は行列にほかならない．なお，行列 A の行と列の数は，ベクトル $\boldsymbol{x}$ とベクトル $\boldsymbol{y}$ の次元から自動的に定まる．例えば，$\boldsymbol{x}$ が 3 次元（成分が 3 つ）で $\boldsymbol{y}$ が 2 次元（成分が 2 つ）ならば，(? 行 ? 列) × (3 行 1 列) = (2 行 1 列) の関係から，行列 A は（2 行 3 列）と定まることになる．

では，線形変換の例を紹介しよう．例えば，テレビ，冷蔵庫，洗濯機の売上台数がいろいろと変化していくとき，それらの量が独立変数であり，従属変数は総売上額と総重量である．そして，このことは次のように表せる．

$$
\overset{\text{出力}}{y = \begin{pmatrix} y_1\ \text{万円} \\ y_2\ \text{万円} \end{pmatrix}} \begin{matrix} \text{総売上額} \\ \text{総重量} \end{matrix}
$$

$$
= \begin{matrix} \text{単価} \\ \text{単重} \end{matrix} \overset{\begin{matrix} \text{テレビ} & \quad \text{冷蔵庫} & \quad \text{洗濯機} \end{matrix}}{\begin{pmatrix} 4\ \text{万円/台} & 8\ \text{万円/台} & 5\ \text{万円/台} \\ 2\ \text{kg/台} & 20\ \text{kg/台} & 9\ \text{kg/台} \end{pmatrix}} \cdot \overset{\text{入力}}{\begin{pmatrix} x_1\ \text{台} \\ x_2\ \text{台} \\ x_3\ \text{台} \end{pmatrix}} \begin{matrix} \text{テレビの台数} \\ \text{冷蔵庫の台数} \\ \text{洗濯機の台数} \end{matrix}
$$

このような具体的な量の間の関係から量の概念を捨象し，大きさを表すだけの数の間の関係にしたのが線形変換であり，上の行列量は次のように行列で表せる．

$$\begin{pmatrix} y_1 \\ y_2 \end{pmatrix} = \begin{pmatrix} 4 & 8 & 5 \\ 2 & 20 & 9 \end{pmatrix} \begin{pmatrix} x_1 \\ x_2 \\ x_3 \end{pmatrix} \tag{4.12}$$

この例は，3次元ベクトルから2次元ベクトルを導く関数であるが，一般に，m 次元ベクトルから n 次元ベクトルを導く線形変換

$$\boldsymbol{y} = f(\boldsymbol{x}) = A\boldsymbol{x} \tag{4.13}$$

を成分で表すと，次のようになる．

$$\begin{pmatrix} y_1 \\ y_2 \\ \vdots \\ y_n \end{pmatrix} = \begin{pmatrix} a_{11} & a_{12} & \cdots & a_{1m} \\ a_{21} & a_{22} & \cdots & a_{2m} \\ \vdots & \vdots & \vdots & \vdots \\ a_{n1} & a_{n2} & \cdots & a_{nm} \end{pmatrix} \begin{pmatrix} x_1 \\ x_2 \\ \vdots \\ x_m \end{pmatrix} \tag{4.14}$$

また，3次元ベクトルの中で，次のような3つのベクトルを**基本ベクトル**という．

$$\boldsymbol{e}_1 = \begin{pmatrix} 1 \\ 0 \\ 0 \end{pmatrix}, \qquad \boldsymbol{e}_2 = \begin{pmatrix} 0 \\ 1 \\ 0 \end{pmatrix}, \qquad \boldsymbol{e}_3 = \begin{pmatrix} 0 \\ 0 \\ 1 \end{pmatrix} \tag{4.15}$$

例えば，(4.12) において基本ベクトル $\boldsymbol{e}_1$，$\boldsymbol{e}_2$，$\boldsymbol{e}_3$ をそれぞれ線形変換の入力に入れてみると，

$$\begin{pmatrix} y_1 \\ y_2 \end{pmatrix} = \begin{pmatrix} 4 & 8 & 5 \\ 2 & 20 & 9 \end{pmatrix} \begin{pmatrix} 1 \\ 0 \\ 0 \end{pmatrix} = \begin{pmatrix} 4 \\ 2 \end{pmatrix}$$

$$\begin{pmatrix} y_1 \\ y_2 \end{pmatrix} = \begin{pmatrix} 4 & 8 & 5 \\ 2 & 20 & 9 \end{pmatrix} \begin{pmatrix} 0 \\ 1 \\ 0 \end{pmatrix} = \begin{pmatrix} 8 \\ 20 \end{pmatrix}$$

$$\begin{pmatrix} y_1 \\ y_2 \end{pmatrix} = \begin{pmatrix} 4 & 8 & 5 \\ 2 & 20 & 9 \end{pmatrix} \begin{pmatrix} 0 \\ 0 \\ 1 \end{pmatrix} = \begin{pmatrix} 5 \\ 9 \end{pmatrix}$$

となる．

つまり，$\boldsymbol{e}_1$ を入れると A の第 1 列目の縦ベクトルが出力され，$\boldsymbol{e}_2$ を入れると A の第 2 列目の縦ベクトルが出力され，$\boldsymbol{e}_3$ を入れると A の第 3 列目の縦ベクトルが出力されることがわかる．そして，これらすべてで行列 A の要素が定まるので，線形変換 $\boldsymbol{y}=f(\boldsymbol{x})$ は，$f(\boldsymbol{e}_1)$，$f(\boldsymbol{e}_2)$，$f(\boldsymbol{e}_3)$ によって決定されることになる．

例題 4.3

2 次元ベクトルを 3 次元ベクトルに移す線形変換 $\boldsymbol{y}=f(\boldsymbol{x})$ があり，基本ベクトルによる出力が次のようになっていたとする．

$$f(\boldsymbol{e}_1)=\begin{pmatrix}3\\4\\1\end{pmatrix},\qquad f(\boldsymbol{e}_2)=\begin{pmatrix}0\\-5\\6\end{pmatrix}$$

このとき，この線形変換を表す行列 A を求めよ．

［**解**］ $f(\boldsymbol{e}_1)$ は行列 A の 1 列目のベクトルを表し，$f(\boldsymbol{e}_2)$ は行列 A の 2 列目のベクトルを表すことから，線形変換を表す行列は次のようになる．

$$A=\begin{pmatrix}3&0\\4&-5\\1&6\end{pmatrix}$$

◆

［**問題 4.3.1**］ 3 次元ベクトルを 3 次元ベクトルに移す線形変換 $\boldsymbol{y}=f(\boldsymbol{x})$ があり，基本ベクトルによる出力が次のようになっていたとする．

$$f(\boldsymbol{e}_1)=\begin{pmatrix}4\\3\\-1\end{pmatrix},\qquad f(\boldsymbol{e}_2)=\begin{pmatrix}1\\-4\\5\end{pmatrix},\qquad f(\boldsymbol{e}_3)=\begin{pmatrix}2\\3\\4\end{pmatrix}$$

このとき，この線形変換を表す行列 A を求めよ．

［**問題 4.3.2**］ 商品 A は 1 個の価格が 3 万円，重量が 4 キログラムであり，商品 B は 1 個の価格が 5 万円，重量が 9 キログラムであるとする．このとき，商品

Aを x_1 個，商品Bを x_2 個販売したときの総売上額 y_1 万円，総重量 y_2 キログラムの線形変換を表す行列を求めよ．

4.4.2 線形性

線形変換 $\boldsymbol{y} = f(\boldsymbol{x})$ には，次の**線形性**という性質が成り立つ．

$$(1)\quad f(\boldsymbol{x}_1 + \boldsymbol{x}_2) = f(\boldsymbol{x}_1) + f(\boldsymbol{x}_2) \tag{4.16}$$

$$(2)\quad f(k \times \boldsymbol{x}_1) = k \times f(\boldsymbol{x}_1) \tag{4.17}$$

これらの性質は，線形変換が $\boldsymbol{y} = f(\boldsymbol{x}) = A\boldsymbol{x}$ と表せることから，行列の演算の性質 $A(\boldsymbol{x}_1 + \boldsymbol{x}_2) = A\boldsymbol{x}_1 + A\boldsymbol{x}_2$ と $A(k \times \boldsymbol{x}) = k \times A\boldsymbol{x}$ から成り立つことがいえる．

逆に，このような線形性が成り立つとすると，そのような関数は線形変換しかないこともわかるが，ここではその証明は省略する．

例題 4.4

2次元ベクトルを3次元ベクトルに移す線形変換 $\boldsymbol{y} = f(\boldsymbol{x})$ があり，$\boldsymbol{x}$ に2つのベクトル $\boldsymbol{a}$ と $\boldsymbol{b}$ を代入すると，$\boldsymbol{y} = f(\boldsymbol{x})$ が次のようになっていたとする．

$$f(\boldsymbol{a}) = \begin{pmatrix} 0 \\ -2 \\ 3 \end{pmatrix}, \qquad f(\boldsymbol{b}) = \begin{pmatrix} 5 \\ 7 \\ -2 \end{pmatrix}$$

このとき，$f(2\boldsymbol{a} + 3\boldsymbol{b})$ を求めよ．

［**解**］ 線形変換の線形性を使って，次のように求められる．

$$\begin{aligned} f(2\boldsymbol{a} + 3\boldsymbol{b}) &= f(2\boldsymbol{a}) + f(3\boldsymbol{b}) \\ &= 2f(\boldsymbol{a}) + 3f(\boldsymbol{b}) \\ &= 2\begin{pmatrix} 0 \\ -2 \\ 3 \end{pmatrix} + 3\begin{pmatrix} 5 \\ 7 \\ -2 \end{pmatrix} = \begin{pmatrix} 0 \\ -4 \\ 6 \end{pmatrix} + \begin{pmatrix} 15 \\ 21 \\ -6 \end{pmatrix} = \begin{pmatrix} 15 \\ 17 \\ 0 \end{pmatrix} \end{aligned}$$

◆

［**問題 4.4.1**］ 3 次元ベクトルを 3 次元ベクトルに移す線形変換 $\boldsymbol{y} = f(\boldsymbol{x})$ があり，$\boldsymbol{x}$ に 2 つのベクトル $\boldsymbol{a}$ と $\boldsymbol{b}$ を代入すると，$\boldsymbol{y} = f(\boldsymbol{x})$ が次のようになっていたとする.

$$f(\boldsymbol{a}) = \begin{pmatrix} 2 \\ -3 \\ 0 \end{pmatrix}, \qquad f(\boldsymbol{b}) = \begin{pmatrix} -2 \\ 0 \\ 3 \end{pmatrix}$$

このとき，$f(3\boldsymbol{a} + 2\boldsymbol{b})$ を求めよ.

［**問題 4.4.2**］ ある企業での商品 A と B について，ある組み合わせ $\boldsymbol{a}$ と $\boldsymbol{b}$ に対する総売上額と総重量が $\begin{pmatrix} 3 \\ 5 \end{pmatrix}$ と $\begin{pmatrix} 8 \\ 9 \end{pmatrix}$ であったとき，別の組み合わせ $2\boldsymbol{a} + 3\boldsymbol{b}$ に対する総売上額と総重量を求めよ.

第5章 大きさの違いを表す数 ー行列式ー

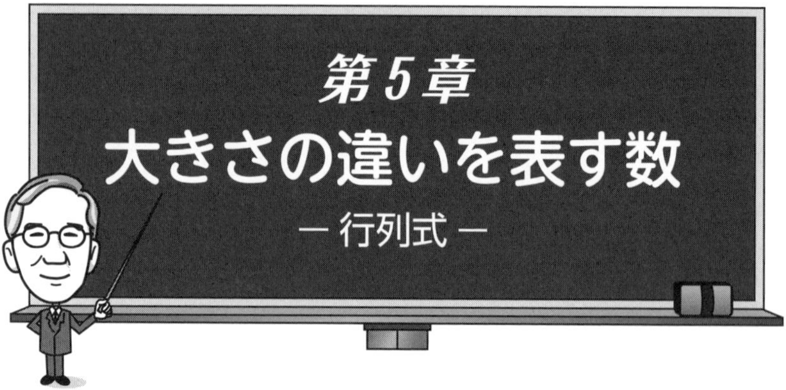

行列量は，これまでみてきたように，例えば総売上額と総重量を表す表のようなものであり，行列は縦と横に数を並べただけのものであるが，この章で登場する行列式は，総売上額と総重量の組み合わせが商品によってどれだけ差異があるかの程度を表す1つの数値である．

この数値は，例えばテレビと冷蔵庫の売上数量が変化していったとき，それにともない，線形変換によって総売上額と総重量がどのように変化しているかを表したものでもある．

この行列式は意外な応用が広がっていて，連立方程式の解を表すのに使えたり，逆数の一般化である逆行列を求めるときにも活躍する．

5.1 符号の付いた面積

平面上に2つのベクトル $\boldsymbol{a}$ と $\boldsymbol{b}$ があるとき，この2つのベクトルがつくる平行四辺形の面積を $\boldsymbol{a} \wedge \boldsymbol{b}$（$\wedge$：ハット）と表すのであるが，その面積がプラスだけでなくマイナスの値にもなるところが，高等学校までに学んだ面積と異なるところで，これを**符号の付いた面積**とよぶ．

この面積がプラスかマイナスかは，2つのベクトルの位置関係によって決まり，図5.1のように $\boldsymbol{a}$ を $\boldsymbol{b}$ へ重ねるために回転する向きが，時計回りと

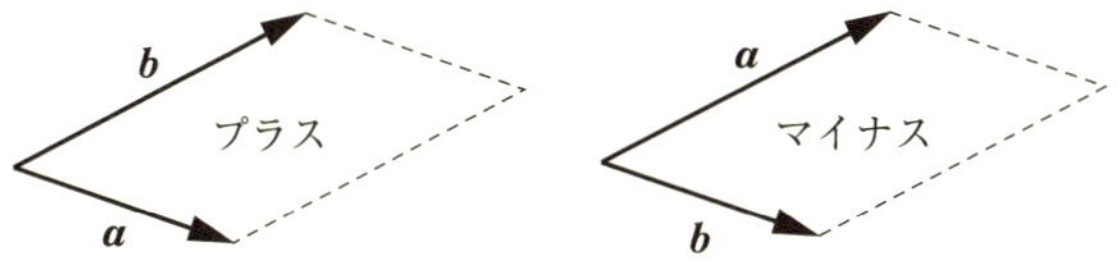

図 5.1

同じ場合にはマイナス，反時計回りの場合にはプラスの符号を付ける，と約束する．

「符号の付いた面積」の基本性質

2 次元ベクトルの「符号の付いた面積」には，次のような基本性質が成り立つ．

(1) $\boldsymbol{a} \wedge \boldsymbol{a} = 0$ (5.1)

(2) $\boldsymbol{b} \wedge \boldsymbol{a} = -\boldsymbol{a} \wedge \boldsymbol{b}$ (5.2)

(3) $\boldsymbol{a} \wedge (\boldsymbol{b} + \boldsymbol{c}) = \boldsymbol{a} \wedge \boldsymbol{b} + \boldsymbol{a} \wedge \boldsymbol{c}$ (5.3)

(4) 実数 k に対して，$\boldsymbol{a} \wedge (k\boldsymbol{b}) = k(\boldsymbol{a} \wedge \boldsymbol{b})$ (5.4)

(5) $\boldsymbol{e}_1 \wedge \boldsymbol{e}_2 = +1$ (5.5)

(1) は，同じベクトルでは平行四辺形がつくれないので，面積がゼロということを表している．(2) は，$\boldsymbol{a}$ と $\boldsymbol{b}$ との順序を入れ替えれば，プラスとマイナスの順序が逆になることから理解できよう．

(3) は，図 5.2 からわかる．

左の図の灰色部分は，$\boldsymbol{a}$ と $\boldsymbol{b} + \boldsymbol{c}$ でつくられる平行四辺形の面積，右の図の灰色部分は，$\boldsymbol{a}$ と $\boldsymbol{b}$ でつくられる平行四辺形の面積と，$\boldsymbol{a}$ と $\boldsymbol{c}$ でつくられ

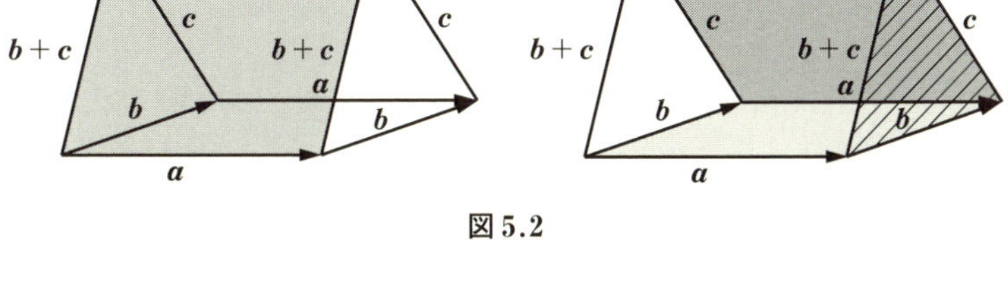

図 5.2

る平行四辺形の面積を表している.

右の図から，右側に見える斜線で示した小さな三角形を切り取り，左側の白い三角形に埋めれば，ちょうど左の図になるので，(3) の関係が成り立つ．同じになるということは，2つの三角形が合同であることからわかり，斜線で示した三角形と白い部分の2つの三角形が合同であることは，3辺が等しいことから証明される．この性質は，「ベクトルの和と符号の付いた面積の分配法則」とよばれる．

「符号の付いた面積」の計算式

2つのベクトル $\boldsymbol{a} = \begin{pmatrix} a_1 \\ a_2 \end{pmatrix}$ と $\boldsymbol{b} = \begin{pmatrix} b_1 \\ b_2 \end{pmatrix}$ の「符号の付いた面積」$\boldsymbol{a} \wedge \boldsymbol{b}$ は，基本性質を用いると次のように計算できる．

$$
\begin{aligned}
\boldsymbol{a} \wedge \boldsymbol{b} &= \begin{pmatrix} a_1 \\ a_2 \end{pmatrix} \wedge \begin{pmatrix} b_1 \\ b_2 \end{pmatrix} \\
&= (a_1\boldsymbol{e}_1 + a_2\boldsymbol{e}_2) \wedge (b_1\boldsymbol{e}_1 + b_2\boldsymbol{e}_2) \\
&= a_1\boldsymbol{e}_1 \wedge (b_1\boldsymbol{e}_1 + b_2\boldsymbol{e}_2) + a_2\boldsymbol{e}_2 \wedge (b_1\boldsymbol{e}_1 + b_2\boldsymbol{e}_2) \quad \text{((5.3) による)} \\
&= (a_1\boldsymbol{e}_1) \wedge (b_1\boldsymbol{e}_1) + (a_1\boldsymbol{e}_1) \wedge (b_2\boldsymbol{e}_2) + (a_2\boldsymbol{e}_2) \wedge (b_1\boldsymbol{e}_1) \\
&\qquad + (a_2\boldsymbol{e}_2) \wedge (b_2\boldsymbol{e}_2) \\
&= a_1b_1 \times 0 + a_1b_2 \times 1 + a_2b_1 \times (-1) + a_2b_2 \times 0 \\
&= a_1b_2 - a_2b_1 \quad \text{(斜めに掛けて引く)} \qquad (5.6)
\end{aligned}
$$

例題 5.1

次のベクトル $\boldsymbol{a}$，$\boldsymbol{b}$ の「符号の付いた面積」$\boldsymbol{a} \wedge \boldsymbol{b}$ を求めよ．

（1） $\boldsymbol{a} = \begin{pmatrix} 5 \\ 6 \end{pmatrix}$,　$\boldsymbol{b} = \begin{pmatrix} -2 \\ 3 \end{pmatrix}$　　（2） $\boldsymbol{a} = \begin{pmatrix} p \\ q \end{pmatrix}$,　$\boldsymbol{b} = \begin{pmatrix} r \\ s \end{pmatrix}$

［**解**］ (5.6) を用いればよい．

（1） $\boldsymbol{a} \wedge \boldsymbol{b} = \begin{pmatrix} 5 \\ 6 \end{pmatrix} \wedge \begin{pmatrix} -2 \\ 3 \end{pmatrix} = 5 \times 3 - (-2) \times 6 = 27$

（2） $\boldsymbol{a} \wedge \boldsymbol{b} = \begin{pmatrix} p \\ q \end{pmatrix} \wedge \begin{pmatrix} r \\ s \end{pmatrix} = ps - rq$

◆

［**問題 5.1.1**］ 次のベクトル $\boldsymbol{a}$ と $\boldsymbol{b}$ の「符号の付いた面積」$\boldsymbol{a} \wedge \boldsymbol{b}$ を求めよ.

（1） $\boldsymbol{a} = \begin{pmatrix} 4 \\ 5 \end{pmatrix}$, $\boldsymbol{b} = \begin{pmatrix} -1 \\ 2 \end{pmatrix}$ （2） $\boldsymbol{a} = \begin{pmatrix} r \\ s \end{pmatrix}$, $\boldsymbol{b} = \begin{pmatrix} u \\ v \end{pmatrix}$

［**問題 5.1.2**］ 和菓子と洋菓子の売上数のベクトル量 $\boldsymbol{a} = \begin{pmatrix} 2 \\ 3 \end{pmatrix}$ と $\boldsymbol{b} = \begin{pmatrix} 5 \\ 8 \end{pmatrix}$ について，両者にどの程度の違いがあるかを 2 つのベクトル量の「符号の付いた面積」で表せ.

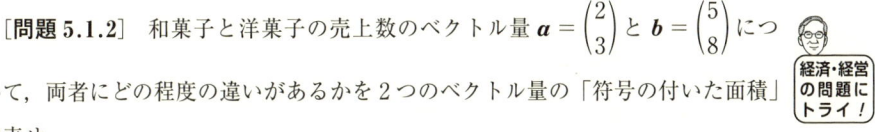

例題 5.2

次の線形変換において，以下の問いに答えよ.

$$\begin{pmatrix} y_1 \\ y_2 \end{pmatrix} = \begin{pmatrix} 3 & 1 \\ -2 & 5 \end{pmatrix} \begin{pmatrix} x_1 \\ x_2 \end{pmatrix}$$

この線形変換によって，基本ベクトル $\boldsymbol{e}_1$ と $\boldsymbol{e}_2$ でできる面積 1 の正方形は，面積いくつの平行四辺形に移されるか.

［**解**］ ベクトル $\boldsymbol{a} = \begin{pmatrix} 3 \\ -2 \end{pmatrix}$ とベクトル $\boldsymbol{b} = \begin{pmatrix} 1 \\ 5 \end{pmatrix}$ でつくられる「符号の付いた面積」を求めると

$$\boldsymbol{a} \wedge \boldsymbol{b} = \begin{pmatrix} 3 \\ -2 \end{pmatrix} \wedge \begin{pmatrix} 1 \\ 5 \end{pmatrix} = 3 \cdot 5 - (-2) \cdot 1 = 17$$

したがって，面積 1 の正方形は，面積 17 の平行四辺形に移される.

◆

［**問題 5.2.1**］ 次の線形変換において，以下の問いに答えよ.

$$\begin{pmatrix} y_1 \\ y_2 \end{pmatrix} = \begin{pmatrix} 2 & -1 \\ -1 & 4 \end{pmatrix} \begin{pmatrix} x_1 \\ x_2 \end{pmatrix}$$

この線形変換によって，基本ベクトル $\boldsymbol{e}_1$ と $\boldsymbol{e}_2$ でできる面積 1 の正方形は，面積いくつの平行四辺形に移されるか.

［**問題 5.2.2**］ 2つの飲料AとBの数量 x_1, x_2 から重量と売上額 y_1, y_2 が次の線形変換で定まっている．

$$\begin{pmatrix} y_1 \\ y_2 \end{pmatrix} = \begin{pmatrix} 100 & 80 \\ 60 & 50 \end{pmatrix} \begin{pmatrix} x_1 \\ x_2 \end{pmatrix}$$

Aだけ ($\boldsymbol{e}_1$) とBだけ ($\boldsymbol{e}_2$) でできる面積1の正方形は，面積いくつの平行四辺形に移されるか．また，この結果は何を表しているか．

5.2 2次元行列の行列式

5.2.1 線形変換による図形の変換

2次元ベクトルを2次元ベクトルへ移す線形変換の例を考えよう．

$$\begin{pmatrix} y_1 \\ y_2 \end{pmatrix} = \begin{pmatrix} 3 & 2 \\ 1 & 4 \end{pmatrix} \begin{pmatrix} x_1 \\ x_2 \end{pmatrix}$$

ベクトル $\begin{pmatrix} x_1 \\ x_2 \end{pmatrix}$ がある一定の図形の中を変化していくとき，$\begin{pmatrix} y_1 \\ y_2 \end{pmatrix}$ も一定の範囲を移動する．例えば，$\begin{pmatrix} x_1 \\ x_2 \end{pmatrix}$ が正五角形の頂点を移動していくとき，5点の座標を入力して出力 $\begin{pmatrix} y_1 \\ y_2 \end{pmatrix}$ をプロットすると，図5.3のようになる．

正五角形の内部の点も調べると，内部の点は移った先の図形でも内部の点であることがわかり，結局，右図のような図形に移動する．

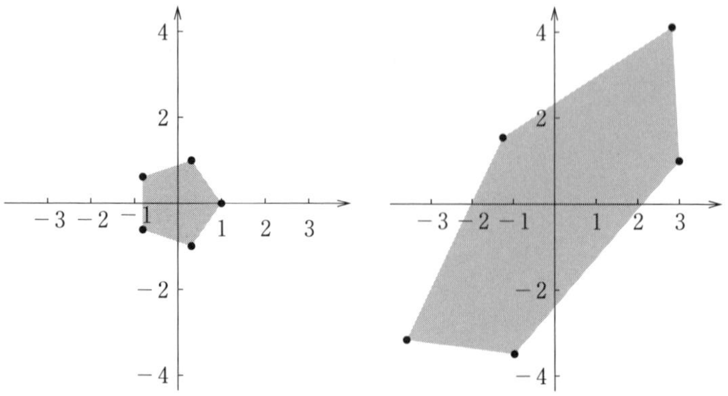

図 5.3

これだけでは，x_1-x_2 平面から y_1-y_2 平面へどのような構造で移っていくかはわかりにくい．そこで，2つの基本ベクトル $\boldsymbol{e}_1 = \begin{pmatrix} 1 \\ 0 \end{pmatrix}$ と $\boldsymbol{e}_2 = \begin{pmatrix} 0 \\ 1 \end{pmatrix}$ がどのように移るかを調べてみると図5.4のようになる．そして，正方形の網の目がどのように平行四辺形の網の目に移るかを調べてみると図5.5のようになる．

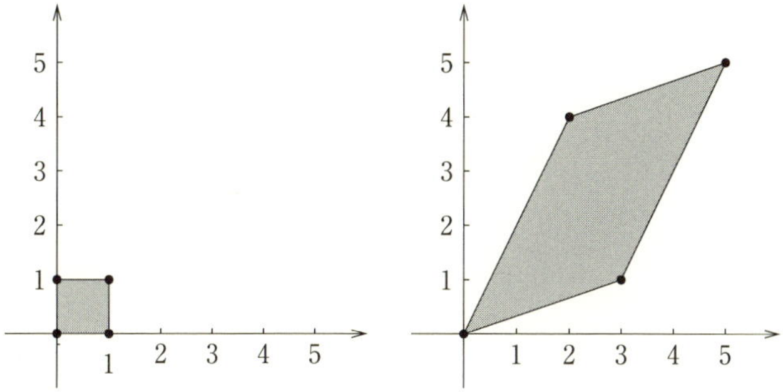

図5.4

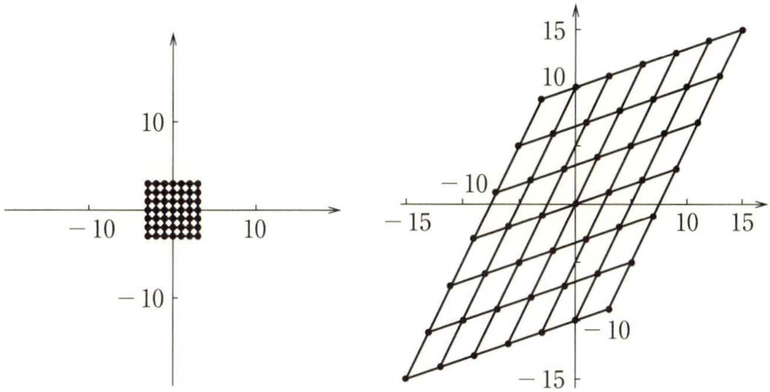

図5.5

この図からわかるように，線形変換による図形の変換によって面積が何倍になるかは場所にはよらない．したがって，面積の倍率は，基本ベクトルでつくられる1辺の長さが1の正方形の面積が何倍になるかを調べればよい．

5.2.2 「符号の付いた面積」の計算

x_1-x_2 平面での正方形は y_1-y_2 平面では平行四辺形になるので，平行四辺形の面積を求めることになる．そして，平行四辺形は2つのベクトルでつくられるので，結局，平行四辺形の面積を求めるには2つのベクトルの「符号の付いた面積」を求めればよいことになる．

線形変換 $\begin{pmatrix} y_1 \\ y_2 \end{pmatrix} = \begin{pmatrix} 3 & 2 \\ 1 & 4 \end{pmatrix}\begin{pmatrix} x_1 \\ x_2 \end{pmatrix}$ では，$\boldsymbol{e}_1 = \begin{pmatrix} 1 \\ 0 \end{pmatrix}$ の移った先が $\boldsymbol{a}_1 = \begin{pmatrix} 3 \\ 1 \end{pmatrix}$ であり，$\boldsymbol{e}_2 = \begin{pmatrix} 0 \\ 1 \end{pmatrix}$ の移った先が $\boldsymbol{a}_2 = \begin{pmatrix} 2 \\ 4 \end{pmatrix}$ であるから，この2つのベクトルの「符号の付いた面積」を求めればよく，(5.6) を用いて

$$\boldsymbol{a}_1 \wedge \boldsymbol{a}_2 = \begin{pmatrix} 3 \\ 1 \end{pmatrix} \wedge \begin{pmatrix} 2 \\ 4 \end{pmatrix} = 3 \times 4 - 2 \times 1 = 12 - 2 = 10$$

となる．

5.2.3　2次元の行列式

上で求めた数値は，$\begin{pmatrix} x_1 \\ x_2 \end{pmatrix}$ が動いて描く図形（動く範囲）の面積が元の何倍になるかを表したものである．そして，この数値のことを線形変換の行列 A の**行列式**とよび，次のように表す．

$$|\,A\,| = \begin{vmatrix} 3 & 2 \\ 1 & 4 \end{vmatrix}$$

そして，一般の線形変換の行列 A の行列式は次のようになる．

$$\boldsymbol{y} = A\boldsymbol{x}, \qquad \begin{pmatrix} y_1 \\ y_2 \end{pmatrix} = \begin{pmatrix} a_{11} & a_{12} \\ a_{21} & a_{22} \end{pmatrix}\begin{pmatrix} x_1 \\ x_2 \end{pmatrix}$$

$$|\,A\,| = \begin{vmatrix} a_{11} & a_{12} \\ a_{21} & a_{22} \end{vmatrix} = a_{11}a_{22} - a_{12}a_{21} \tag{5.7}$$

なお，行列式の値が負の場合には，移った先の図形が元の図形の何倍かになった上で，面が裏返しになっていることを意味する．行列式の正負は，経済・経営においては，例えば，2つの商品の重さと価格の関係が逆転するか否かを意味する．

例題 5.3

次の行列の行列式の値を求めよ．

（1）　$A=\begin{pmatrix}9 & 2\\ 3 & 4\end{pmatrix}$，　（2）　$A=\begin{pmatrix}3 & -2\\ -5 & 1\end{pmatrix}$，　（3）　$A=\begin{pmatrix}p & q\\ r & s\end{pmatrix}$

［**解**］　(5.7) を用いればよい．

（1）　$|A|=\begin{vmatrix}9 & 2\\ 3 & 4\end{vmatrix}=9\times 4-2\times 3=36-6=30$

（2）　$|A|=\begin{vmatrix}3 & -2\\ -5 & 1\end{vmatrix}=3\times 1-(-2)\times(-5)=3-10=-7$

（3）　$|A|=\begin{vmatrix}p & q\\ r & s\end{vmatrix}=ps-qr$

◆

［**問題 5.3.1**］　次の行列の行列式の値を求めよ．

（1）　$A=\begin{pmatrix}7 & 3\\ -3 & 1\end{pmatrix}$，　（2）　$A=\begin{pmatrix}1 & -4\\ -2 & 3\end{pmatrix}$，　（3）　$A=\begin{pmatrix}k & m\\ u & v\end{pmatrix}$

［**問題 5.3.2**］　ある電化製品のチェーン店 A, B での冷蔵庫と洗濯機の売り上げが

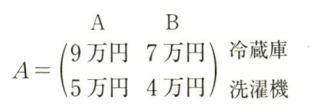

$$A=\begin{pmatrix}9\text{万円} & 7\text{万円}\\ 5\text{万円} & 4\text{万円}\end{pmatrix}\begin{matrix}\text{冷蔵庫}\\ \text{洗濯機}\end{matrix}$$
（列：A　B）

のとき，2店での売り上げの違いを数値で表す A の行列式の値を求めよ．

例題 5.4

次の線形変換において，以下の問いに答えよ．

$$\begin{pmatrix}y_1\\ y_2\end{pmatrix}=\begin{pmatrix}3 & 1\\ -2 & 5\end{pmatrix}\begin{pmatrix}x_1\\ x_2\end{pmatrix}$$

（1）　基本ベクトル $\boldsymbol{e}_1$ と $\boldsymbol{e}_2$ でできる面積1の正方形は，この線形変換によって面積がいくつの平行四辺形に移されるか．

（2）　ベクトル $\begin{pmatrix}x_1\\ x_2\end{pmatrix}$ が面積3の図形上を動くとき，ベクトル $\begin{pmatrix}y_1\\ y_2\end{pmatrix}$ が

描く図形の面積を求めよ．

（3）　ベクトル$\begin{pmatrix} y_1 \\ y_2 \end{pmatrix}$が描く図形は，ベクトル$\begin{pmatrix} x_1 \\ x_2 \end{pmatrix}$が描く図形に対して，裏返しの図形になっているか．

［**解**］（1）　線形変換を表す行列の行列式の値が求める面積である．

$$|A| = \begin{vmatrix} 3 & 1 \\ -2 & 5 \end{vmatrix} = 3 \cdot 5 - 1 \cdot (-2) = 17$$

（2）（1）より，面積1の図形が，その17倍の面積17の図形に移るので，面積3の図形が移る図形の面積は，$3 \times 17 = 51$となる．

（3）　行列式の値がプラスなので，$\begin{pmatrix} y_1 \\ y_2 \end{pmatrix}$が描く図形は裏返しにはならない．

◆

［**問題 5.4.1**］　次の線形変換において，以下の問いに答えよ．

$$\begin{pmatrix} y_1 \\ y_2 \end{pmatrix} = \begin{pmatrix} 7 & 2 \\ -5 & 3 \end{pmatrix} \begin{pmatrix} x_1 \\ x_2 \end{pmatrix}$$

（1）　基本ベクトル$\boldsymbol{e}_1$と$\boldsymbol{e}_2$でできる面積1の正方形は，面積がいくつの平行四辺形に移されるか．

（2）　ベクトル$\begin{pmatrix} x_1 \\ x_2 \end{pmatrix}$が面積5の図形上を動くとき，ベクトル$\begin{pmatrix} y_1 \\ y_2 \end{pmatrix}$が描く図形の面積を求めよ．

（3）　ベクトル$\begin{pmatrix} y_1 \\ y_2 \end{pmatrix}$が描く図形は，ベクトル$\begin{pmatrix} x_1 \\ x_2 \end{pmatrix}$が描く図形に対して裏返しの図形になっているか．

［**問題 5.4.2**］　ある電化製品のチェーン店A，Bでの冷蔵庫と洗濯機の売り上げ数量x_1，x_2に対して，総売上額y_1と総重量y_2が次のようになっていたとする．

$$\begin{pmatrix} y_1 \\ y_2 \end{pmatrix} = \begin{pmatrix} 4 & 1 \\ 1 & 3 \end{pmatrix} \begin{pmatrix} x_1 \\ x_2 \end{pmatrix} = A\boldsymbol{x}$$

このとき，冷蔵庫1台だけを売る場合と洗濯機1台だけを売る場合の，総売上額と総重量の違いは図形（平行四辺形）の面積で表せることから，行列 A の行列式の値を求めよ．

5.3　3次元行列の行列式

5.3.1　3次元立体図形の変換

一般的な3次元ベクトルを3次元ベクトルへ移す次のような線形変換について考える．

$$\boldsymbol{y} = A\boldsymbol{x}, \qquad \begin{pmatrix} y_1 \\ y_2 \\ y_3 \end{pmatrix} = \begin{pmatrix} a_{11} & a_{12} & a_{13} \\ a_{21} & a_{22} & a_{23} \\ a_{31} & a_{32} & a_{33} \end{pmatrix} \begin{pmatrix} x_1 \\ x_2 \\ x_3 \end{pmatrix} \tag{5.8}$$

(5.8) は，基本ベクトル $\boldsymbol{e}_1$，$\boldsymbol{e}_2$，$\boldsymbol{e}_3$ を，それぞれ $\boldsymbol{a} = \begin{pmatrix} a_{11} \\ a_{21} \\ a_{31} \end{pmatrix}$，$\boldsymbol{b} = \begin{pmatrix} a_{12} \\ a_{22} \\ a_{32} \end{pmatrix}$，$\boldsymbol{c} = \begin{pmatrix} a_{13} \\ a_{23} \\ a_{33} \end{pmatrix}$ に移す線形変換を表している．

(5.8) によって，1辺の長さが1の立方体は，例えば図5.6のような平行六面体に移る．

2次元ベクトルの「符号の付いた面積」の拡張として，3次元ベクトルの

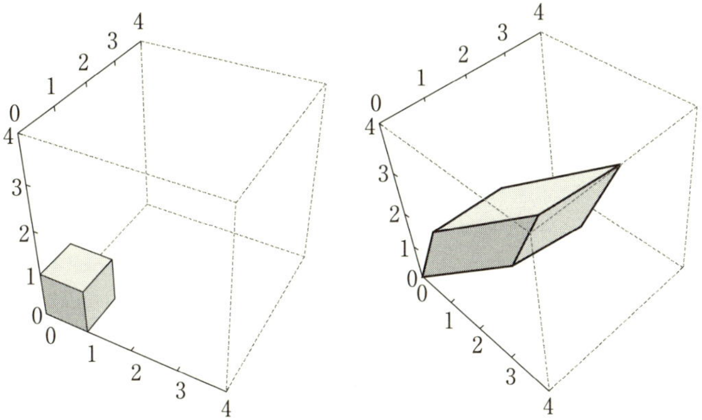

図5.6

「符号の付いた体積」$\boldsymbol{a} \wedge \boldsymbol{b} \wedge \boldsymbol{c}$ というものを考えることができる．これは平行六面体の体積を表すのであるが，面積の場合と同じように，符号がプラスの場合とマイナスの場合がある．

$\boldsymbol{a} \wedge \boldsymbol{b} \wedge \boldsymbol{c}$ にプラスの値を与えるのは，それぞれのベクトルが図5.7の左のような位置関係にある場合で，マイナスの符号を与えるのは右側のような位置関係にある場合である．

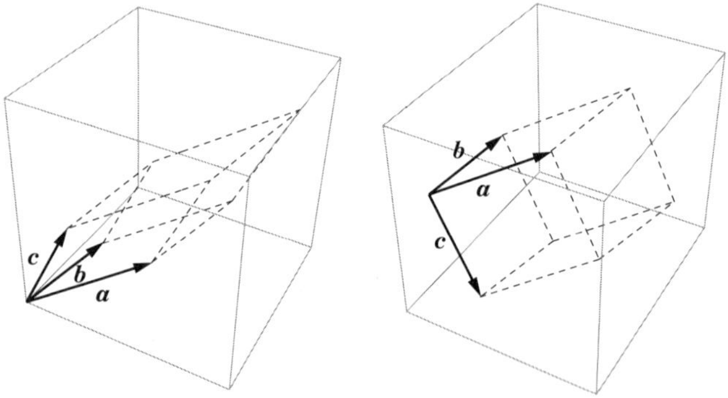

図5.7

いかに区別するかというと，1番目の $\boldsymbol{a}$ を2番目の $\boldsymbol{b}$ に重ねるように右ねじ（時計回りに回転すると前進するねじ）を回し，このとき $\boldsymbol{c}$ が，右ねじの進む方向にあればプラス，反対側にあればマイナスの符号を付けるのである．

5.3.2 「符号の付いた体積」の基本性質

2次元ベクトルの「符号の付いた面積」と同じように，3次元ベクトルの「符号の付いた体積」にも次のような基本性質が成り立つ．

(1) $\boldsymbol{a} \wedge \boldsymbol{a} \wedge \boldsymbol{c} = 0$ (5.9)

(2) $\boldsymbol{b} \wedge \boldsymbol{a} \wedge \boldsymbol{c} = -\boldsymbol{a} \wedge \boldsymbol{b} \wedge \boldsymbol{c}$ (5.10)

(3) $\boldsymbol{a} \wedge (\boldsymbol{b} + \boldsymbol{c}) \wedge \boldsymbol{d} = \boldsymbol{a} \wedge \boldsymbol{b} \wedge \boldsymbol{d} + \boldsymbol{a} \wedge \boldsymbol{c} \wedge \boldsymbol{d}$ (5.11)

(4) 実数 k に対して，$\boldsymbol{a} \wedge (k\boldsymbol{b}) \wedge \boldsymbol{c} = k(\boldsymbol{a} \wedge \boldsymbol{b} \wedge \boldsymbol{c})$ (5.12)

(5) $\boldsymbol{e}_1 \wedge \boldsymbol{e}_2 \wedge \boldsymbol{e}_3 = +1$ (5.13)

これらは一例であるが，例えば (1) では，3つのベクトルのうち2つのベクトルが等しければ，「符号の付いた体積」はゼロであることを意味している．(2) では，3つの3次元ベクトルのうち2つの順序を入れ替えれば，「符号の付いた体積」は符号が反対になることを意味している．3つのベクトルの位置関係は，どちらか一方と等しくなるのでプラスかマイナスのどちらかに定まる．(3) では，どの場所に置いても分配法則が成り立つことを意味している．

これらの基本性質が成り立つことは図を描くと複雑になって却ってわかりにくくなるので，2次元の基本性質の拡張として理解しておけばよい．

「符号の付いた体積」の計算式

3つのベクトル $\boldsymbol{a} = \begin{pmatrix} a_1 \\ a_2 \\ a_3 \end{pmatrix}$, $\boldsymbol{b} = \begin{pmatrix} b_1 \\ b_2 \\ b_3 \end{pmatrix}$, $\boldsymbol{c} = \begin{pmatrix} c_1 \\ c_2 \\ c_3 \end{pmatrix}$ の「符号の付いた体積」$\boldsymbol{a} \wedge \boldsymbol{b} \wedge \boldsymbol{c}$ は，その基本性質を用いると，次のように計算できる．なお，ここでの計算では，同じベクトルの「符号の付いた体積」はゼロになることを用いて，予め除いている．

$$
\begin{aligned}
&\boldsymbol{a} \wedge \boldsymbol{b} \wedge \boldsymbol{c} \\
&\quad = (a_1\boldsymbol{e}_1 + a_2\boldsymbol{e}_2 + a_3\boldsymbol{e}_3) \wedge (b_1\boldsymbol{e}_1 + b_2\boldsymbol{e}_2 + b_3\boldsymbol{e}_3) \wedge (c_1\boldsymbol{e}_1 + c_2\boldsymbol{e}_2 + c_3\boldsymbol{e}_3) \\
&\quad = a_1\boldsymbol{e}_1 \wedge (b_2\boldsymbol{e}_2 + b_3\boldsymbol{e}_3) \wedge (c_2\boldsymbol{e}_2 + c_3\boldsymbol{e}_3) \\
&\qquad\qquad + a_2\boldsymbol{e}_2 \wedge (b_1\boldsymbol{e}_1 + b_3\boldsymbol{e}_3) \wedge (c_1\boldsymbol{e}_1 + c_3\boldsymbol{e}_3) \\
&\qquad\qquad\qquad + a_3\boldsymbol{e}_3 \wedge (b_1\boldsymbol{e}_1 + b_2\boldsymbol{e}_2) \wedge (c_1\boldsymbol{e}_1 + c_2\boldsymbol{e}_2) \\
&\quad = a_1\boldsymbol{e}_1 \wedge (b_2\boldsymbol{e}_2) \wedge (c_3\boldsymbol{e}_3) + (a_1\boldsymbol{e}_1) \wedge (b_3\boldsymbol{e}_3) \wedge (c_2\boldsymbol{e}_2) + \cdots \\
&\quad = a_1b_2c_3(\boldsymbol{e}_1 \wedge \boldsymbol{e}_2 \wedge \boldsymbol{e}_3) + a_1b_3c_2(\boldsymbol{e}_1 \wedge \boldsymbol{e}_3 \wedge \boldsymbol{e}_2) \\
&\qquad\qquad + a_2b_1c_3(\boldsymbol{e}_2 \wedge \boldsymbol{e}_1 \wedge \boldsymbol{e}_3) + a_2b_3c_1(\boldsymbol{e}_2 \wedge \boldsymbol{e}_3 \wedge \boldsymbol{e}_1) \\
&\qquad\qquad\qquad + a_3b_1c_2(\boldsymbol{e}_3 \wedge \boldsymbol{e}_1 \wedge \boldsymbol{e}_2) + a_3b_2c_1(\boldsymbol{e}_3 \wedge \boldsymbol{e}_2 \wedge \boldsymbol{e}_1)
\end{aligned}
$$

ここで，$\boldsymbol{e}_1 \wedge \boldsymbol{e}_2 \wedge \boldsymbol{e}_3 = 1$ より $\boldsymbol{e}_1 \wedge \boldsymbol{e}_3 \wedge \boldsymbol{e}_2 = -1$ となるが，それは2つの順序が入れ替わっているので符号が反対になるからである．以下，次のよう

になる.

$$\boldsymbol{e}_2 \wedge \boldsymbol{e}_1 \wedge \boldsymbol{e}_3 = -\boldsymbol{e}_1 \wedge \boldsymbol{e}_2 \wedge \boldsymbol{e}_3 = -1$$

$$\boldsymbol{e}_2 \wedge \boldsymbol{e}_3 \wedge \boldsymbol{e}_1 = -\boldsymbol{e}_2 \wedge \boldsymbol{e}_1 \wedge \boldsymbol{e}_3 = -(-1) = 1$$

$$\boldsymbol{e}_3 \wedge \boldsymbol{e}_1 \wedge \boldsymbol{e}_2 = -\boldsymbol{e}_2 \wedge \boldsymbol{e}_1 \wedge \boldsymbol{e}_3 = -(-1) = 1$$

$$\boldsymbol{e}_3 \wedge \boldsymbol{e}_2 \wedge \boldsymbol{e}_1 = -\boldsymbol{e}_2 \wedge \boldsymbol{e}_3 \wedge \boldsymbol{e}_1 = -1$$

これらの値を代入すると，最終的に次のようになる.

$$\boldsymbol{a} \wedge \boldsymbol{b} \wedge \boldsymbol{c} = a_1 b_2 c_3 - a_1 b_3 c_2 - a_2 b_1 c_3 + a_2 b_3 c_1 + a_3 b_1 c_2 - a_3 b_2 c_1 \tag{5.14}$$

5.3.3 3次元の行列式

3次元ベクトルを3次元ベクトルへ移す線形変換によって$\begin{pmatrix} x_1 \\ x_2 \\ x_3 \end{pmatrix}$の描く立体図形の体積が元の何倍になるかは，2次元の場合と同じように，基本ベクトルが線形変換された後の3つのベクトル $\boldsymbol{a} = \begin{pmatrix} a_1 \\ a_2 \\ a_3 \end{pmatrix}$, $\boldsymbol{b} = \begin{pmatrix} b_1 \\ b_2 \\ b_3 \end{pmatrix}$, $\boldsymbol{c} = \begin{pmatrix} c_1 \\ c_2 \\ c_3 \end{pmatrix}$ が描く平行六面体の体積を求めればよい．つまり，この3つのベクトルの「符号の付いた体積」$\boldsymbol{a} \wedge \boldsymbol{b} \wedge \boldsymbol{c}$ を求めれば，変換後の体積がわかり，元の体積からの倍率がわかることになる.

この値のことを2次元の場合と同じように3次元でも行列 A の行列式といい，$|A|$ と表す.

$$\boldsymbol{y} = A\boldsymbol{x}, \qquad |A| = \begin{vmatrix} a_1 & b_1 & c_1 \\ a_2 & b_2 & c_2 \\ a_3 & b_3 & c_3 \end{vmatrix}$$

行列式の計算方法

行列式の計算は，2次元の場合とは異なって少し複雑になり，

$$
\begin{aligned}
|A| &= \begin{vmatrix} a_1 & b_1 & c_1 \\ a_2 & b_2 & c_2 \\ a_3 & b_3 & c_3 \end{vmatrix} \\
&= a_1 b_2 c_3 - a_1 b_3 c_2 - a_2 b_1 c_3 + a_2 b_3 c_1 + a_3 b_1 c_2 - a_3 b_2 c_1 \\
&= (a_1 b_2 c_3 + a_2 b_3 c_1 + a_3 b_1 c_2) - (a_1 b_3 c_2 + a_2 b_1 c_3 + a_3 b_2 c_1) \quad (5.15)
\end{aligned}
$$

となるが，この計算結果をわかりやすくするために，次のような図5.8を用いると便利である．この計算規則を，**サラス**（Sarrus）**の規則**とよぶこともある．

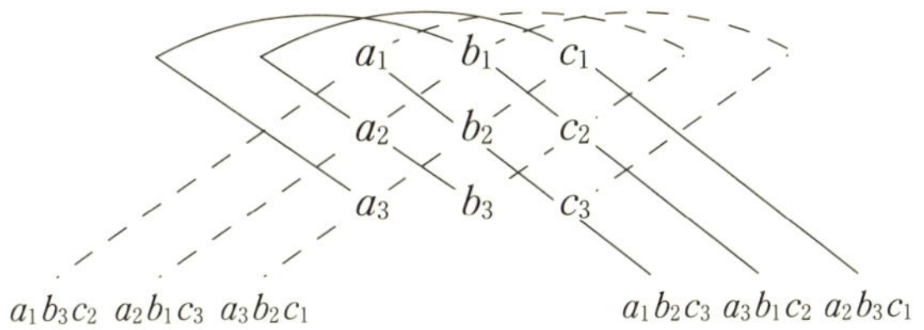

図5.8

もう1つの計算方法は，2次元の行列式に帰着させる方法であり，a_1, a_2, a_3 でくくってやると，次のようになる．

$$
|A| = \begin{vmatrix} a_1 & b_1 & c_1 \\ a_2 & b_2 & c_2 \\ a_3 & b_3 & c_3 \end{vmatrix} = a_1 \begin{vmatrix} b_2 & c_2 \\ b_3 & c_3 \end{vmatrix} - a_2 \begin{vmatrix} b_1 & c_1 \\ b_3 & c_3 \end{vmatrix} + a_3 \begin{vmatrix} b_1 & c_1 \\ b_2 & c_2 \end{vmatrix} \quad (5.16)
$$

例題5.5

次の行列 A の行列式の値 $|A|$ を指定された方法で求めよ．

（1）$A = \begin{pmatrix} 3 & 0 & 2 \\ -2 & 1 & 0 \\ 4 & -1 & 5 \end{pmatrix}$　（サラスの計算規則による方法）

（2）$A = \begin{pmatrix} 5 & -3 & 0 \\ 3 & 1 & 0 \\ 2 & -4 & 6 \end{pmatrix}$　（2次元の行列式に帰着させる方法）

［解］（1）(5.15) を用いて，

$$
\begin{aligned}
|A| &= \{(3\cdot1\cdot5) + (-2)\cdot(-1)\cdot2 + 4\cdot0\cdot0\} \\
&\qquad - \{4\cdot1\cdot2 + 3\cdot(-1)\cdot0 + (-2)\cdot0\cdot5\} \\
&= (15 + 4 + 0) - (8 + 0 + 0) = 11
\end{aligned}
$$

（2）(5.16) を用いて，

$$
\begin{aligned}
|A| &= 5\begin{vmatrix} 1 & 0 \\ -4 & 6 \end{vmatrix} - 3\begin{vmatrix} -3 & 0 \\ -4 & 6 \end{vmatrix} + 2\begin{vmatrix} -3 & 0 \\ 1 & 0 \end{vmatrix} \\
&= 5\cdot6 - 3\cdot(-18) + 2\cdot0 \\
&= 30 + 54 = 84
\end{aligned}
$$

◆

［問題 5.5.1］ 次の行列 A の行列式の値 $|A|$ を指定された方法で求めよ．

（1）$A = \begin{pmatrix} 2 & -3 & 4 \\ -3 & 2 & 1 \\ 3 & -1 & 7 \end{pmatrix}$ （サラスの計算規則による方法）

（2）$A = \begin{pmatrix} 4 & -2 & 0 \\ 2 & 4 & 0 \\ -4 & 2 & 4 \end{pmatrix}$ （2 次元の行列式に帰着させる方法）

［問題 5.5.2］ ある文房具を売るチェーン店は東京，京都，大阪に支店をもっている．ノート，鉛筆，ボールペンの 3 種の売上額（万円）が，東京 $= \begin{pmatrix} 3 \\ 4 \\ 2 \end{pmatrix}$，京都 $= \begin{pmatrix} 6 \\ 2 \\ 1 \end{pmatrix}$，大阪 $= \begin{pmatrix} 9 \\ 4 \\ 7 \end{pmatrix}$ であったとする．3 つの支店の商品別売上額がどの程度異なるかは，3 つのベクトルの位置関係からわかる．3 つのベクトルをまとめた次の行列式の値を求め，そこからわかることを述べよ．

$$
\begin{vmatrix} 3 & 6 & 9 \\ 4 & 2 & 4 \\ 2 & 1 & 7 \end{vmatrix}
$$

例題 5.6

次の線形変換において以下の問いに答えよ.

$$\begin{pmatrix} y_1 \\ y_2 \\ y_3 \end{pmatrix} = \begin{pmatrix} 3 & 1 & 0 \\ -2 & 5 & 4 \\ 2 & 0 & -3 \end{pmatrix} \begin{pmatrix} x_1 \\ x_2 \\ x_3 \end{pmatrix}$$

（1）　基本ベクトル $\boldsymbol{e}_1$, $\boldsymbol{e}_2$, $\boldsymbol{e}_3$ でできる体積 1 の立方体は，体積がいくつの平行六面体に移されるか.

（2）　ベクトル $\begin{pmatrix} x_1 \\ x_2 \\ x_3 \end{pmatrix}$ が体積 4 の立体図形を描くとき，ベクトル $\begin{pmatrix} y_1 \\ y_2 \\ y_3 \end{pmatrix}$ が描く立体図形の体積を求めよ.

［**解**］（1）　線形変換を表す行列の行列式の値が，求める体積である.

$$|A| = \begin{vmatrix} 3 & 1 & 0 \\ -2 & 5 & 4 \\ 2 & 0 & -3 \end{vmatrix}$$

$$= 3 \cdot 5 \cdot (-3) + (-2) \cdot 0 \cdot 0 + 2 \cdot 1 \cdot 4 - (2 \cdot 5 \cdot 0 + 3 \cdot 0 \cdot 4 + (-2) \cdot 1 \cdot (-3))$$

$$= -45 + 0 + 8 - (0 + 0 + 6) = -43, \quad \therefore \quad \text{体積は } 43$$

（2）（1）により，体積 1 の立体図形が体積 $|(-43)| = 43$ の立体に移るので，体積が 4 の立体は，体積が $4 \times 43 = 172$ の立体に移る.

◆

［**問題 5.6.1**］　次の線形変換において，以下の問いに答えよ.

$$\begin{pmatrix} y_1 \\ y_2 \\ y_3 \end{pmatrix} = \begin{pmatrix} 2 & 3 & -1 \\ 2 & 3 & 0 \\ -2 & 0 & 3 \end{pmatrix} \begin{pmatrix} x_1 \\ x_2 \\ x_3 \end{pmatrix}$$

（1）　基本ベクトル $\boldsymbol{e}_1$, $\boldsymbol{e}_2$, $\boldsymbol{e}_3$ でできる体積 1 の立方体は，体積がいくつの平行六面体に移されるか.

（2）　ベクトル $\begin{pmatrix} x_1 \\ x_2 \\ x_3 \end{pmatrix}$ が体積5の立体図形を描くとき，ベクトル $\begin{pmatrix} y_1 \\ y_2 \\ y_3 \end{pmatrix}$ が描く立体図形の体積を求めよ．

［**問題 5.6.2**］　ある電気販売店は東京，横浜，名古屋に支店をもっている．そして，冷蔵庫，洗濯機，テレビの売上数量 $\boldsymbol{x} = \begin{pmatrix} x_1 \\ x_2 \\ x_3 \end{pmatrix}$ から総売上額，総重量，総体積 $\boldsymbol{y} = \begin{pmatrix} y_1 \\ y_2 \\ y_3 \end{pmatrix}$ を定める線形変換が次のようになっているとする．

$$\begin{pmatrix} y_1 \\ y_2 \\ y_3 \end{pmatrix} = \begin{pmatrix} 3 & 5 & 9 \\ 2 & 1 & 6 \\ 8 & 9 & 2 \end{pmatrix} \begin{pmatrix} x_1 \\ x_2 \\ x_3 \end{pmatrix}$$

このとき，この線形変換に対応する行列式 $\begin{vmatrix} 3 & 5 & 9 \\ 2 & 1 & 6 \\ 8 & 9 & 2 \end{vmatrix}$ の値を求めよ．また，その値からわかることを述べよ．

第6章 複数の未知量を求める

ー連立方程式とその解法ー

たくさんのデータの中の一部が不明のとき，この不明の値を求めたいことがある．未知量や数を求めるのに有効なのが，方程式である．方程式については中学校や高等学校でも学んだことと思う．中学校で学んだ連立方程式というのは未知量や数が複数ある場合だが，いろいろな解き方があった．この章では，連立方程式をよりシステマティックに解く方法を学ぶ．

6.1 線形変換から連立1次方程式へ

はじめに，経済・経営で現れる量についての関係として，線形変換の例を思い出そう．

$$
\begin{matrix} & \text{出力} \\ \begin{matrix}\text{総売上}\\ \text{総重量}\\ \text{総体積}\end{matrix} & \begin{pmatrix} y_1\ \text{万円} \\ y_2\ \text{kg} \\ y_3\ \text{m}^3 \end{pmatrix} \end{matrix}
$$

$$
\begin{matrix} & & \text{テレビ}\quad\quad \text{洗濯機}\quad\quad \text{冷蔵庫} & & \text{入力} & \\ = & \begin{matrix}\text{単価}\\ \text{単重}\\ \text{単体}\end{matrix} & \begin{pmatrix} 4\ \text{万円/台} & 8\ \text{万円/台} & 5\ \text{万円/台} \\ 2\ \text{kg/台} & 20\ \text{kg/台} & 9\ \text{kg/台} \\ 0.1\ \text{m}^3\text{/台} & 0.4\ \text{m}^3\text{/台} & 0.2\ \text{m}^3\text{/台} \end{pmatrix} & \cdot & \begin{pmatrix} x_1\ \text{台} \\ x_2\ \text{台} \\ x_3\ \text{台} \end{pmatrix} & \begin{matrix}\text{テレビの台数}\\ \text{冷蔵庫の台数}\\ \text{洗濯機の台数}\end{matrix} \end{matrix}
$$

上の関係式において，量の具体的な単位を除き，量の大きさを表す数だけの関係（線形変換）にして掛け算をすると，次のように表せる．

$$\begin{cases} y_1 = 4x_1 + 8x_2 + 5x_3 \\ y_2 = 2x_1 + 20x_2 + 9x_3 \\ y_3 = 0.1x_1 + 0.4x_2 + 0.2x_3 \end{cases}$$

ここで例えば，総売上 y_1，総重量 y_2，総体積 y_3 がそれぞれ $y_1 = 62$，$y_2 = 108$，$y_3 = 2.5$ とわかっている場合に，次の連立方程式はどのように解いたらよいだろうか．

$$\begin{cases} 4x_1 + 8x_2 + 5x_3 = 62 \\ 2x_1 + 20x_2 + 9x_3 = 108 \\ 0.1x_1 + 0.4x_2 + 0.2x_3 = 2.5 \end{cases} \tag{6.1}$$

6.2　連立1次方程式の解を求める

この(6.1)を**連立1次方程式**とよぶが，これを解くために，ベクトルの「符号の付いた面積」（すなわち，行列式）を利用する．はじめに，3つの式をまとめて1つのベクトルで表す．

$$\begin{pmatrix} 4 \\ 2 \\ 0.1 \end{pmatrix} x_1 + \begin{pmatrix} 8 \\ 20 \\ 0.4 \end{pmatrix} x_2 + \begin{pmatrix} 5 \\ 9 \\ 0.2 \end{pmatrix} x_3 = \begin{pmatrix} 62 \\ 108 \\ 2.5 \end{pmatrix} \tag{6.2}$$

x_1 を求めるためには，x_2 と x_3 を消去すればよい．そのために，(5.9)の3つのベクトルのうち，2つのベクトルが同じなら「符号の付いた面積」はゼロになる，という性質を使う．

次のように，左辺と右辺の両方のベクトルに対して，x_2 と x_3 に付いている2つのベクトル $\begin{pmatrix} 8 \\ 20 \\ 0.4 \end{pmatrix}$ と $\begin{pmatrix} 5 \\ 9 \\ 0.2 \end{pmatrix}$ を掛けて，「符号の付いた面積」をとる．

$$\left\{\begin{pmatrix}4\\2\\0.1\end{pmatrix}x_1+\begin{pmatrix}8\\20\\0.4\end{pmatrix}x_2+\begin{pmatrix}5\\9\\0.2\end{pmatrix}x_3\right\}\wedge\begin{pmatrix}8\\20\\0.4\end{pmatrix}\wedge\begin{pmatrix}5\\9\\0.2\end{pmatrix}$$
$$=\begin{pmatrix}62\\108\\2.5\end{pmatrix}\wedge\begin{pmatrix}8\\20\\0.4\end{pmatrix}\wedge\begin{pmatrix}5\\9\\0.2\end{pmatrix}$$

これを分配法則を使って展開すると，

$$x_1\begin{pmatrix}4\\2\\0.1\end{pmatrix}\wedge\begin{pmatrix}8\\20\\0.4\end{pmatrix}\wedge\begin{pmatrix}5\\9\\0.2\end{pmatrix}+x_2\begin{pmatrix}8\\20\\0.4\end{pmatrix}\wedge\begin{pmatrix}8\\20\\0.4\end{pmatrix}\wedge\begin{pmatrix}5\\9\\0.2\end{pmatrix}$$
$$+x_3\begin{pmatrix}5\\9\\0.2\end{pmatrix}\wedge\begin{pmatrix}8\\20\\0.4\end{pmatrix}\wedge\begin{pmatrix}5\\9\\0.2\end{pmatrix}=\begin{pmatrix}62\\108\\2.5\end{pmatrix}\wedge\begin{pmatrix}8\\20\\0.4\end{pmatrix}\wedge\begin{pmatrix}5\\9\\0.2\end{pmatrix}$$

$$x_1\begin{pmatrix}4\\2\\0.1\end{pmatrix}\wedge\begin{pmatrix}8\\20\\0.4\end{pmatrix}\wedge\begin{pmatrix}5\\9\\0.2\end{pmatrix}+0+0=\begin{pmatrix}62\\108\\2.5\end{pmatrix}\wedge\begin{pmatrix}8\\20\\0.4\end{pmatrix}\wedge\begin{pmatrix}5\\9\\0.2\end{pmatrix}$$

となり，ここまでくると x_1 を求めることができる．

$$x_1=\frac{\begin{pmatrix}62\\108\\2.5\end{pmatrix}\wedge\begin{pmatrix}8\\20\\0.4\end{pmatrix}\wedge\begin{pmatrix}5\\9\\0.2\end{pmatrix}}{\begin{pmatrix}4\\2\\0.1\end{pmatrix}\wedge\begin{pmatrix}8\\20\\0.4\end{pmatrix}\wedge\begin{pmatrix}5\\9\\0.2\end{pmatrix}}=\frac{\begin{vmatrix}62&8&5\\108&20&9\\2.5&0.4&0.2\end{vmatrix}}{\begin{vmatrix}4&8&5\\2&20&9\\0.1&0.4&0.2\end{vmatrix}}=\frac{-2}{-0.4}=5$$

次に x_2 を求めるには，上で x_1 を求めたときと同じ分母になるように，

(6.2) へ左から $\begin{pmatrix}4\\2\\0.1\end{pmatrix}$ と右から $\begin{pmatrix}5\\9\\0.2\end{pmatrix}$ を掛けて，次のようになる．

$$0+x_2\begin{pmatrix}4\\2\\0.1\end{pmatrix}\wedge\begin{pmatrix}8\\20\\0.4\end{pmatrix}\wedge\begin{pmatrix}5\\9\\0.2\end{pmatrix}+0=\begin{pmatrix}4\\2\\0.1\end{pmatrix}\wedge\begin{pmatrix}62\\108\\2.5\end{pmatrix}\wedge\begin{pmatrix}5\\9\\0.2\end{pmatrix}$$

$$\therefore \quad x_2 = \frac{\begin{pmatrix} 4 \\ 2 \\ 0.1 \end{pmatrix} \wedge \begin{pmatrix} 62 \\ 108 \\ 2.5 \end{pmatrix} \wedge \begin{pmatrix} 5 \\ 9 \\ 0.2 \end{pmatrix}}{\begin{pmatrix} 4 \\ 2 \\ 0.1 \end{pmatrix} \wedge \begin{pmatrix} 8 \\ 20 \\ 0.4 \end{pmatrix} \wedge \begin{pmatrix} 5 \\ 9 \\ 0.2 \end{pmatrix}} = \frac{\begin{vmatrix} 4 & 62 & 5 \\ 2 & 108 & 9 \\ 0.1 & 2.5 & 0.2 \end{vmatrix}}{\begin{vmatrix} 4 & 8 & 5 \\ 2 & 20 & 9 \\ 0.1 & 0.4 & 0.2 \end{vmatrix}} = \frac{-1.6}{-0.4} = 4$$

最後に x_3 を求めるには，同様の方法で (6.2) へ左から $\begin{pmatrix} 4 \\ 2 \\ 0.1 \end{pmatrix}$ と $\begin{pmatrix} 8 \\ 20 \\ 0.4 \end{pmatrix}$ を掛けて，次のようになる．

$$0 + 0 + x_3 \begin{pmatrix} 4 \\ 2 \\ 0.1 \end{pmatrix} \wedge \begin{pmatrix} 8 \\ 20 \\ 0.4 \end{pmatrix} \wedge \begin{pmatrix} 5 \\ 9 \\ 0.2 \end{pmatrix} = \begin{pmatrix} 4 \\ 2 \\ 0.1 \end{pmatrix} \wedge \begin{pmatrix} 8 \\ 20 \\ 0.4 \end{pmatrix} \wedge \begin{pmatrix} 62 \\ 108 \\ 2.5 \end{pmatrix}$$

$$\therefore \quad x_3 = \frac{\begin{pmatrix} 4 \\ 2 \\ 0.1 \end{pmatrix} \wedge \begin{pmatrix} 8 \\ 20 \\ 0.4 \end{pmatrix} \wedge \begin{pmatrix} 62 \\ 108 \\ 2.5 \end{pmatrix}}{\begin{pmatrix} 4 \\ 2 \\ 0.1 \end{pmatrix} \wedge \begin{pmatrix} 8 \\ 20 \\ 0.4 \end{pmatrix} \wedge \begin{pmatrix} 5 \\ 9 \\ 0.2 \end{pmatrix}} = \frac{\begin{vmatrix} 4 & 8 & 62 \\ 2 & 20 & 108 \\ 0.1 & 0.4 & 2.5 \end{vmatrix}}{\begin{vmatrix} 4 & 8 & 5 \\ 2 & 20 & 9 \\ 0.1 & 0.4 & 0.2 \end{vmatrix}} = \frac{-0.8}{-0.4} = 2$$

したがって，連立方程式 (6.1) の解は，

$$x_1 = 5, \qquad x_2 = 4, \qquad x_3 = 2$$

となる．

6.3　連立1次方程式の解の公式

前節では，わかりやすいように係数が具体的な数値での例で説明したが，数値を一般の文字にした連立1次方程式でも同じように解を求めることができる．

例えば，未知数が2個（2元）の連立1次方程式

$$\begin{cases} a_1x_1 + b_1x_2 = d_1 \\ a_2x_1 + b_2x_2 = d_2 \end{cases} \tag{6.3}$$

の解は次のように表され，この公式は2元の場合の**クラーメルの公式**である．

$$x_1 = \frac{\begin{vmatrix} d_1 & b_1 \\ d_2 & b_2 \end{vmatrix}}{\begin{vmatrix} a_1 & b_1 \\ a_2 & b_2 \end{vmatrix}}, \qquad x_2 = \frac{\begin{vmatrix} a_1 & d_1 \\ a_2 & d_2 \end{vmatrix}}{\begin{vmatrix} a_1 & b_1 \\ a_2 & b_2 \end{vmatrix}} \tag{6.4}$$

ただし，分母がゼロでは困るので，クラーメルの公式が意味をもつのは，

$$\begin{vmatrix} a_1 & b_1 \\ a_2 & b_2 \end{vmatrix} \neq 0$$

のときだけである．

例題 6.1

次の2元連立1次方程式の解を求めよ．

$$\begin{cases} 4x_1 + 5x_2 = 23 \\ -3x_1 + 7x_2 = 15 \end{cases}$$

［**解**］ 2元のクラーメルの公式(6.4)を用いて，

$$x_1 = \frac{\begin{vmatrix} 23 & 5 \\ 15 & 7 \end{vmatrix}}{\begin{vmatrix} 4 & 5 \\ -3 & 7 \end{vmatrix}} = \frac{86}{43} = 2, \quad x_2 = \frac{\begin{vmatrix} 4 & 23 \\ -3 & 15 \end{vmatrix}}{\begin{vmatrix} 4 & 5 \\ -3 & 7 \end{vmatrix}} = \frac{129}{43} = 3$$

となる．

◆

［**問題 6.1.1**］ 次の2元連立1次方程式の解を求めよ．

$$\begin{cases} 2x_1 + 6x_2 = 31 \\ -4x_1 + 9x_2 = 24 \end{cases}$$

［**問題 6.1.2**］ ある自動車販売店がA，Bの2種類の乗用車を販売している．いま，AとBの総売上が550万円，総重量が8.3トンとわかっている場合に，AとBの販売台数 x_1，x_2 を求めよ．ただし，1台当たりの価格は，Aが70万円，Bが90万円であり，1台当たりの重量は，Aが1.1トン，Bが1.3トンである．

未知数が3個（3元）の連立1次方程式

$$\begin{cases} a_1x_1 + b_1x_2 + c_1x_3 = d_1 \\ a_2x_1 + b_2x_2 + c_2x_3 = d_2 \\ a_3x_1 + b_3x_2 + c_3x_3 = d_3 \end{cases} \tag{6.5}$$

の解は次のように表され，この公式は3元の場合の**クラーメルの公式**である．

$$x_1 = \frac{\begin{vmatrix} d_1 & b_1 & c_1 \\ d_2 & b_2 & c_2 \\ d_3 & b_3 & c_3 \end{vmatrix}}{\begin{vmatrix} a_1 & b_1 & c_1 \\ a_2 & b_2 & c_2 \\ a_3 & b_3 & c_3 \end{vmatrix}}, \quad x_2 = \frac{\begin{vmatrix} a_1 & d_1 & c_1 \\ a_2 & d_2 & c_2 \\ a_3 & d_3 & c_3 \end{vmatrix}}{\begin{vmatrix} a_1 & b_1 & c_1 \\ a_2 & b_2 & c_2 \\ a_3 & b_3 & c_3 \end{vmatrix}}, \quad x_3 = \frac{\begin{vmatrix} a_1 & b_1 & d_1 \\ a_2 & b_2 & d_2 \\ a_3 & b_3 & d_3 \end{vmatrix}}{\begin{vmatrix} a_1 & b_1 & c_1 \\ a_2 & b_2 & c_2 \\ a_3 & b_3 & c_3 \end{vmatrix}} \tag{6.6}$$

3元も2元の場合と同様に，クラーメルの公式が意味をもつのは，

$$\begin{vmatrix} a_1 & b_1 & c_1 \\ a_2 & b_2 & c_2 \\ a_3 & b_3 & c_3 \end{vmatrix} \neq 0$$

のように分母がゼロでないときだけである．

例題 6.2

次の3元連立1次方程式の解を求めよ．

$$\begin{cases} 2x_1 - 3x_2 + 5x_3 = -9 \\ 4x_1 + x_2 - x_3 = 7 \\ -x_1 + 2x_2 + 3x_3 = 0 \end{cases}$$

［**解**］　クラーメルの公式(6.6)を適用して，

$$x_1 = \frac{\begin{vmatrix} -9 & -3 & 5 \\ 7 & 1 & -1 \\ 0 & 2 & 3 \end{vmatrix}}{\begin{vmatrix} 2 & -3 & 5 \\ 4 & 1 & -1 \\ -1 & 2 & 3 \end{vmatrix}} = \frac{88}{88} = 1, \quad x_2 = \frac{\begin{vmatrix} 2 & -9 & 5 \\ 4 & 7 & -1 \\ -1 & 0 & 3 \end{vmatrix}}{\begin{vmatrix} 2 & -3 & 5 \\ 4 & 1 & -1 \\ -1 & 2 & 3 \end{vmatrix}} = \frac{176}{88} = 2$$

$$x_3 = \frac{\begin{vmatrix} 2 & -3 & -9 \\ 4 & 1 & 7 \\ -1 & 2 & 0 \end{vmatrix}}{\begin{vmatrix} 2 & -3 & 5 \\ 4 & 1 & -1 \\ -1 & 2 & 3 \end{vmatrix}} = \frac{-88}{88} = -1$$

となる．

◆

［**問題 6.2.1**］　次の 3 元連立 1 次方程式の解を求めよ．

$$\begin{cases} 3x_1 - 2x_2 + 4x_3 = -3 \\ 3x_1 + x_2 - 2x_3 = 6 \\ -2x_1 + 4x_2 + 5x_3 = 0 \end{cases}$$

例題 6.3

テレビ，冷蔵庫，洗濯機についての単価，単重，単体（1 台の製品を入れる箱の体積）が次のように定まっているとしよう．

$$\begin{array}{c} \\ \text{単価} \\ \text{単重} \\ \text{単体} \end{array} \begin{array}{c} \begin{array}{ccc} \text{テレビ} & \text{冷蔵庫} & \text{洗濯機} \end{array} \\ \begin{pmatrix} 3\,\text{万円/台} & 7\,\text{万円/台} & 4\,\text{万円/台} \\ 3\,\text{kg/台} & 18\,\text{kg/台} & 8\,\text{kg/台} \\ 0.1\,\text{m}^3\text{/台} & 0.5\,\text{m}^3\text{/台} & 0.3\,\text{m}^3\text{/台} \end{pmatrix} \end{array}$$

総売上 102 万円，総重量 218 kg，総体積 6.7 m^3 とわかっているとき，テレビの台数 x_1，冷蔵庫の台数 x_2，洗濯機の台数 x_3 を求めよ．

［**解**］　各量の具体的な単位を無視すると，次のような 3 元連立 1 次方程式に帰着される．

$$\begin{cases} 3x_1 + 7x_2 + 4x_3 = 102 \\ 3x_1 + 18x_2 + 8x_3 = 218 \\ 0.1x_1 + 0.5x_2 + 0.3x_3 = 6.7 \end{cases}$$

これにクラーメルの公式 (6.6) を用いれば，次のような解が得られる．

$$x_1 = \frac{\begin{vmatrix} 102 & 7 & 4 \\ 218 & 18 & 8 \\ 6.7 & 0.5 & 0.3 \end{vmatrix}}{\begin{vmatrix} 3 & 7 & 4 \\ 3 & 18 & 8 \\ 0.1 & 0.5 & 0.3 \end{vmatrix}} = \frac{13.8}{2.3} = 6, \qquad x_2 = \frac{\begin{vmatrix} 3 & 102 & 4 \\ 3 & 218 & 8 \\ 0.2 & 6.7 & 0.3 \end{vmatrix}}{\begin{vmatrix} 3 & 7 & 4 \\ 3 & 18 & 8 \\ 0.1 & 0.5 & 0.3 \end{vmatrix}} = \frac{18.4}{2.3} = 8$$

$$x_3 = \frac{\begin{vmatrix} 3 & 7 & 102 \\ 3 & 18 & 218 \\ 0.2 & 0.5 & 6.7 \end{vmatrix}}{\begin{vmatrix} 3 & 7 & 4 \\ 3 & 18 & 8 \\ 0.1 & 0.5 & 0.3 \end{vmatrix}} = \frac{16.1}{2.3} = 7$$

したがって，テレビの台数6，冷蔵庫の台数8，洗濯機の台数7が求める答えである．

◆

［**問題 6.3.1**］　テレビ，冷蔵庫，洗濯機についての単価，単重，単体が次のように定まっているとしよう．

	テレビ	冷蔵庫	洗濯機
単価	4万円/台	6万円/台	3万円/台
単重	2 kg/台	14 kg/台	5 kg/台
単体	0.15 m^3/台	0.56 m^3/台	0.38 m^3/台

総売上43万円，総重量61 kg，総体積3.62 m^3 とわかっているとき，テレビの台数 x_1，冷蔵庫の台数 x_2，洗濯機の台数 x_3 を求めよ．

6.4　ガウスの消去法

クラーメルの公式を使わずに未知数が3つの方程式（3元連立1次方程式）を解くには，まず最初に未知数を2つに減らし，次に1つに減らせばよい．中学校や高等学校ではその場その場で解き方を考えていたと思うが，その方法を体系的にし，同じ方法で機械的に解が求められるアルゴリズム（計算手順）が，これから述べるガウスの消去法である．

次の例で，そのアルゴリズムをみてみよう．

$$\begin{cases} x + 2y - z = 4 & \cdots① \\ -x + 3y + 2z = 15 & \cdots② \\ 2x - y + 3z = 13 & \cdots③ \end{cases} \tag{6.7}$$

連立方程式の解を求めるというのは，最終的に $x = \boxed{a}$，$y = \boxed{b}$，$z = \boxed{c}$ と表すことである．つまり，

$$\begin{cases} x + 2y - z = 4 \\ -x + 3y + 2z = 15 \\ 2x - y + 3z = 13 \end{cases} \Longrightarrow \begin{cases} 1x + 0y + 0z = \boxed{a} \\ 0x + 1y + 0z = \boxed{b} \\ 0x + 0y + 1z = \boxed{c} \end{cases}$$

のように，左の連立方程式を右のように最終的に変形できれば，解が求められたことになる．

解が求まるまでの変形の手順のアウトラインを先に示しておこう．

$$\boxed{\text{スタート}} \begin{cases} x + 2y - z = 4 \\ -x + 3y + 2z = 15 \\ 2x - y + 3z = 13 \end{cases} \Longrightarrow \begin{cases} 1x + ?y + ?z = ? \\ 0x + ?y + ?z = ? \\ 0x + ?y + ?z = ? \end{cases}$$

$$\Longrightarrow \begin{cases} 1x + 0y + ?z = ? \\ 0x + 1y + ?z = ? \\ 0x + 0y + ?z = ? \end{cases} \Longrightarrow \begin{cases} 1x + 0y + 0z = ? \\ 0x + 1y + 0z = ? \\ 0x + 0y + 1z = ? \end{cases} \boxed{\text{ゴール}}$$

このような変形の具体的な手順は，左上から右下への対角線上の x，y，z の係数を 1 に変形し，それを何倍かして他の行に加えるというものである．

それぞれの矢印の上に具体的な変形の方式を記入していくと，次のようになる．

$$\begin{cases} x + 2y - z = 4 & \cdots① \\ -x + 3y + 2z = 15 & \cdots② \\ 2x - y + 3z = 13 & \cdots③ \end{cases} \underset{③ + ① \times (-2)}{\overset{② + ①}{\Longrightarrow}} \begin{cases} 1x + 2y - z = 4 & \cdots① \\ 0x + 5y + 1z = 19 & \cdots② \\ 0x - 5y + 5z = 5 & \cdots③ \end{cases}$$

$$\overset{②\times\frac{1}{5}}{\Longrightarrow}\quad\begin{cases} 1x+2y-z=4 & \cdots① \\ 0x+1y+\dfrac{1}{5}z=\dfrac{19}{5} & \cdots② \\ 0x-5y+5z=5 & \cdots③ \end{cases}$$

$$\begin{matrix} ①+②\times(-2) \\ \Longrightarrow \\ ③+②\times 5 \end{matrix}\quad\begin{cases} 1x+0y-\dfrac{7}{5}z=-\dfrac{18}{5} & \cdots① \\ 0x+1y+\dfrac{1}{5}z=\dfrac{19}{5} & \cdots② \\ 0x+0y+6z=24 & \cdots③ \end{cases}$$

$$\overset{③\times\frac{1}{6}}{\Longrightarrow}\quad\begin{cases} 1x+0y-\dfrac{7}{5}z=-\dfrac{18}{5} & \cdots① \\ 0x+1y+\dfrac{1}{5}z=\dfrac{19}{5} & \cdots② \\ 0x+0y+1z=4 & \cdots③ \end{cases}$$

$$\begin{matrix} ①+③\times\dfrac{7}{5} \\ \Longrightarrow \\ ②+③\times\left(-\dfrac{1}{5}\right) \end{matrix}\quad\begin{cases} 1x+0y+0z=2 & \cdots① \\ 0x+1y+0z=3 & \cdots② \\ 0x+0y+1z=4 & \cdots③ \end{cases}$$

したがって，解は次のようになる．

$$x=2,\qquad y=3,\qquad z=4$$

以上のような解き方を，**ガウスの消去法**という．ガウスの本名はヨハン・カール・フリードリッヒ・ガウス（Johann Karl Friedrich Gauss, 1777-1855）といい，19 世紀最大の数学者の一人である．天文学者，物理学者としても有名で，彼の名前の付いた，「ガウスの…」という定理は多数ある．

例題 6.4

次の連立 1 次方程式をガウスの消去法で解け．

$$\begin{cases} x+2y+z=2 \\ x+4y+3z=2 \\ -x+y+7z=3 \end{cases}$$

［解］

$$\begin{cases} 1x+2y+1z=2 & \cdots① \\ 1x+4y+3z=2 & \cdots② \\ -1x+1y+7z=3 & \cdots③ \end{cases} \underset{③+①\times 1}{\overset{②+①\times(-1)}{\Longrightarrow}} \begin{cases} 1x+2y+1z=2 & \cdots① \\ 0x+2y+2z=0 & \cdots② \\ 0x+3y+8z=5 & \cdots③ \end{cases}$$

$$\overset{②\times\frac{1}{2}}{\Longrightarrow} \begin{cases} 1x+2y+1z=2 & \cdots① \\ 0x+1y+1z=0 & \cdots② \\ 0x+3y+8z=5 & \cdots③ \end{cases}$$

$$\underset{③+②\times(-3)}{\overset{①+②\times(-2)}{\Longrightarrow}} \begin{cases} 1x+0y-1z=2 & \cdots① \\ 0x+1y+1z=0 & \cdots② \\ 0x+0y+5z=5 & \cdots③ \end{cases}$$

$$\overset{③\times\frac{1}{5}}{\Longrightarrow} \begin{cases} 1x+0y-1z=2 & \cdots① \\ 0x+1y+1z=0 & \cdots② \\ 0x+0y+1z=1 & \cdots③ \end{cases}$$

$$\underset{②+③\times(-1)}{\overset{①+③\times 1}{\Longrightarrow}} \begin{cases} 1x+0y+0z=3 & \cdots① \\ 0x+1y+0z=-1 & \cdots② \\ 0x+0y+1z=1 & \cdots③ \end{cases}$$

したがって，解は次のようになる．

$$x=3, \qquad y=-1, \qquad z=1$$

◆

［問題 6.4.1］ 次の連立 1 次方程式をガウスの消去法で解け．

$$\begin{cases} x+2y=4 \\ 2x+5y=9 \end{cases}$$

［問題 6.4.2］ 次の連立 1 次方程式をガウスの消去法で解け．

$$\begin{cases} x+2y+3z=5 \\ x+3y+5z=7 \\ -2x+3y+z=4 \end{cases}$$

［**問題 6.4.3**］ 小型テレビ，冷蔵庫，洗濯機についての単価，単重，単体が次のように定まっているとしよう．

$$\begin{array}{c} \\ 単価 \\ 単重 \\ 単体 \end{array}\begin{array}{c} \begin{array}{ccc} 小型テレビ & 冷蔵庫 & 洗濯機 \end{array} \\ \begin{pmatrix} 1\,万円/台 & 6\,万円/台 & 4\,万円/台 \\ 2\,\mathrm{kg}/台 & 20\,\mathrm{kg}/台 & 10\,\mathrm{kg}/台 \\ 0.1\,\mathrm{m}^3/台 & 0.4\,\mathrm{m}^3/台 & 0.3\,\mathrm{m}^3/台 \end{pmatrix}\end{array}$$

総売上 36 万円，総重量 104 kg，総体積 $2.6\,\mathrm{m}^3$ とわかっているとき，小型テレビの台数，冷蔵庫の台数，洗濯機の台数を，ガウスの消去法で求めよ．

6.5　行列の基本変形

ガウスの消去法によって連立1次方程式を解いている過程を観察すると，x, y, z は変化せずに，変化しているのは係数の数字だけであることに気がつく．つまり，係数だけを集めた行列での変形を考えても同じということになる．

例えば，例題 6.4 では，

$$\left(\begin{array}{ccc|c} 1 & 2 & 1 & 2 \\ 1 & 4 & 3 & 2 \\ -1 & 1 & 7 & 3 \end{array}\right) \Longrightarrow \left(\begin{array}{ccc|c} 1 & 2 & 1 & 2 \\ 0 & 2 & 2 & 0 \\ 0 & 3 & 8 & 5 \end{array}\right) \Longrightarrow \left(\begin{array}{ccc|c} 1 & 2 & 1 & 2 \\ 0 & 1 & 1 & 0 \\ 0 & 3 & 8 & 5 \end{array}\right)$$

$$\Longrightarrow \left(\begin{array}{ccc|c} 1 & 0 & -1 & 2 \\ 0 & 1 & 1 & 0 \\ 0 & 0 & 5 & 5 \end{array}\right) \Longrightarrow \left(\begin{array}{ccc|c} 1 & 0 & -1 & 2 \\ 0 & 1 & 1 & 0 \\ 0 & 0 & 1 & 1 \end{array}\right) \Longrightarrow \left(\begin{array}{ccc|c} 1 & 0 & 0 & 3 \\ 0 & 1 & 0 & -1 \\ 0 & 0 & 1 & 1 \end{array}\right)$$

のように方程式の各係数を並べてできる最初の行列が最後の行列（単位行列）に変形できればよいことになる．なお，行列の中の縦線から右の1列は，連立方程式でいえば ＝（イコール）から右の部分の各値を表している．

以上の変形の他に，連立方程式の場合は2つの行を入れ替えても解に変化はないので，行列の方でも行の交換を加え，次の (1)～(3) の操作を**行列の基本変形**という．

(1)　2つの行を入れ替える．

(2)　ある行に，ゼロでないある数を掛ける．

(3) ある行に，他の行の何倍かを加える．

なお，これらの操作によって行列はどんどん変化していくのであるが，対応する連立1次方程式の解には変化がない．

ここまでのことを踏まえ，行列の基本変形を用いて，(6.7) の連立1次方程式を解いてみると，

$$\left(\begin{array}{ccc|c} 1 & 2 & -1 & 4 \\ -1 & 3 & 2 & 15 \\ 2 & -1 & 3 & 13 \end{array}\right) \underset{③+①\times(-2)}{\overset{②+①}{\Longrightarrow}} \left(\begin{array}{ccc|c} 1 & 2 & -1 & 4 \\ 0 & 5 & 1 & 19 \\ 0 & -5 & 5 & 5 \end{array}\right)$$

$$\overset{②\times\frac{1}{5}}{\Longrightarrow} \left(\begin{array}{ccc|c} 1 & 2 & -1 & 4 \\ 0 & 1 & \frac{1}{5} & \frac{19}{5} \\ 0 & -5 & 5 & 5 \end{array}\right) \underset{③+②\times 5}{\overset{①+②\times(-2)}{\Longrightarrow}} \left(\begin{array}{ccc|c} 1 & 0 & -\frac{7}{5} & -\frac{18}{5} \\ 0 & 1 & \frac{1}{5} & \frac{19}{5} \\ 0 & 0 & 6 & 24 \end{array}\right)$$

$$\overset{③\times\frac{1}{6}}{\Longrightarrow} \left(\begin{array}{ccc|c} 1 & 0 & -\frac{7}{5} & -\frac{18}{5} \\ 0 & 1 & \frac{1}{5} & \frac{19}{5} \\ 0 & 0 & 1 & 4 \end{array}\right) \underset{②+③\times\left(-\frac{1}{5}\right)}{\overset{①+③\times\frac{7}{5}}{\Longrightarrow}} \left(\begin{array}{ccc|c} 1 & 0 & 0 & 2 \\ 0 & 1 & 0 & 3 \\ 0 & 0 & 1 & 4 \end{array}\right)$$

となり，4列目（縦線の右）のベクトルが連立方程式の解になっている．なお，ガウスの消去法は，2元連立1次方程式の場合も同じである．

例題 6.5

次の連立1次方程式を，行列の基本変形を用いて解け．

$$\begin{cases} x + 2y = 4 & \cdots ① \\ -2x + y = -3 & \cdots ② \end{cases}$$

［解］

$$\left(\begin{array}{cc|c} 1 & 2 & 4 \\ -2 & 1 & -3 \end{array}\right) \overset{②+①\times 2}{\Longrightarrow} \left(\begin{array}{cc|c} 1 & 2 & 4 \\ 0 & 5 & 5 \end{array}\right)$$

$$\overset{②\times\frac{1}{5}}{\Longrightarrow} \left(\begin{array}{cc|c} 1 & 2 & 4 \\ 0 & 1 & 1 \end{array}\right) \overset{①+②\times(-2)}{\Longrightarrow} \left(\begin{array}{cc|c} 1 & 0 & 2 \\ 0 & 1 & 1 \end{array}\right)$$

よって，求める連立1次方程式の解は次のようになる．

$$x = 2, \qquad y = 1$$

◆

[**問題 6.5.1**]　次の連立1次方程式を，行列の基本変形を用いて解け．

$$\begin{cases} x + 5y = 6 \\ -3x + 7y = 4 \end{cases}$$

[**問題 6.5.2**]　ある2つの商品A，Bの売上数量 x，y について，次の関係が成り立っているとする．

$$\begin{cases} x + 4y = 9 \\ -2x + 5y = 8 \end{cases}$$

この関係から，行列の基本変形を用いて，A，Bの売上数量 x，y を求めよ．

例題 6.6

次の連立1次方程式を，行列の基本変形を用いて解け．

$$\begin{cases} x + 3y - z = 3 & \cdots ① \\ -2x - y + 4z = -10 & \cdots ② \\ 3x + y + 2z = -1 & \cdots ③ \end{cases}$$

[**解**]

$$\left(\begin{array}{ccc|c} 1 & 3 & -1 & 3 \\ -2 & -1 & 4 & -10 \\ 3 & 1 & 2 & -1 \end{array}\right) \underset{③ + ① \times (-3)}{\overset{② + ① \times 2}{\Longrightarrow}} \left(\begin{array}{ccc|c} 1 & 3 & -1 & 3 \\ 0 & 5 & 2 & -4 \\ 0 & -8 & 5 & -10 \end{array}\right)$$

$$\overset{② \times \frac{1}{5}}{\Longrightarrow} \left(\begin{array}{ccc|c} 1 & 3 & -1 & 3 \\ 0 & 1 & \frac{2}{5} & -\frac{4}{5} \\ 0 & -8 & 5 & -10 \end{array}\right) \underset{③ + ② \times 8}{\overset{① + ② \times (-3)}{\Longrightarrow}} \left(\begin{array}{ccc|c} 1 & 0 & -\frac{11}{5} & \frac{27}{5} \\ 0 & 1 & \frac{2}{5} & -\frac{4}{5} \\ 0 & 0 & \frac{41}{5} & -\frac{82}{5} \end{array}\right)$$

$$\overset{③ \times \frac{5}{41}}{\Longrightarrow} \left(\begin{array}{ccc|c} 1 & 0 & -\frac{11}{5} & \frac{27}{5} \\ 0 & 1 & \frac{2}{5} & -\frac{4}{5} \\ 0 & 0 & 1 & -2 \end{array}\right) \underset{② + ③ \times \left(-\frac{2}{5}\right)}{\overset{① + ③ \times \frac{11}{5}}{\Longrightarrow}} \left(\begin{array}{ccc|c} 1 & 0 & 0 & 1 \\ 0 & 1 & 0 & 0 \\ 0 & 0 & 1 & -2 \end{array}\right)$$

よって，求める連立 1 次方程式の解は次のようになる．

$$x = 1, \qquad y = 0, \qquad z = -2$$

◆

［**問題 6.6.1**］　次の連立 1 次方程式を，行列の基本変形を用いて解け．

$$\begin{cases} x + 2y - 3z = 0 \\ -3x - y + 5z = 1 \\ 2x + y + 2z = 5 \end{cases}$$

［**問題 6.6.2**］　ある 3 つの商品 A，B，C の売上数量 x，y，z について，次の関係が成り立っているとする．

$$\begin{cases} x - 3y + z = -2 \\ -2x + y - 3z = -8 \\ 3x - y - z = 2 \end{cases}$$

この関係から，行列の基本変形を用いて，A，B，C の売上数量 x，y，z を求めよ．

「1台5万円」の逆は1万円で何台買えるかという量，すなわち「$\frac{1}{5}$ 台/万円」である．これを利用すると，1台5万円のテレビを何台か（x 台）買って15万円になったとき，つまり

$$5\text{万円/台} \times x\text{台} = 15\text{万円}$$

のとき，5万円/台の逆数である $\frac{1}{5}$ 台/万円を両辺に掛けることで

$$\frac{1}{5}\text{台/万円} \times 5\text{万円/台} \times x\text{台} = \frac{1}{5}\text{台/万円} \times 15\text{万円}$$

$$x\text{台} = 3\text{台}$$

が求められる．この章では，この考え方を行列にも応用した，逆行列について述べる．

7.1　逆行列の概念

中学校で学んだ1次方程式，例えば $2x = 3$ を解くには，両辺に $\frac{1}{2}$（2の**逆数**）を掛けて，$\frac{1}{2} \times 2 \times x = \frac{1}{2} \times 3$ とし，$\frac{1}{2} \times 2 = 1$ であることから $x = \frac{3}{2}$ と求めることができた．

数 a の逆数とは，a と掛けて単位数の 1 になる数のことであり，a の逆数は a^{-1} と表す $\left(a^{-1}=\dfrac{1}{a}\right)$. この考え方を，行列の掛け算にも拡張する.

行列の**単位行列**は，次のような行列であった．ここでは，2 次元と 3 次元の単位行列を示す.

$$E=\begin{pmatrix}1 & 0\\ 0 & 1\end{pmatrix},\qquad E=\begin{pmatrix}1 & 0 & 0\\ 0 & 1 & 0\\ 0 & 0 & 1\end{pmatrix} \tag{7.1}$$

この単位行列を用いると，行列 A の逆行列とは，$AX=E$ となるような行列 X のことであり，これを A^{-1} と表す.

いま，行列を一般的に表して，

$$A=\begin{pmatrix}a_{11} & a_{12} & a_{13}\\ a_{21} & a_{22} & a_{23}\\ a_{31} & a_{32} & a_{33}\end{pmatrix}$$

とし，この行列の逆行列を次のようにおく.

$$X=\begin{pmatrix}x_1 & x_2 & x_3\\ y_1 & y_2 & y_3\\ z_1 & z_2 & z_3\end{pmatrix}$$

このとき，$AX=E$ は

$$\begin{pmatrix}a_{11} & a_{12} & a_{13}\\ a_{21} & a_{22} & a_{23}\\ a_{31} & a_{32} & a_{33}\end{pmatrix}\begin{pmatrix}x_1 & x_2 & x_3\\ y_1 & y_2 & y_3\\ z_1 & z_2 & z_3\end{pmatrix}=\begin{pmatrix}1 & 0 & 0\\ 0 & 1 & 0\\ 0 & 0 & 1\end{pmatrix}$$

となる．この行列の掛け算を実行すると

$$\begin{cases}a_{11}x_1+a_{12}y_1+a_{13}z_1=1\\ a_{21}x_1+a_{22}y_1+a_{23}z_1=0\\ a_{31}x_1+a_{32}y_1+a_{33}z_1=0\end{cases} \tag{7.2}$$

$$\begin{cases}a_{11}x_2+a_{12}y_2+a_{13}z_2=0\\ a_{21}x_2+a_{22}y_2+a_{23}z_2=1\\ a_{31}x_2+a_{32}y_2+a_{33}z_2=0\end{cases} \tag{7.3}$$

$$\begin{cases} a_{11}x_3 + a_{12}y_3 + a_{13}z_3 = 0 \\ a_{21}x_3 + a_{22}y_3 + a_{23}z_3 = 0 \\ a_{31}x_3 + a_{32}y_3 + a_{33}z_3 = 1 \end{cases} \tag{7.4}$$

となり，逆行列 X を求めるには，この3つの連立1次方程式を解くことになる．そして，前章で学んだように，連立1次方程式を解くには，クラーメルの公式を使う方法とガウスの消去法（行列の基本変形）を使う方法があるので，順に解説する．

7.2　逆行列の求め方 (1)

この節では，クラーメルの公式(6.6)を使って(7.2)，(7.3)，(7.4)を求めてみよう．係数の行列を

$$A = \begin{pmatrix} a_{11} & a_{12} & a_{13} \\ a_{21} & a_{22} & a_{23} \\ a_{31} & a_{32} & a_{33} \end{pmatrix}$$

とし，行列 A の i 行目と j 列目を除いたという意味の行列を A_{ij} と表すと，(7.2)の解は次のようになる．

$$x_1 = \frac{\begin{vmatrix} 1 & a_{12} & a_{13} \\ 0 & a_{22} & a_{23} \\ 0 & a_{32} & a_{33} \end{vmatrix}}{\begin{vmatrix} a_{11} & a_{12} & a_{13} \\ a_{21} & a_{22} & a_{23} \\ a_{31} & a_{32} & a_{33} \end{vmatrix}} = \frac{\begin{vmatrix} a_{22} & a_{23} \\ a_{32} & a_{33} \end{vmatrix}}{|A|}$$

$$= \frac{|A_{11}|}{|A|}$$

$$y_1 = \frac{\begin{vmatrix} a_{11} & 1 & a_{13} \\ a_{21} & 0 & a_{23} \\ a_{31} & 0 & a_{33} \end{vmatrix}}{|A|} = \frac{-\begin{vmatrix} 1 & a_{11} & a_{13} \\ 0 & a_{21} & a_{23} \\ 0 & a_{31} & a_{33} \end{vmatrix}}{|A|}$$

$$= -\frac{|A_{12}|}{|A|}$$

$$z_1 = \frac{\begin{vmatrix} a_{11} & a_{12} & 1 \\ a_{21} & a_{22} & 0 \\ a_{31} & a_{32} & 0 \end{vmatrix}}{|A|} = \frac{-\begin{vmatrix} a_{11} & 1 & a_{12} \\ a_{21} & 0 & a_{22} \\ a_{31} & 0 & a_{33} \end{vmatrix}}{|A|} = \frac{(-1)^2\begin{vmatrix} 1 & a_{11} & a_{12} \\ 0 & a_{21} & a_{22} \\ 0 & a_{31} & a_{32} \end{vmatrix}}{|A|}$$

$$= (-1)^2\frac{|A_{13}|}{|A|}$$

残り 2 つの連立方程式 (7.3)，(7.4) も同様にして解くと，次のような結果になる．

$$x_2 = (-1)^1\frac{|A_{21}|}{|A|}, \qquad y_2 = (-1)^2\frac{|A_{22}|}{|A|}, \qquad z_2 = (-1)^3\frac{|A_{23}|}{|A|}$$

$$x_3 = (-1)^2\frac{|A_{31}|}{|A|}, \qquad y_3 = (-1)^3\frac{|A_{32}|}{|A|}, \qquad z_3 = (-1)^4\frac{|A_{33}|}{|A|}$$

ここで，符号まで含めて $\Delta_{ij} = (-1)^{i+j-2}|A_{ij}| = (-1)^{i+j}|A_{ij}|$ とおくと次のようにまとめられ，Δ_{ij} を A の**余因子**とよぶ．

$$\begin{pmatrix} x_1 & y_1 & z_1 \\ x_2 & y_2 & z_2 \\ x_3 & y_3 & z_3 \end{pmatrix} = A^{-1} = \frac{1}{|A|}\begin{pmatrix} \Delta_{11} & \Delta_{21} & \Delta_{31} \\ \Delta_{12} & \Delta_{22} & \Delta_{32} \\ \Delta_{13} & \Delta_{23} & \Delta_{33} \end{pmatrix} \qquad (7.5)$$

これが，クラーメルの公式 (6.6) を用いて求めた逆行列の公式であると同時に，連立方程式の解にもなっている．余因子の添数が普通と逆で，縦の番号と横の番号が逆になっていることに注意しよう．また，分母すなわち $|A|$ の値がゼロの場合は使えず，逆行列は存在しないことになる．なお，逆行列の求め方は 2 行 2 列の行列でも同じである．

例題 7.1

次の行列 A の逆行列 A^{-1} を求めよ．

$$A = \begin{pmatrix} a & c \\ b & d \end{pmatrix}$$

［**解**］ A の余因子を求めると，

$$\Delta_{11} = (-1)^{1+1}|A_{11}| = d, \qquad \Delta_{12} = (-1)^{1+2}|A_{12}| = -b$$

$$\Delta_{21} = (-1)^{2+1}|A_{21}| = -c, \qquad \Delta_{22} = (-1)^{2+2}|A_{22}| = a$$

となるので,

$$A^{-1} = \frac{1}{|A|}\begin{pmatrix} d & -c \\ -b & a \end{pmatrix} = \frac{1}{ad - bc}\begin{pmatrix} d & -c \\ -b & a \end{pmatrix}$$

となる.

結果をみるとわかるように, a と d を入れ替え, b と c の符号を反対にすればよい. 2行2列の行列の逆行列は, これを公式として使うと便利である.

◆

例題 7.2

次の行列 A の逆行列 A^{-1} を求めよ.

$$A = \begin{pmatrix} 4 & 7 \\ -3 & 8 \end{pmatrix}$$

[**解**]　$A^{-1} = \dfrac{1}{|A|}\begin{pmatrix} \Delta_{11} & \Delta_{21} \\ \Delta_{12} & \Delta_{22} \end{pmatrix} = \dfrac{1}{32 + 21}\begin{pmatrix} 8 & -7 \\ 3 & 4 \end{pmatrix} = \dfrac{1}{53}\begin{pmatrix} 8 & -7 \\ 3 & 4 \end{pmatrix}$

◆

[**問題 7.2.1**]　次の行列 A の逆行列 A^{-1} を求めよ.

$$A = \begin{pmatrix} 2 & 6 \\ -2 & 5 \end{pmatrix}$$

[**問題 7.2.2**]　テレビ, 冷蔵庫の単価と単重を表す行列

$$A = \begin{pmatrix} 5 & 4 \\ 3 & 2 \end{pmatrix}$$

の逆行列 A^{-1} を求めよ.

例題 7.3

次の行列 A の逆行列 A^{-1} を求めよ.

$$A = \begin{pmatrix} 2 & 4 & 6 \\ 3 & 0 & 7 \\ 1 & 5 & 8 \end{pmatrix}$$

［**解**］ 行列 A の余因子をすべて求める．

$$\Delta_{11} = (-1)^{1+1}\begin{vmatrix} 0 & 7 \\ 5 & 8 \end{vmatrix} = -35, \qquad \Delta_{12} = (-1)^{1+2}\begin{vmatrix} 3 & 7 \\ 1 & 8 \end{vmatrix} = -17$$

$$\Delta_{13} = (-1)^{1+3}\begin{vmatrix} 3 & 0 \\ 1 & 5 \end{vmatrix} = 15, \qquad \Delta_{21} = (-1)^{2+1}\begin{vmatrix} 4 & 6 \\ 5 & 8 \end{vmatrix} = -2$$

$$\Delta_{22} = (-1)^{2+2}\begin{vmatrix} 2 & 6 \\ 1 & 8 \end{vmatrix} = 10, \qquad \Delta_{23} = (-1)^{2+3}\begin{vmatrix} 2 & 4 \\ 1 & 5 \end{vmatrix} = -6$$

$$\Delta_{31} = (-1)^{3+1}\begin{vmatrix} 4 & 6 \\ 0 & 7 \end{vmatrix} = 28, \qquad \Delta_{32} = (-1)^{3+2}\begin{vmatrix} 2 & 6 \\ 3 & 7 \end{vmatrix} = 4$$

$$\Delta_{33} = (-1)^{1+1}\begin{vmatrix} 2 & 4 \\ 3 & 0 \end{vmatrix} = -12$$

また，行列 A の行列式 $|A|$ の値は -48 であるから，逆行列 A^{-1} は次のように求められる．

$$A^{-1} = \frac{1}{|A|}\begin{pmatrix} \Delta_{11} & \Delta_{21} & \Delta_{31} \\ \Delta_{12} & \Delta_{22} & \Delta_{32} \\ \Delta_{13} & \Delta_{23} & \Delta_{33} \end{pmatrix} = \frac{1}{-48}\begin{pmatrix} -35 & -2 & 28 \\ -17 & 10 & 4 \\ 15 & -6 & -12 \end{pmatrix}$$

◆

［**問題 7.3.1**］ 次の行列 A の逆行列 A^{-1} を求めよ．

$$A = \begin{pmatrix} 4 & 3 & -5 \\ 0 & 2 & 4 \\ -1 & 6 & 2 \end{pmatrix}$$

［**問題 7.3.2**］ テレビ，冷蔵庫，洗濯機の単価，単体，単重の，1 年前との比較を表す，次の行列 A の逆行列 A^{-1} を求めよ．

$$A = \begin{pmatrix} 3 & -4 & 5 \\ 2 & 0 & -3 \\ 1 & 4 & 5 \end{pmatrix}$$

7.3　逆行列の求め方（2）

この節では，逆行列を求めるもう 1 つの方法である，ガウスの消去法（この方法は，行列の基本変形によることになる）を使って求めてみよう．

まず，最初の連立方程式 (7.2)

$$\begin{cases} a_{11}x_1 + a_{12}y_1 + a_{13}z_1 = 1 \\ a_{21}x_1 + a_{22}y_1 + a_{23}z_1 = 0 \\ a_{31}x_1 + a_{32}y_1 + a_{33}z_1 = 0 \end{cases}$$

について，ガウスの消去法では，対応する行列を基本変形していけばよい．

$$\left(\begin{array}{ccc|c} a_{11} & a_{12} & a_{13} & 1 \\ a_{21} & a_{22} & a_{23} & 0 \\ a_{31} & a_{32} & a_{33} & 0 \end{array}\right) \Longrightarrow \left(\begin{array}{ccc|c} 1 & 0 & 0 & x_1 \\ 0 & 1 & 0 & y_1 \\ 0 & 0 & 1 & z_1 \end{array}\right)$$

残り2つの連立方程式 (7.3)，(7.4) も同様に求められる．

$$\left(\begin{array}{ccc|c} a_{11} & a_{12} & a_{13} & 0 \\ a_{21} & a_{22} & a_{23} & 1 \\ a_{31} & a_{32} & a_{33} & 0 \end{array}\right) \Longrightarrow \left(\begin{array}{ccc|c} 1 & 0 & 0 & x_2 \\ 0 & 1 & 0 & y_2 \\ 0 & 0 & 1 & z_2 \end{array}\right)$$

$$\left(\begin{array}{ccc|c} a_{11} & a_{12} & a_{13} & 0 \\ a_{21} & a_{22} & a_{23} & 0 \\ a_{31} & a_{32} & a_{33} & 1 \end{array}\right) \Longrightarrow \left(\begin{array}{ccc|c} 1 & 0 & 0 & x_3 \\ 0 & 1 & 0 & y_3 \\ 0 & 0 & 1 & z_3 \end{array}\right)$$

この3つの基本変形で注目すべきは，3行3列の部分が同じなので，3つとも基本変形の手順が同じということである．それならば，3回同じことをやらなくても，次のように3つを同時に基本変形していけばよいのである．

$$\left(\begin{array}{ccc|ccc} a_{11} & a_{12} & a_{13} & 1 & 0 & 0 \\ a_{21} & a_{22} & a_{23} & 0 & 1 & 0 \\ a_{31} & a_{32} & a_{33} & 0 & 0 & 1 \end{array}\right) \Longrightarrow \left(\begin{array}{ccc|ccc} 1 & 0 & 0 & x_1 & x_2 & x_3 \\ 0 & 1 & 0 & y_1 & y_2 & y_3 \\ 0 & 0 & 1 & z_1 & z_2 & z_3 \end{array}\right) \qquad (7.6)$$

つまり，元の行列 A が単位行列になるように基本変形していったときに，同じ操作を右側の単位行列に施した結果として得られるのが連立方程式の解であり，解がつくる行列が，逆行列ということになる．

例題 7.4

次の行列 A の逆行列 A^{-1} を，ガウスの消去法（行列の基本変形）により求めよ．

$$A = \begin{pmatrix} 1 & 2 & -1 \\ -1 & 3 & 2 \\ 2 & -1 & 3 \end{pmatrix}$$

［**解**］ 行列 A の右側に単位行列を付け加えて基本変形をしていく．また，この行列の各行を上から順に①，②，③と名付けることにする．

$$\left(\begin{array}{ccc|ccc} 1 & 2 & -1 & 1 & 0 & 0 \\ -1 & 3 & 2 & 0 & 1 & 0 \\ 2 & -1 & 3 & 0 & 0 & 1 \end{array}\right)$$

$$\underset{③+①\times(-2)}{\overset{②+①}{\Longrightarrow}} \left(\begin{array}{ccc|ccc} 1 & 2 & -1 & 1 & 0 & 0 \\ 0 & 5 & 1 & 1 & 1 & 0 \\ 0 & -5 & 5 & -2 & 0 & 1 \end{array}\right)$$

$$\overset{②\times\frac{1}{5}}{\Longrightarrow} \left(\begin{array}{ccc|ccc} 1 & 2 & -1 & 1 & 0 & 0 \\ 0 & 1 & \frac{1}{5} & \frac{1}{5} & \frac{1}{5} & 0 \\ 0 & -5 & 5 & -2 & 0 & 1 \end{array}\right)$$

$$\underset{③+②\times 5}{\overset{①+②\times(-2)}{\Longrightarrow}} \left(\begin{array}{ccc|ccc} 1 & 0 & -\frac{7}{5} & \frac{3}{5} & -\frac{2}{5} & 0 \\ 0 & 1 & \frac{1}{5} & \frac{1}{5} & \frac{1}{5} & 0 \\ 0 & 0 & 6 & -1 & 1 & 1 \end{array}\right)$$

$$\overset{③\times\frac{1}{6}}{\Longrightarrow} \left(\begin{array}{ccc|ccc} 1 & 0 & -\frac{7}{5} & \frac{3}{5} & -\frac{2}{5} & 0 \\ 0 & 1 & \frac{1}{5} & \frac{1}{5} & \frac{1}{5} & 0 \\ 0 & 0 & 1 & -\frac{1}{6} & \frac{1}{6} & \frac{1}{6} \end{array}\right)$$

$$\underset{②+③\times\left(-\frac{1}{5}\right)}{\overset{①+③\times\frac{7}{5}}{\Longrightarrow}} \left(\begin{array}{ccc|ccc} 1 & 0 & 0 & \frac{11}{30} & -\frac{1}{6} & \frac{7}{30} \\ 0 & 1 & 0 & \frac{7}{30} & \frac{1}{6} & -\frac{1}{30} \\ 0 & 0 & 1 & -\frac{1}{6} & \frac{1}{6} & \frac{1}{6} \end{array}\right)$$

最後の行列の右側の 3 行 3 列の部分が，求める A の逆行列になっている．

$$\therefore\quad A^{-1}=\begin{pmatrix}\dfrac{11}{30} & -\dfrac{1}{6} & \dfrac{7}{30}\\ \dfrac{7}{30} & \dfrac{1}{6} & -\dfrac{1}{30}\\ -\dfrac{1}{6} & \dfrac{1}{6} & \dfrac{1}{6}\end{pmatrix}$$

なお，この計算結果が正しいかどうかを検算するには，元の行列 A と掛けて単位行列になることを確かめればよい．

$$AA^{-1}=\begin{pmatrix}1 & 2 & -1\\ -1 & 3 & 2\\ 2 & -1 & 3\end{pmatrix}\begin{pmatrix}\dfrac{11}{30} & -\dfrac{1}{6} & \dfrac{7}{30}\\ \dfrac{7}{30} & \dfrac{1}{6} & -\dfrac{1}{30}\\ -\dfrac{1}{6} & \dfrac{1}{6} & \dfrac{1}{6}\end{pmatrix}=\begin{pmatrix}1 & 0 & 0\\ 0 & 1 & 0\\ 0 & 0 & 1\end{pmatrix}$$

一般に行列の掛け算についての交換法則 $AB=BA$ は成り立たないが，$AA^{-1}=E$ となる場合には掛け算の交換が可能で，$AA^{-1}=A^{-1}A=E$ が成り立つ．例題7.4はその例であり，

$$A^{-1}A=\begin{pmatrix}\dfrac{11}{30} & -\dfrac{1}{6} & \dfrac{7}{30}\\ \dfrac{7}{30} & \dfrac{1}{6} & -\dfrac{1}{30}\\ -\dfrac{1}{6} & \dfrac{1}{6} & \dfrac{1}{6}\end{pmatrix}\begin{pmatrix}1 & 2 & -1\\ -1 & 3 & 2\\ 2 & -1 & 3\end{pmatrix}=\begin{pmatrix}1 & 0 & 0\\ 0 & 1 & 0\\ 0 & 0 & 1\end{pmatrix}$$

となって，確かに $AA^{-1}=A^{-1}A=E$ となっている．

◆

［**問題 7.4.1**］　次の行列 A の逆行列 A^{-1} をガウスの消去法により求めよ．

$$A=\begin{pmatrix}1 & 3 & -4\\ -1 & 2 & 4\\ 3 & -3 & 2\end{pmatrix}$$

［**問題 7.4.2**］　次の行列 A の逆行列 A^{-1} をガウスの消去法により求めよ．

$$A=\begin{pmatrix}1 & -2 & -3\\ -1 & 2 & 4\\ 2 & -3 & 2\end{pmatrix}$$

第8章 ベクトル計算の効率化

―基底―

いままでは，テレビ，冷蔵庫，洗濯機の売上げなど，単品ごとの計算が基本であった．しかし，時により，テレビと録画用ハードディスクをAセット，冷蔵庫と洗濯機をBセットとして，セットごとに販売した方が利益が大きいこともある．このようなことは，Aセットが何セット，Bセットが何セット売れたか，またそのときの売上げや重量，利益など，複雑な計算をする必要があるが，こうした計算を効率的に行なう方法がある．

これらのことをベクトルに置き換えてみると，例えば2つの成分をもつベクトル $\boldsymbol{a}=\begin{pmatrix}3\\2\end{pmatrix}$ ならば，$\boldsymbol{a}=\begin{pmatrix}3\\0\end{pmatrix}+\begin{pmatrix}0\\2\end{pmatrix}=3\begin{pmatrix}1\\0\end{pmatrix}+2\begin{pmatrix}0\\1\end{pmatrix}=3\boldsymbol{e}_1+2\boldsymbol{e}_2$ のように，2つの基本ベクトル $\boldsymbol{e}_1=\begin{pmatrix}1\\0\end{pmatrix}$ と $\boldsymbol{e}_2=\begin{pmatrix}0\\1\end{pmatrix}$ が元になっていて，他のベクトルについても「これらを何倍かしたベクトルの和」という形で表すことができ，こうすることで，その後の四則演算がとても簡単になる．

このように，2次元の場合は2つのベクトル，3次元の場合は3つのベクトルの何倍かの和で，それぞれの次元のすべてのベクトルが表せるような互いに1次独立なベクトルを**基底**という．この章で学んでほしいことは，どのような基底を選ぶと，その後の計算が便利になるかということである．

8.1 基　底

2次元の場合

$\boldsymbol{a}=\begin{pmatrix}a_1\\a_2\end{pmatrix}\neq\boldsymbol{0}$ と $\boldsymbol{b}=\begin{pmatrix}b_1\\b_2\end{pmatrix}\neq\boldsymbol{0}$ が基底とよばれるベクトルになれるのは次のような性質のうち，どれか1つが成り立つ場合で，このとき，$\boldsymbol{a}$ と $\boldsymbol{b}$ は**1次独立**であるともいう．また，1次独立でないときは，**1次従属**という．なお，(1)～(5) は同値である．

(1)　$\boldsymbol{a}$ と $\boldsymbol{b}$ を平面上に図示したとき，互いに一直線上にはなく，広がりをもっていて，互いのベクトルを一辺とする平行四辺形を描くことができる．

(2)　互いのベクトルが $\boldsymbol{b}=k\boldsymbol{a}$（$k$ は任意定数）の形に表せない．

(3)　$\begin{vmatrix}a_1 & b_1\\a_2 & b_2\end{vmatrix}\neq 0$

(4)　$m\boldsymbol{a}+n\boldsymbol{b}=\boldsymbol{0}$ が成り立つときは，常に $m=n=0$ となる．

(5)　連立1次方程式

$$\begin{cases}a_1x+b_1y=0\\a_2x+b_2y=0\end{cases}$$

の解がただ1組 $x=0$，$y=0$ と定まる．

さて，$\boldsymbol{a}=\begin{pmatrix}a_1\\a_2\end{pmatrix}\neq\boldsymbol{0}$ と $\boldsymbol{b}=\begin{pmatrix}b_1\\b_2\end{pmatrix}\neq\boldsymbol{0}$ が基底のとき（(1)～(5) を満たすとき），平面上のすべてのベクトル $\boldsymbol{x}$ は $\boldsymbol{a}$ と $\boldsymbol{b}$ を用いて $x_1\boldsymbol{a}$，$x_2\boldsymbol{b}$ の和で表せ（x_1 と x_2 を，ベクトル $\boldsymbol{a}$ と $\boldsymbol{b}$ を基底とした場合の**成分**という），

$$\boldsymbol{x}=x_1\boldsymbol{a}+x_2\boldsymbol{b} \tag{8.1}$$

となり，これを $\boldsymbol{a}$ と $\boldsymbol{b}$ の**1次結合**ともいう．なお，基底を明示して次のように表すのも便利である．

$$\boldsymbol{x}=x_1\boldsymbol{a}+x_2\boldsymbol{b}=\begin{pmatrix}x_1\\x_2\end{pmatrix}_{\{\boldsymbol{a},\,\boldsymbol{b}\}} \tag{8.2}$$

例題 8.1

図 8.1 のベクトル $\boldsymbol{x}$ を，$\boldsymbol{a}$ と $\boldsymbol{b}$ を基底としたベクトルと成分で表せ．

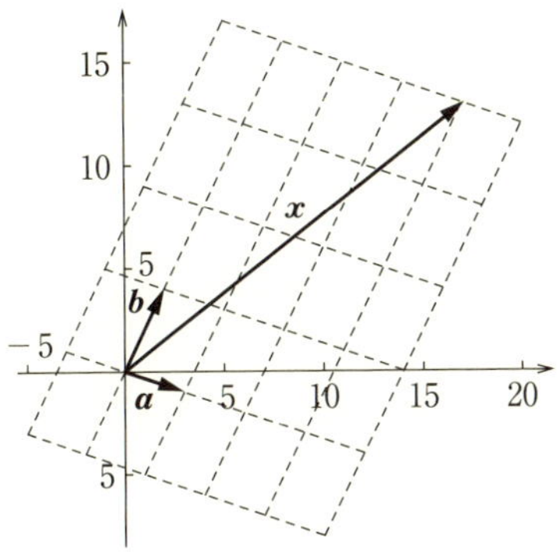

図 8.1

［**解**］ 2 つのベクトル $\boldsymbol{a}$ と $\boldsymbol{b}$ は広がりをもっていて 1 次独立なので，基底となりうる．2 つのベクトルでつくられる平行四辺形の網の目を数えれば，何倍して加えればよいかがわかる．

$$\boldsymbol{x} = 3\boldsymbol{a} + 4\boldsymbol{b} = \begin{pmatrix} 3 \\ 4 \end{pmatrix}_{\{\boldsymbol{a},\, \boldsymbol{b}\}}$$

◆

［**問題 8.1.1**］ 図 8.2 のベクトル $\boldsymbol{x}$ を，$\boldsymbol{a}$ と $\boldsymbol{b}$ を基底としたベクトルで表せ．

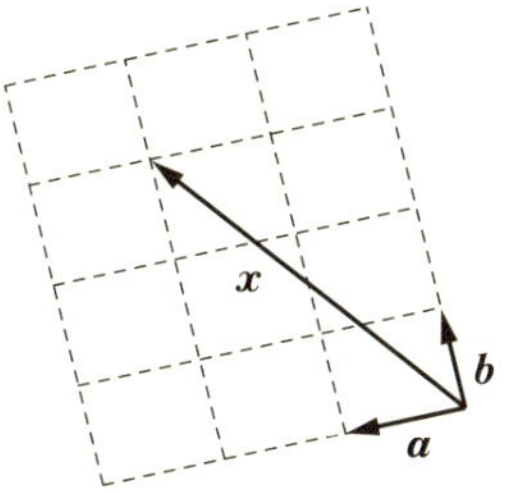

図 8.2

3次元の場合

$\boldsymbol{a} = \begin{pmatrix} a_1 \\ a_2 \\ a_3 \end{pmatrix} \neq \boldsymbol{0}$, $\boldsymbol{b} = \begin{pmatrix} b_1 \\ b_2 \\ b_3 \end{pmatrix} \neq \boldsymbol{0}$, $\boldsymbol{c} = \begin{pmatrix} c_1 \\ c_2 \\ c_3 \end{pmatrix} \neq \boldsymbol{0}$ が基底になれるのは，次のような性質のうち，どれか1つが成り立つ場合である．このとき，3つのベクトルは1次独立であるという．なお，(1) ～ (5) は同値である．

(1)　$\boldsymbol{a}$ と $\boldsymbol{b}$ と $\boldsymbol{c}$ を空間内に図示したとき，3次元の広がりをもっていて，平行六面体をつくる．

(2)　$\boldsymbol{c} = m\boldsymbol{a} + n\boldsymbol{b}$（$m$，$n$ は任意定数）の形に表せない．

(3)　$\begin{vmatrix} a_1 & b_1 & c_1 \\ a_2 & b_2 & c_2 \\ a_3 & b_3 & c_3 \end{vmatrix} \neq 0$

(4)　$k\boldsymbol{a} + m\boldsymbol{b} + n\boldsymbol{b} = \boldsymbol{0}$ が成り立つときは，必ず $k = m = n = 0$ となる．

(5)　連立1次方程式

$$\begin{cases} a_1x + b_1y + c_1z = 0 \\ a_2x + b_2y + c_2z = 0 \\ a_3x + b_3y + c_3z = 0 \end{cases}$$

の解がただ1組 $x = 0$，$y = 0$，$z = 0$ と定まる．

例題 8.2

次の3つのベクトルは1次独立であることを示せ．

$$\boldsymbol{a} = \begin{pmatrix} 3 \\ -2 \\ 1 \end{pmatrix}, \quad \boldsymbol{b} = \begin{pmatrix} 0 \\ 4 \\ -1 \end{pmatrix}, \quad \boldsymbol{c} = \begin{pmatrix} 1 \\ 2 \\ 5 \end{pmatrix}$$

［**解**］ (1)～(5) の5つの条件のどれを確かめてもよいが，ここでは (3) の行列式の値を求めてみよう．

$$\begin{vmatrix} 3 & 0 & 1 \\ -2 & 4 & 2 \\ 1 & -1 & 5 \end{vmatrix} = 64 \neq 0$$

行列式の値がゼロではないので，$\boldsymbol{a}$，$\boldsymbol{b}$，$\boldsymbol{c}$ は 1 次独立である．

◆

［**問題 8.2.1**］　次の 3 つのベクトルは 1 次独立であることを示せ．

$$\boldsymbol{a} = \begin{pmatrix} 2 \\ 0 \\ 1 \end{pmatrix}, \qquad \boldsymbol{b} = \begin{pmatrix} -2 \\ 3 \\ 2 \end{pmatrix}, \qquad \boldsymbol{c} = \begin{pmatrix} -1 \\ 2 \\ -3 \end{pmatrix}$$

8.2　基底の変換によるベクトルの成分の変化

ベクトルの成分は，基底を決めてはじめて定まる量である．したがって，基底が異なれば成分が異なるのも当然である．例えば，$\boldsymbol{e}_1 = \begin{pmatrix} 1 \\ 0 \end{pmatrix}$，$\boldsymbol{e}_2 = \begin{pmatrix} 0 \\ 1 \end{pmatrix}$ を基底にすると

$$\begin{pmatrix} 3 \\ 2 \end{pmatrix} = 3\begin{pmatrix} 1 \\ 0 \end{pmatrix} + 2\begin{pmatrix} 0 \\ 1 \end{pmatrix} = 3\boldsymbol{e}_1 + 2\boldsymbol{e}_2$$

であるが，$\boldsymbol{e}_1' = \begin{pmatrix} -1 \\ 0 \end{pmatrix}$，$\boldsymbol{e}_2' = \begin{pmatrix} 0 \\ -1 \end{pmatrix}$ を基底とすると

$$\begin{pmatrix} 3 \\ 2 \end{pmatrix} = -3\begin{pmatrix} -1 \\ 0 \end{pmatrix} - 2\begin{pmatrix} 0 \\ -1 \end{pmatrix} = -3\boldsymbol{e}_1' - 2\boldsymbol{e}_2'$$

となる．

いま，基底を $\boldsymbol{a}$, $\boldsymbol{b}$ とし，ベクトル $\boldsymbol{x}$ がこの基底により $\boldsymbol{x} = x_1\boldsymbol{a} + x_2\boldsymbol{b}$ と表され，別の基底 $\boldsymbol{a}'$，$\boldsymbol{b}'$ により $\boldsymbol{x} = x_1'\boldsymbol{a}' + x_2'\boldsymbol{b}'$ と表されたとしよう．そして，これまでの（古い）基底から別の（新しい）基底に変換されたときの成分の変化を調べる．1 次独立なこれまでの（古い）基底 $\boldsymbol{a}$ と $\boldsymbol{b}$ から，同じく 1 次独立な別の（新しい）基底 $\boldsymbol{a}'$ と $\boldsymbol{b}'$ を次のような関係（ルール）で構成したとしよう（p，q，r，s は任意定数）．

$$\begin{cases} \boldsymbol{a}' = p\boldsymbol{a} + q\boldsymbol{b} = \begin{pmatrix} p \\ q \end{pmatrix}_{\{\boldsymbol{a},\,\boldsymbol{b}\}} \\ \boldsymbol{b}' = r\boldsymbol{a} + s\boldsymbol{b} = \begin{pmatrix} r \\ s \end{pmatrix}_{\{\boldsymbol{a},\,\boldsymbol{b}\}} \end{cases} \tag{8.3}$$

このとき，ベクトル $\boldsymbol{x}$ のこれまでの（古い）成分 $\boldsymbol{x} = \begin{pmatrix} x_1 \\ x_2 \end{pmatrix}_{\{\boldsymbol{a},\,\boldsymbol{b}\}}$ と別の（新しい）成分 $\boldsymbol{x} = \begin{pmatrix} x_1' \\ x_2' \end{pmatrix}_{\{\boldsymbol{a}',\,\boldsymbol{b}'\}}$ との関係を調べると，次の式が成り立っている．

$$\begin{pmatrix} x_1 \\ x_2 \end{pmatrix}_{\{\boldsymbol{a},\,\boldsymbol{b}\}} = x_1\boldsymbol{a} + x_2\boldsymbol{b} = \begin{pmatrix} x_1' \\ x_2' \end{pmatrix}_{\{\boldsymbol{a}',\,\boldsymbol{b}'\}} = x_1'\boldsymbol{a}' + x_2'\boldsymbol{b}'$$

ここで，これまでの（古い）基底を別の（新しい）基底で表すと，

$$\begin{aligned} x_1\boldsymbol{a} + x_2\boldsymbol{b} &= x_1'(p\boldsymbol{a} + q\boldsymbol{b}) + x_2'(r\boldsymbol{a} + s\boldsymbol{b}) \\ &= (x_1'p + x_2'r)\boldsymbol{a} + (x_1'q + x_2's)\boldsymbol{b} \end{aligned}$$

となり，1つのベクトルを成分で表す方法は1つしかないので，次の式が得られる．

$$\begin{cases} x_1 = x_1'p + x_2'r \\ x_2 = x_1'q + x_2's \end{cases}, \qquad \begin{pmatrix} x_1 \\ x_2 \end{pmatrix}_{\{\boldsymbol{a},\,\boldsymbol{b}\}} = \begin{pmatrix} p & r \\ q & s \end{pmatrix} \begin{pmatrix} x_1' \\ x_2' \end{pmatrix}_{\{\boldsymbol{a}',\,\boldsymbol{b}'\}} \tag{8.4}$$

ここで，$\begin{pmatrix} p & r \\ q & s \end{pmatrix}$ を P とおき，これを**基底の変換を表す行列**という．

$$P = \begin{pmatrix} p & r \\ q & s \end{pmatrix}, \qquad \begin{pmatrix} x_1 \\ x_2 \end{pmatrix}_{\{\boldsymbol{a},\,\boldsymbol{b}\}} = P\begin{pmatrix} x_1' \\ x_2' \end{pmatrix}_{\{\boldsymbol{a}',\,\boldsymbol{b}'\}} \tag{8.5}$$

これが，基底の変換による，これまでの（古い）成分を別の（新しい）成分で表す公式である．

なお，逆に，別の（新しい）成分をこれまでの（古い）成分で表す公式は，P の逆行列を左から掛けて得られる．

$$P^{-1} = \frac{1}{ps - rq}\begin{pmatrix} s & -r \\ -q & p \end{pmatrix}, \qquad \begin{pmatrix} x_1' \\ x_2' \end{pmatrix} = P^{-1}\begin{pmatrix} x_1 \\ x_2 \end{pmatrix} \tag{8.6}$$

例題 8.3

いま，これまでの（古い）基底 $\boldsymbol{a}$ と $\boldsymbol{b}$ から，別の（新しい）基底 $\boldsymbol{a}'$ と $\boldsymbol{b}'$ を次のように構成したとする．

$$\begin{cases} \boldsymbol{a}' = 2\boldsymbol{a} - 3\boldsymbol{b} = \begin{pmatrix} 2 \\ -3 \end{pmatrix}_{\{\boldsymbol{a},\,\boldsymbol{b}\}} \\ \boldsymbol{b}' = 4\boldsymbol{a} - \boldsymbol{b} = \begin{pmatrix} 4 \\ -1 \end{pmatrix}_{\{\boldsymbol{a},\,\boldsymbol{b}\}} \end{cases}$$

（1） これまでの（古い）基底での成分が $\begin{pmatrix} x_1 \\ x_2 \end{pmatrix}_{\{\boldsymbol{a},\,\boldsymbol{b}\}} = \begin{pmatrix} 1 \\ 2 \end{pmatrix}_{\{\boldsymbol{a},\,\boldsymbol{b}\}}$ となっているベクトルの，別の（新しい）基底での成分を求めよ．

（2） 別の（新しい）基底での成分が $\begin{pmatrix} x_1' \\ x_2' \end{pmatrix}_{\{\boldsymbol{a}',\,\boldsymbol{b}'\}} = \begin{pmatrix} -3 \\ 4 \end{pmatrix}_{\{\boldsymbol{a}',\,\boldsymbol{b}'\}}$ となっているベクトルの，これまでの（古い）基底での成分を求めよ．

［**解**］ (8.3)，(8.5)，(8.6) より，基底の変換を表す行列 P とその逆行列 P^{-1} は次のようになる．

$$P = \begin{pmatrix} 2 & 4 \\ -3 & -1 \end{pmatrix}, \qquad P^{-1} = \frac{1}{10}\begin{pmatrix} -1 & -4 \\ 3 & 2 \end{pmatrix}$$

（1） $\begin{pmatrix} x_1' \\ x_2' \end{pmatrix}_{\{\boldsymbol{a}',\,\boldsymbol{b}'\}} = P^{-1}\begin{pmatrix} x_1 \\ x_2 \end{pmatrix}_{\{\boldsymbol{a},\,\boldsymbol{b}\}} = \frac{1}{10}\begin{pmatrix} -1 & -4 \\ 3 & 2 \end{pmatrix}\begin{pmatrix} 1 \\ 2 \end{pmatrix}_{\{\boldsymbol{a},\,\boldsymbol{b}\}} = \frac{1}{10}\begin{pmatrix} -9 \\ 7 \end{pmatrix}_{\{\boldsymbol{a}',\,\boldsymbol{b}'\}}$

（2） $\begin{pmatrix} x_1 \\ x_2 \end{pmatrix}_{\{\boldsymbol{a},\,\boldsymbol{b}\}} = P\begin{pmatrix} x_1' \\ x_2' \end{pmatrix}_{\{\boldsymbol{a}',\,\boldsymbol{b}'\}} = \begin{pmatrix} 2 & 4 \\ -3 & -1 \end{pmatrix}\begin{pmatrix} -3 \\ 4 \end{pmatrix}_{\{\boldsymbol{a}',\,\boldsymbol{b}'\}} = \begin{pmatrix} 10 \\ 5 \end{pmatrix}_{\{\boldsymbol{a},\,\boldsymbol{b}\}}$

◆

［**問題 8.3.1**］ いま，これまでの（古い）基底 $\boldsymbol{a}$ と $\boldsymbol{b}$ から，別の（新しい）基底 $\boldsymbol{a}'$ と $\boldsymbol{b}'$ を次のように構成したとする．

$$\begin{cases} \boldsymbol{a}' = 4\boldsymbol{a} - 5\boldsymbol{b} = \begin{pmatrix} 4 \\ -5 \end{pmatrix}_{\{\boldsymbol{a},\,\boldsymbol{b}\}} \\ \boldsymbol{b}' = 2\boldsymbol{a} - 3\boldsymbol{b} = \begin{pmatrix} 2 \\ -3 \end{pmatrix}_{\{\boldsymbol{a},\,\boldsymbol{b}\}} \end{cases}$$

（1）　これまでの（古い）基底での成分が $\begin{pmatrix} x_1 \\ x_2 \end{pmatrix}_{\{\boldsymbol{a},\,\boldsymbol{b}\}} = \begin{pmatrix} 1 \\ 2 \end{pmatrix}_{\{\boldsymbol{a},\,\boldsymbol{b}\}}$ となっているベクトルの，別の（新しい）基底での成分を求めよ．

（2）　別の（新しい）基底での成分が $\begin{pmatrix} x_1' \\ x_2' \end{pmatrix}_{\{\boldsymbol{a}',\,\boldsymbol{b}'\}} = \begin{pmatrix} -2 \\ 3 \end{pmatrix}_{\{\boldsymbol{a}',\,\boldsymbol{b}'\}}$ となっているベクトルの，これまでの（古い）基底での成分を求めよ．

［問題 8.3.2］　炊飯器と電子レンジをセットで販売する場合，はじめに $\boldsymbol{a} = \begin{pmatrix} 1 \\ 0 \end{pmatrix}$ を炊飯器1台，電子レンジ0台とし，$\boldsymbol{b} = \begin{pmatrix} 0 \\ 1 \end{pmatrix}$ を炊飯器0台，電子レンジ1台とする．次に新しく，$\boldsymbol{a}' = \begin{pmatrix} 2 \\ 1 \end{pmatrix}$ を炊飯器2台，電子レンジ1台のセット，$\boldsymbol{b}' = \begin{pmatrix} 1 \\ 3 \end{pmatrix}$ を炊飯器1台，電子レンジ3台のセットとする．

（1）　$\boldsymbol{a}, \boldsymbol{b}$ を $\boldsymbol{a}', \boldsymbol{b}'$ に基底の変換をする場合の基底の変換を表す行列 P を求めよ．

（2）　$2\boldsymbol{a} + 3\boldsymbol{b}$ を $\boldsymbol{a}', \boldsymbol{b}'$ で表せ．

（3）　$2\boldsymbol{a}' + 3\boldsymbol{b}'$ を $\boldsymbol{a}, \boldsymbol{b}$ で表せ．

8.3　基底の変換による行列の変化

第4章で述べたように，線形変換と行列の関係は，2次元から2次元への変換の場合，次のようになっていた．

$$\boldsymbol{y} = f(\boldsymbol{x}) = A\boldsymbol{x} \implies \begin{pmatrix} y_1 \\ y_2 \end{pmatrix} = \begin{pmatrix} a_{11} & a_{12} \\ a_{21} & a_{22} \end{pmatrix} \begin{pmatrix} x_1 \\ x_2 \end{pmatrix} \tag{8.7}$$

ここで，x_1-x_2 平面の入力ベクトル $\begin{pmatrix} x_1 \\ x_2 \end{pmatrix}$ も y_1-y_2 平面の出力ベクトル $\begin{pmatrix} y_1 \\ y_2 \end{pmatrix}$ も，基底ベクトルをどうとるかによって変わってくることから，それにともなって，行列 A も変化してくることになる．

x_1-x_2 平面における基底をこれまでの（古い）基底 $\boldsymbol{a}_1, \boldsymbol{a}_2$ から別の（新しい）基底 $\boldsymbol{a}_1', \boldsymbol{a}_2'$ に変換し，y_1-y_2 平面における基底をこれまでの（古い）基底 $\boldsymbol{b}_1, \boldsymbol{b}_2$ から別の（新しい）基底 $\boldsymbol{b}_1', \boldsymbol{b}_2'$ に変換したとしよう．このとき，線形変換

を表す行列が，これまでの（古い）行列 A から別の（新しい）行列 A' に変換したとすると，A' は A からどのように定まるかを調べよう．

いま，x_1-x_2 平面における基底の変換が次のように定まっているとする．

$$\begin{cases} \boldsymbol{a}_1{}' = p_1\boldsymbol{a}_1 + q_1\boldsymbol{a}_2 \\ \boldsymbol{a}_2{}' = r_1\boldsymbol{a}_1 + s_1\boldsymbol{a}_2 \end{cases}, \qquad P = \begin{pmatrix} p_1 & r_1 \\ q_1 & s_1 \end{pmatrix}$$

このとき，x_1-x_2 平面でのベクトルの新旧の成分 (x_1, x_2) と $(x_1{}', x_2{}')$ の間の関係は次のようになる．

$$\begin{pmatrix} x_1 \\ x_2 \end{pmatrix}_{\{\boldsymbol{a}_1, \boldsymbol{a}_2\}} = P\begin{pmatrix} x_1{}' \\ x_2{}' \end{pmatrix}_{\{\boldsymbol{a}_1{}', \boldsymbol{a}_2{}'\}}, \qquad \begin{pmatrix} x_1{}' \\ x_2{}' \end{pmatrix}_{\{\boldsymbol{a}_1{}', \boldsymbol{a}_2{}'\}} = P^{-1}\begin{pmatrix} x_1 \\ x_2 \end{pmatrix}_{\{\boldsymbol{a}_1, \boldsymbol{a}_2\}}$$

次に，y_1-y_2 平面における基底の変換が次のように定まっているとする．

$$\begin{cases} \boldsymbol{b}_1{}' = p_2\boldsymbol{b}_1 + q_2\boldsymbol{b}_2 \\ \boldsymbol{b}_2{}' = r_2\boldsymbol{b}_1 + s_2\boldsymbol{b}_2 \end{cases}, \qquad Q = \begin{pmatrix} p_2 & r_2 \\ q_2 & s_2 \end{pmatrix}$$

このとき，y_1-y_2 平面でのベクトルの新旧の成分 (y_1, y_2) と $(y_1{}', y_2{}')$ の間の関係は次のようになる．

$$\begin{pmatrix} y_1 \\ y_2 \end{pmatrix}_{\{\boldsymbol{b}_1, \boldsymbol{b}_2\}} = Q\begin{pmatrix} y_1{}' \\ y_2{}' \end{pmatrix}_{\{\boldsymbol{b}_1{}', \boldsymbol{b}_2{}'\}}, \qquad \begin{pmatrix} y_1{}' \\ y_2{}' \end{pmatrix}_{\{\boldsymbol{b}_1{}', \boldsymbol{b}_2{}'\}} = Q^{-1}\begin{pmatrix} y_1 \\ y_2 \end{pmatrix}_{\{\boldsymbol{b}_1, \boldsymbol{b}_2\}}$$

一方，(8.7) より，線形変換を表す行列 A，A' は各成分と

$$\begin{pmatrix} y_1 \\ y_2 \end{pmatrix}_{\{\boldsymbol{b}_1, \boldsymbol{b}_2\}} = A\begin{pmatrix} x_1 \\ x_2 \end{pmatrix}_{\{\boldsymbol{a}_1, \boldsymbol{a}_2\}}, \qquad \begin{pmatrix} y_1{}' \\ y_2{}' \end{pmatrix}_{\{\boldsymbol{b}_1{}', \boldsymbol{b}_2{}'\}} = A'\begin{pmatrix} x_1{}' \\ x_2{}' \end{pmatrix}_{\{\boldsymbol{a}_1{}', \boldsymbol{a}_2{}'\}}$$

のような関係にあるので，A' と A の関係は，次のような変形で見えてくる．

$$\begin{aligned} \begin{pmatrix} y_1{}' \\ y_2{}' \end{pmatrix}_{\{\boldsymbol{b}_1{}', \boldsymbol{b}_2{}'\}} &= A'\begin{pmatrix} x_1{}' \\ x_2{}' \end{pmatrix}_{\{\boldsymbol{a}_1{}', \boldsymbol{a}_2{}'\}} \\ &= Q^{-1}\begin{pmatrix} y_1 \\ y_2 \end{pmatrix}_{\{\boldsymbol{b}_1, \boldsymbol{b}_2\}} \\ &= Q^{-1}A\begin{pmatrix} x_1 \\ x_2 \end{pmatrix}_{\{\boldsymbol{a}_1, \boldsymbol{a}_2\}} \\ &= Q^{-1}AP\begin{pmatrix} x_1{}' \\ x_2{}' \end{pmatrix}_{\{\boldsymbol{a}_1{}', \boldsymbol{a}_2{}'\}} \end{aligned}$$

以上から，A' は A と次のような関係にあることがわかる．

$$A' = Q^{-1}AP \tag{8.8}$$

このように，線形変換での表現行列は，古い基底での表現行列 A に左から y_1-y_2 平面での基底の変換行列 Q の逆行列 Q^{-1} を掛け，右から x_1-x_2 平面での基底の変換行列 P を掛ければ，新しい基底での表現行列 A' が得られる．

例題 8.4

2 次元 x_1-x_2 平面から 2 次元 y_1-y_2 平面への線形変換 $\boldsymbol{y} = f(\boldsymbol{x})$ がある．x_1-x_2 平面における基底 $\boldsymbol{a}_1, \boldsymbol{a}_2$ と y_1-y_2 平面における基底 $\boldsymbol{b}_1, \boldsymbol{b}_2$ を用いて成分表示すると，この線形変換は次のようになったとする．

$$\begin{pmatrix} y_1 \\ y_2 \end{pmatrix}_{\{\boldsymbol{b}_1, \boldsymbol{b}_2\}} = \begin{pmatrix} -2 & 3 \\ 4 & 5 \end{pmatrix}\begin{pmatrix} x_1 \\ x_2 \end{pmatrix}_{\{\boldsymbol{a}_1, \boldsymbol{a}_2\}} = A\begin{pmatrix} x_1 \\ x_2 \end{pmatrix}_{\{\boldsymbol{a}_1, \boldsymbol{a}_2\}}$$

そして，x_1-x_2 平面における新しい基底 $\boldsymbol{a}_1', \boldsymbol{a}_2'$ と y_1-y_2 平面における新しい基底 $\boldsymbol{b}_1', \boldsymbol{b}_2'$ を次のようにつくった．

$$\begin{cases} \boldsymbol{a}_1' = 6\boldsymbol{a}_1 + 2\boldsymbol{a}_2 = \begin{pmatrix} 6 \\ 2 \end{pmatrix}_{\{\boldsymbol{a}_1, \boldsymbol{a}_2\}} \\ \boldsymbol{a}_2' = -3\boldsymbol{a}_1 + 9\boldsymbol{a}_2 = \begin{pmatrix} -3 \\ 9 \end{pmatrix}_{\{\boldsymbol{a}_1, \boldsymbol{a}_2\}} \end{cases}$$

$$\begin{cases} \boldsymbol{b}_1' = 2\boldsymbol{b}_1 + 4\boldsymbol{b}_2 = \begin{pmatrix} 2 \\ 4 \end{pmatrix}_{\{\boldsymbol{b}_1, \boldsymbol{b}_2\}} \\ \boldsymbol{b}_2' = 5\boldsymbol{b}_1 - 4\boldsymbol{b}_2 = \begin{pmatrix} 5 \\ -4 \end{pmatrix}_{\{\boldsymbol{b}_1, \boldsymbol{b}_2\}} \end{cases}$$

このとき，新しい基底による成分を基にした線形変換を表す行列 A' を求めよ．

［解］ (8.8) を用いて，

$$\begin{aligned} A' &= Q^{-1}AP \\ &= \begin{pmatrix} 2 & 5 \\ 4 & -4 \end{pmatrix}^{-1}\begin{pmatrix} -2 & 3 \\ 4 & 5 \end{pmatrix}\begin{pmatrix} 6 & -3 \\ 2 & 9 \end{pmatrix} \end{aligned}$$

$$= \frac{1}{-28}\begin{pmatrix} -4 & -5 \\ -4 & 2 \end{pmatrix}\begin{pmatrix} -2 & 3 \\ 4 & 5 \end{pmatrix}\begin{pmatrix} 6 & -3 \\ 2 & 9 \end{pmatrix}$$

$$= \frac{1}{-28}\begin{pmatrix} -4 & -5 \\ -4 & 2 \end{pmatrix}\begin{pmatrix} -6 & 33 \\ 34 & 33 \end{pmatrix}$$

$$= \frac{1}{-28}\begin{pmatrix} -146 & -297 \\ 92 & -66 \end{pmatrix}$$

◆

[問題 8.4.1]　2 次元 x_1-x_2 平面から 2 次元 y_1-y_2 平面への線形変換 $\boldsymbol{y} = f(\boldsymbol{x})$ がある．x_1-x_2 平面における基底 $\boldsymbol{a}_1, \boldsymbol{a}_2$ と y_1-y_2 平面における基底 $\boldsymbol{b}_1, \boldsymbol{b}_2$ を用いて成分表示すると，この線形変換は次のようになったとする．

$$\begin{pmatrix} y_1 \\ y_2 \end{pmatrix}_{\{\boldsymbol{b}_1, \boldsymbol{b}_2\}} = \begin{pmatrix} -3 & 2 \\ 2 & 4 \end{pmatrix}\begin{pmatrix} x_1 \\ x_2 \end{pmatrix}_{\{\boldsymbol{a}_1, \boldsymbol{a}_2\}} = A\begin{pmatrix} x_1 \\ x_2 \end{pmatrix}_{\{\boldsymbol{a}_1, \boldsymbol{a}_2\}}$$

そして，x_1-x_2 平面における新しい基底 $\boldsymbol{a}_1', \boldsymbol{a}_2'$ と y_1-y_2 平面における新しい基底 $\boldsymbol{b}_1', \boldsymbol{b}_2'$ を次のようにつくった．

$$\begin{cases} \boldsymbol{a}_1' = 6\boldsymbol{a}_1 + 2\boldsymbol{a}_2 = \begin{pmatrix} 6 \\ 2 \end{pmatrix}_{\{\boldsymbol{a}_1, \boldsymbol{a}_2\}} \\ \boldsymbol{a}_2' = -\boldsymbol{a}_1 + 7\boldsymbol{a}_2 = \begin{pmatrix} -1 \\ 7 \end{pmatrix}_{\{\boldsymbol{a}_1, \boldsymbol{a}_2\}} \end{cases}$$

$$\begin{cases} \boldsymbol{b}_1' = 3\boldsymbol{b}_1 + 2\boldsymbol{b}_2 = \begin{pmatrix} 3 \\ 2 \end{pmatrix}_{\{\boldsymbol{b}_1, \boldsymbol{b}_2\}} \\ \boldsymbol{b}_2' = 3\boldsymbol{b}_1 - 5\boldsymbol{b}_2 = \begin{pmatrix} 3 \\ -5 \end{pmatrix}_{\{\boldsymbol{b}_1, \boldsymbol{b}_2\}} \end{cases}$$

このとき，新しい基底による成分を基にした線形変換を表す行列 A' を求めよ．

[問題 8.4.2]　冷蔵庫とテレビのセットについて，はじめは冷蔵庫 1 台，テレビ 0 台の $\boldsymbol{a}_1 = \begin{pmatrix} 1 \\ 0 \end{pmatrix}$ と，冷蔵庫 0 台，テレビ 1 台の $\boldsymbol{a}_2 = \begin{pmatrix} 0 \\ 1 \end{pmatrix}$ を基にしていた．次に，新たに冷蔵庫 2 台，テレビ 1 台の $\boldsymbol{a}_1' = \begin{pmatrix} 2 \\ 1 \end{pmatrix}$ と冷蔵庫 1 台，テレビ 3 台の $\boldsymbol{a}_2' = \begin{pmatrix} 1 \\ 3 \end{pmatrix}$ を基にすることとした．

また，重さと価格については，はじめは重さ 1 kg，価格 0 万円の $\boldsymbol{b}_1 = \begin{pmatrix} 1 \\ 0 \end{pmatrix}$ を基にし，次に重さ 0 kg，価格 1 万円の $\boldsymbol{b}_2 = \begin{pmatrix} 0 \\ 1 \end{pmatrix}$ を基にして表すこととした．次に，新たに重さ 3 kg，価格 2 万円の $\boldsymbol{b}_1{}' = \begin{pmatrix} 3 \\ 2 \end{pmatrix}$ と，重さ 2 kg，価格 3 万円の $\boldsymbol{b}_2{}' = \begin{pmatrix} 2 \\ 3 \end{pmatrix}$ を基にすることとした．

$\begin{pmatrix} \text{冷蔵庫の台数} \\ \text{テレビの台数} \end{pmatrix} = \begin{pmatrix} x_1 \\ x_2 \end{pmatrix}$ に対する $\begin{pmatrix} \text{重さ} \\ \text{価格} \end{pmatrix} = \begin{pmatrix} y_1 \\ y_2 \end{pmatrix}$ が

$$\begin{pmatrix} y_1 \\ y_2 \end{pmatrix} = \begin{pmatrix} 4 & 3 \\ 3 & 5 \end{pmatrix} \begin{pmatrix} x_1 \\ x_2 \end{pmatrix}$$

となっているとき，これらの関係を $\boldsymbol{a}_1{}', \boldsymbol{a}_2{}'$ と $\boldsymbol{b}_1{}', \boldsymbol{b}_2{}'$ を基にした成分 $\begin{pmatrix} x_1{}' \\ x_2{}' \end{pmatrix}$ と $\begin{pmatrix} y_1{}' \\ y_2{}' \end{pmatrix}$ の間の関係式で表せ．

第9章
行列とベクトルの応用
─ 固有値・固有ベクトルと対角化 ─

この章で扱う，固有値や固有ベクトルの概念は，数学以外のいろいろな分野で登場する．個別の諸科学で扱われていた概念が，数学の固有値問題として共通であったことが後々わかってきたのである．経済・経営の中では，例えば，計量経済学，空間計量経済学，線形計画法，非線形計画法などでも扱われる．

行列では，次元，行列式など，いろいろな数値が定まるが，ここで扱う固有値も，行列に対して定まる数値である．

9.1 固有値・固有ベクトルとは何か

固有値や固有ベクトルの概念を理解するには，線形変換によるベクトルの変換を考えるのがよい．これまでは，線形変換によって x_1-x_2 平面上のベクトル $\boldsymbol{x}$ が y_1-y_2 平面上のベクトル $\boldsymbol{y}$ に移るとしてきたが，ここでは，y_1-y_2 平面が x_1-x_2 平面と同じ場合を前提とする．

次の線形変換を例に考えてみよう．

$$\boldsymbol{y} = f(\boldsymbol{x}) = A\boldsymbol{x} \quad \Longrightarrow \quad \begin{pmatrix} y_1 \\ y_2 \end{pmatrix} = \begin{pmatrix} 2 & 1 \\ 2 & 3 \end{pmatrix} \begin{pmatrix} x_1 \\ x_2 \end{pmatrix} \tag{9.1}$$

図 9.1 をみると，上の線形変換により，ベクトル $\boldsymbol{x} = \begin{pmatrix} 1 \\ 0 \end{pmatrix}$ はベクトル

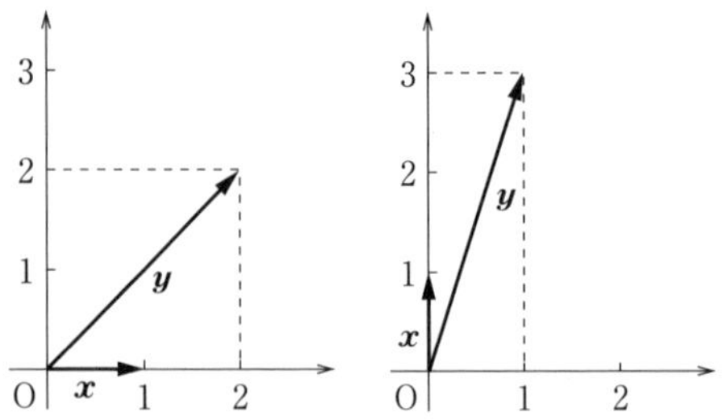

図 9.1

$\boldsymbol{y} = \begin{pmatrix} 2 \\ 2 \end{pmatrix}$ に移され，時計と反対向きに回転して長さが長くなっており，ベクトル $\boldsymbol{x} = \begin{pmatrix} 0 \\ 1 \end{pmatrix}$ はベクトル $\boldsymbol{y} = \begin{pmatrix} 1 \\ 3 \end{pmatrix}$ に移され，時計と同じ向きに回転して長さが長くなっていることがわかる．

また図 9.2 をみると，ベクトル $\boldsymbol{x} = \begin{pmatrix} 1 \\ 1 \end{pmatrix}$ はベクトル $\boldsymbol{y} = \begin{pmatrix} 3 \\ 5 \end{pmatrix}$ に移され，時計と反対向きに回転して長さが長くなっており，ベクトル $\boldsymbol{x} = \begin{pmatrix} 0.2 \\ 1 \end{pmatrix}$ はベクトル $\boldsymbol{y} = \begin{pmatrix} 1.4 \\ 3.4 \end{pmatrix}$ に移され，時計と同じ向きに回転して長さが長くなっていることがわかる．

これらの結果でわかることは，時計と反対向きに回転するベクトルと，

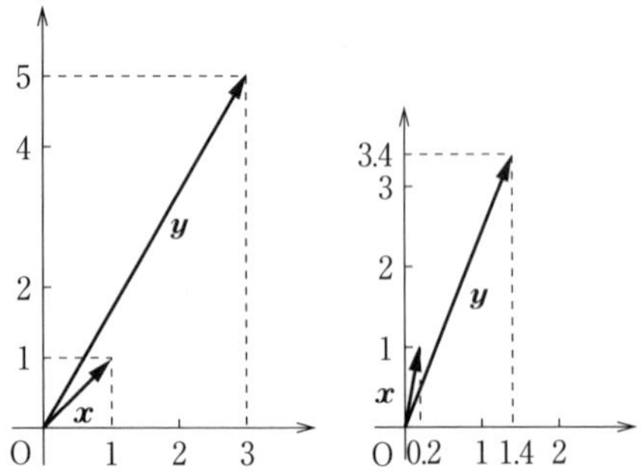

図 9.2

時計と同じ向きに回転するベクトルがあることである．したがって，どこか途中のいい位置にあるベクトルは，どちらにも回転しないのではないかと予想される．そこで，試しに $\boldsymbol{x}=\begin{pmatrix}0.5\\1\end{pmatrix}$ を調べてみると

$$\boldsymbol{y}=\begin{pmatrix}2&1\\2&3\end{pmatrix}\begin{pmatrix}0.5\\1\end{pmatrix}=\begin{pmatrix}2\\4\end{pmatrix}=4\begin{pmatrix}0.5\\1\end{pmatrix}$$

となり，$\boldsymbol{x}=\begin{pmatrix}0.5\\1\end{pmatrix}$ を行列 $\begin{pmatrix}2&1\\2&3\end{pmatrix}$ という線形変換で移すと，回転がなく，方向も同じで，長さだけが 4 倍に長くなることがわかる（図 9.3）．一旦，このようなベクトルの方向が定まると，$\begin{pmatrix}0.5\\1\end{pmatrix}$ の定数倍のベクトルはすべて，線形変換で方向が変わらず，長さが 4 倍になる．つまり，このような方向のベクトルは 1 つには定まらず無数にあり，方向が定まるだけである．試しに，$\begin{pmatrix}0.5\\1\end{pmatrix}$ の代わりに $\begin{pmatrix}1\\2\end{pmatrix}$ を同じ線形変換で移してみると，

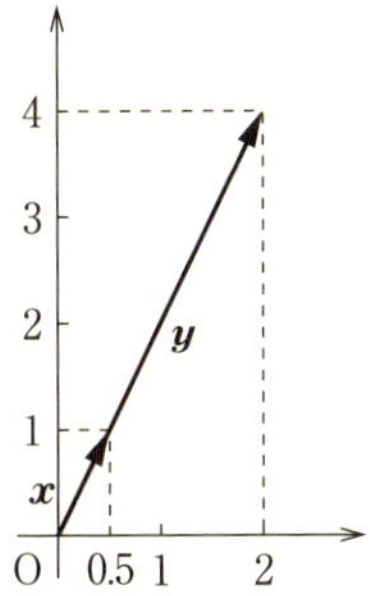

図 9.3

$$\boldsymbol{y}=\begin{pmatrix}2&1\\2&3\end{pmatrix}\begin{pmatrix}1\\2\end{pmatrix}=\begin{pmatrix}4\\8\end{pmatrix}=4\begin{pmatrix}1\\2\end{pmatrix}$$

となり，やはり同じように方向が変わらずに長さだけが 4 倍になっていることがわかる．

このように，線形変換によって $\boldsymbol{x}$ が $\boldsymbol{y}$ に移ったときに，$\boldsymbol{y}$ の方向が $\boldsymbol{x}$ の方向と同じで，長さが λ 倍になるとき，このベクトルを**固有ベクトル**といい，倍率 λ のことを**固有値**という．

9.2 固有値・固有ベクトルの求め方

ここでは，9.1 節で例としてとりあげた行列 $A=\begin{pmatrix}2&1\\2&3\end{pmatrix}$ の固有値と固有

ベクトルを求めてみよう．

いま，固有値を λ とし，固有ベクトルを $\begin{pmatrix} x_1 \\ x_2 \end{pmatrix}$ とすると，(9.1) より次の式が成り立つ．

$$\boldsymbol{y} = f(\boldsymbol{x}) = A\boldsymbol{x} = \lambda\boldsymbol{x} \implies \begin{pmatrix} y_1 \\ y_2 \end{pmatrix} = \begin{pmatrix} 2 & 1 \\ 2 & 3 \end{pmatrix}\begin{pmatrix} x_1 \\ x_2 \end{pmatrix} = \lambda\begin{pmatrix} x_1 \\ x_2 \end{pmatrix} \quad (9.2)$$

ここで λ はギリシャ文字の1つで，ラムダと読む．固有値には習慣的に λ が用いられる．ただし，$\begin{pmatrix} x_1 \\ x_2 \end{pmatrix} \neq \begin{pmatrix} 0 \\ 0 \end{pmatrix}$ とする．

(9.2) を変形すると次のようになる．

$$\begin{cases} 2x_1 + 1x_2 = \lambda x_1 \\ 2x_1 + 3x_2 = \lambda x_2 \end{cases} \implies \begin{cases} (2-\lambda)x_1 + 1x_2 = 0 \\ 2x_1 + (3-\lambda)x_2 = 0 \end{cases} \quad (9.3)$$

この連立方程式は，$x_1 = 0$，$x_2 = 0$ という自明の解をもっているが，固有ベクトルは，この自明の解以外の解のことである．ということは，この連立方程式が2つ以上の解をもつ場合である．

連立1次方程式が唯一の解をもつのが，クラーメルの公式が使える場合で係数の行列式がゼロでない場合であり，解が2つ以上あるということは，係数の行列式の値がゼロであることを意味する．

$$\begin{vmatrix} 2-\lambda & 1 \\ 2 & 3-\lambda \end{vmatrix} = (2-\lambda)(3-\lambda) - 1 \cdot 2 = 0$$

$$\lambda^2 - 5\lambda + 4 = (\lambda - 1)(\lambda - 4) = 0$$

$$\therefore \quad \lambda = 1,\ \lambda = 4$$

上の λ の2次方程式は固有値を定めていて，**固有方程式**という．ここでの計算では固有値は1と4であることがわかったが，固有ベクトルは，それぞれの固有値を代入して次のようになる．

$\lambda = 1$ を (9.3) に代入し，

$$\begin{cases} (2-1)x_1 + 1x_2 = 0 \\ 2x_1 + (3-1)x_2 = 0 \end{cases}$$

となり，$x_2 = -x_1$ となる．この関係を満たすベクトルはすべて固有ベクトルであり，一般には，

$$\begin{pmatrix} x_1 \\ x_2 \end{pmatrix} = \begin{pmatrix} t \\ -t \end{pmatrix} \qquad (t\text{ は任意定数})$$

と表せる．

次に $\lambda = 4$ を (9.3) に代入すると，

$$\begin{cases} (2-4)x_1 + 1x_2 = 0 \\ 2x_1 + (3-4)x_2 = 0 \end{cases}$$

となり，$x_2 = 2x_1$ となる．上と同様，この関係を満たすベクトルはすべて固有ベクトルであり，一般には，

$$\begin{pmatrix} x_1 \\ x_2 \end{pmatrix} = \begin{pmatrix} t \\ 2t \end{pmatrix} \qquad (t\text{ は任意定数})$$

と表せる．

9.3　一般の行列の固有値・固有ベクトル

9.2 節までは具体例で説明してきたが，2 行 2 列の一般的な行列の固有値と固有ベクトルを求めてみよう．

いま，行列 A を $\begin{pmatrix} a_{11} & a_{12} \\ a_{21} & a_{22} \end{pmatrix}$，固有ベクトルを $\boldsymbol{x} = \begin{pmatrix} x_1 \\ x_2 \end{pmatrix}$，固有値を λ とすると，次の式が成り立つ．

$$A\boldsymbol{x} = \lambda\boldsymbol{x} \implies \begin{pmatrix} a_{11} & a_{12} \\ a_{21} & a_{22} \end{pmatrix}\begin{pmatrix} x_1 \\ x_2 \end{pmatrix} = \lambda\begin{pmatrix} x_1 \\ x_2 \end{pmatrix} \tag{9.4}$$

続いて行列の掛け算をして成分ごとに表すと，

$$\begin{cases} a_{11}x_1 + a_{12}x_2 = \lambda x_1 \\ a_{21}x_1 + a_{22}x_2 = \lambda x_2 \end{cases}$$

となり，右辺の項を左辺に集めて整理すると

$$\begin{cases} (a_{11} - \lambda)x_1 + a_{12}x_2 = 0 \\ a_{21}x_1 + (a_{22} - \lambda)x_2 = 0 \end{cases} \tag{9.5}$$

となる.

ここで, 自明な解 $x_1 = 0$, $x_2 = 0$ 以外の解をもつための条件は, クラーメルの公式が使えない場合に相当し, 係数の行列式がゼロでなければならない.

$$\begin{vmatrix} a_{11} - \lambda & a_{12} \\ a_{21} & a_{22} - \lambda \end{vmatrix} = 0$$

この行列式を計算すると

$$\lambda^2 - (a_{11} + a_{22})\lambda + a_{11}a_{22} - a_{12}a_{21} = 0$$

となる.

この2次方程式の解を α, β とすると, 固有ベクトルは (9.5) より次の式から定まる.

$\lambda = \alpha$ のときは,

$$(a_{11} - \alpha)x_1 + a_{12}x_2 = 0$$

となり,

$$\begin{pmatrix} x_1 \\ x_2 \end{pmatrix} = \begin{pmatrix} a_{12}t \\ (\alpha - a_{11})t \end{pmatrix} \qquad (t \text{ は任意定数}) \qquad (9.6)$$

が固有ベクトルである.

$\lambda = \beta$ のときは,

$$(a_{11} - \beta)x_1 + a_{12}x_2 = 0$$

となり,

$$\begin{pmatrix} x_1 \\ x_2 \end{pmatrix} = \begin{pmatrix} a_{12}t \\ (\beta - a_{11})t \end{pmatrix} \qquad (t \text{ は任意定数}) \qquad (9.7)$$

が固有ベクトルである.

例題 9.1

次の行列 A の固有値と, それに対応する固有ベクトルを求めよ.

$$A = \begin{pmatrix} 2 & 1 \\ -2 & 5 \end{pmatrix}$$

［**解**］ A の固有値を λ とし，それに対する固有ベクトルを $\boldsymbol{x}=\begin{pmatrix}x_1\\x_2\end{pmatrix}$ とすると，(9.4) より次の式が成り立つ．

$$A\boldsymbol{x}=\lambda\boldsymbol{x} \quad\Longrightarrow\quad \begin{pmatrix}2&1\\-2&5\end{pmatrix}\begin{pmatrix}x_1\\x_2\end{pmatrix}=\lambda\begin{pmatrix}x_1\\x_2\end{pmatrix}$$

したがって，

$$\begin{cases}2x_1+1x_2=\lambda x_1\\-2x_1+5x_2=\lambda x_2\end{cases}$$

となり，これを整理すると

$$\begin{cases}(2-\lambda)x_1+1x_2=0\\-2x_2+(5-\lambda)x_2=0\end{cases}$$

となる．

自明な解 $x_1=0$，$x_2=0$ 以外の解をもつ条件から，クラーメルの公式が使えない場合に相当し，係数の行列式がゼロとなる．

$$\begin{vmatrix}2-\lambda&1\\-2&5-\lambda\end{vmatrix}=0$$

この行列式の値を計算すると

$$(\lambda-3)(\lambda-4)=0$$

となり，$\lambda=3$，4 が固有値である．

$\lambda=3$ のときは，$x_2=x_1$ となり，(9.6) より固有ベクトルは一般に次のように表せる．

$$\begin{pmatrix}x_1\\x_2\end{pmatrix}=\begin{pmatrix}t\\t\end{pmatrix} \qquad (t\ \text{は任意定数})$$

また，$\lambda=4$ のときは，$x_2=2x_1$ となり，(9.6) より固有ベクトルは次のように表せる．

$$\begin{pmatrix}x_1\\x_2\end{pmatrix}=\begin{pmatrix}t\\2t\end{pmatrix} \qquad (t\ \text{は任意定数})$$

◆

［**問題 9.1.1**］ 次の行列 A の固有値と，それに対応する固有ベクトルを求めよ．

$$A=\begin{pmatrix}4 & -1\\ 2 & 1\end{pmatrix}$$

［**問題 9.1.2**］ある企業の2つの製品AとBの売価と単重（1個当たりの重さ）について，1年前との増減が行列

$$\begin{array}{cc} & \begin{array}{cc}\mathrm{A} & \mathrm{B}\end{array} \\ A= & \begin{pmatrix}3 & 5\\ -2 & -4\end{pmatrix}\begin{array}{l}\text{単価}\\ \text{単重}\end{array}\end{array}$$

で表せるという．

AとBの数量 x_1，x_2 に対する総売上げと総重量 $\begin{pmatrix}y_1\\ y_2\end{pmatrix}$ が，数量 $\begin{pmatrix}x_1\\ x_2\end{pmatrix}$ の何倍かで表せるとき，$\begin{pmatrix}x_1\\ x_2\end{pmatrix}$ はどのようなベクトルか．

9.4　行列の対角化と n 乗

次の節で扱うような「人口移動の問題」では，行列を何乗かする必要がある．人口移動の問題だけでなく，階級の世代間伝達の問題，商業部門から工業部門への富の移動の問題等，経済・経営，社会学等で頻繁に扱われるのが「行列の何乗」を求めることである．

行列の固有値，固有ベクトルを活用する1つの分野が，このような行列の何乗を計算するための，行列を対角化行列（対角線にだけ数字が現れ，他の要素はすべてゼロになるような行列）に変形することである．

対角行列にするアイデアは，「固有ベクトルは，線形変換により方向が変わらず，長さだけが変わる」という事実である．固有ベクトルを新しい基底にとれば，線形変換を表す行列は対角線だけに数値が現れる，いわゆる「対角行列」となることもこの節でわかる．

対角行列のいいところは，対角行列の n 乗は，対角線のところだけを n 乗すればよいということである．

ここでは，例題 9.1 で扱った行列 $A=\begin{pmatrix}2 & 1\\ -2 & 5\end{pmatrix}$ の n 乗を求めることにし，

例題の解で得られた固有ベクトルのうち，代表して

$$\boldsymbol{u} = \begin{pmatrix} x_1 \\ x_2 \end{pmatrix} = \begin{pmatrix} 1 \\ 1 \end{pmatrix}, \qquad \boldsymbol{v} = \begin{pmatrix} x_1 \\ x_2 \end{pmatrix} = \begin{pmatrix} 1 \\ 2 \end{pmatrix}$$

の 2 つを選ぶことにする（もちろん，これ以外でもかまわない）

元の（古い）基底のベクトルは通常の基本ベクトル $\boldsymbol{e}_1 = \begin{pmatrix} 1 \\ 0 \end{pmatrix}$ と $\boldsymbol{e}_2 = \begin{pmatrix} 0 \\ 1 \end{pmatrix}$ とし，新しい基底は上で選んだ固有ベクトルをとると

$$\begin{cases} \boldsymbol{u} = 1\boldsymbol{e}_1 + 1\boldsymbol{e}_2 \\ \boldsymbol{v} = 1\boldsymbol{e}_1 + 2\boldsymbol{e}_2 \end{cases}$$

となるので，8.2 節で学んだように，線形変換を表す行列 $P = \begin{pmatrix} 1 & 1 \\ 1 & 2 \end{pmatrix}$，逆行列 $P^{-1} = \begin{pmatrix} 2 & -1 \\ -1 & 1 \end{pmatrix}$ となる．

この新しい基底のもとでの行列 A' は，(8.8) より次のようになる．

$$\begin{aligned} A' = P^{-1}AP &= \begin{pmatrix} 2 & -1 \\ -1 & 1 \end{pmatrix}\begin{pmatrix} 2 & 1 \\ -2 & 5 \end{pmatrix}\begin{pmatrix} 1 & 1 \\ 1 & 2 \end{pmatrix} \\ &= \begin{pmatrix} 2 & -1 \\ -1 & 1 \end{pmatrix}\begin{pmatrix} 3 & 4 \\ 3 & 8 \end{pmatrix} = \begin{pmatrix} 3 & 0 \\ 0 & 4 \end{pmatrix} \end{aligned}$$

ここから A を求めるには，A' の左から P，右から P^{-1} を掛ければよいので，$A = PA'P^{-1}$ と表される．これを用いると，A^n は次のように求められる．

$$\begin{aligned} A^n &= PA'P^{-1}PA'P^{-1}PA'P^{-1} \cdots PA'P^{-1} \\ &= PA'EA'EA'E \cdots A'P^{-1} \\ &= P(A')^nP^{-1} \\ &= \begin{pmatrix} 1 & 1 \\ 1 & 2 \end{pmatrix}\begin{pmatrix} 3 & 0 \\ 0 & 4 \end{pmatrix}^n\begin{pmatrix} 2 & -1 \\ -1 & 1 \end{pmatrix} \\ &= \begin{pmatrix} 1 & 1 \\ 1 & 2 \end{pmatrix}\begin{pmatrix} 3^n & 0 \\ 0 & 4^n \end{pmatrix}\begin{pmatrix} 2 & -1 \\ -1 & 1 \end{pmatrix} \end{aligned}$$

$$= \begin{pmatrix} 1 & 1 \\ 1 & 2 \end{pmatrix} \begin{pmatrix} 2\cdot 3^n & -3^n \\ -4^n & 4^n \end{pmatrix}$$

$$= \begin{pmatrix} 2\cdot 3^n - 4^n & -3^n + 4^n \\ 2\cdot 3^n - 2\cdot 4^n & -3^n + 2\cdot 4^n \end{pmatrix}$$

例題 9.2

行列 $A = \begin{pmatrix} 4 & 1 \\ -2 & 1 \end{pmatrix}$ の n 乗を求めよ.

［**解**］ 固有ベクトルを $\begin{pmatrix} x \\ y \end{pmatrix}$，固有値を λ とすると，(9.2) より

$$\begin{pmatrix} 4 & 1 \\ -2 & 1 \end{pmatrix} \begin{pmatrix} x \\ y \end{pmatrix} = \lambda \begin{pmatrix} x \\ y \end{pmatrix}$$

これを計算して整理すると次のようになる.

$$\begin{cases} (4-\lambda)x + y = 0 \\ -2x + (1-\lambda)y = 0 \end{cases}$$

$x = 0$，$y = 0$ 以外の解をもつためには，係数の行列式がゼロとなればよいので

$$\begin{vmatrix} 4-\lambda & 1 \\ -2 & 1-\lambda \end{vmatrix} = (4-\lambda)(1-\lambda) - (-2)\cdot 1 = (\lambda - 2)(\lambda - 3) = 0$$

より，$\lambda = 2$，3 が求まる.

$\lambda = 2$ のとき，$y = -2x$ となるので，固有ベクトルとして，一番簡単な $\boldsymbol{u} = \begin{pmatrix} 1 \\ -2 \end{pmatrix}$ をとる.

また，$\lambda = 3$ のとき，$y = -x$ となるので，固有ベクトルとして，同じく一番簡単な $\boldsymbol{v} = \begin{pmatrix} 1 \\ -1 \end{pmatrix}$ をとる.

x_1-x_2 平面，y_1-y_2 平面ともに，古い基底 $\boldsymbol{e}_1$ と $\boldsymbol{e}_2$ から，新しい基底として $\boldsymbol{u}$ と $\boldsymbol{v}$ をとると，$\boldsymbol{u} = \boldsymbol{e}_1 - 2\boldsymbol{e}_2$，$\boldsymbol{v} = \boldsymbol{e}_1 - \boldsymbol{e}_2$ となるので，基底の変換を表す行列は，

$$P = Q = \begin{pmatrix} 1 & 1 \\ -2 & -1 \end{pmatrix}$$

逆行列は，

$$Q^{-1}=\begin{pmatrix}-1 & -1\\ 2 & 1\end{pmatrix}$$

となる．

　A を A' を用いて表すと $A=PA'P^{-1}$ となるので，

$$\begin{aligned}A^n &= P(A')^nP^{-1}\\ &=\begin{pmatrix}1 & 1\\ -2 & -1\end{pmatrix}\begin{pmatrix}2 & 0\\ 0 & 3\end{pmatrix}^n\begin{pmatrix}-1 & -1\\ 2 & 1\end{pmatrix}\\ &=\begin{pmatrix}1 & 1\\ -2 & -1\end{pmatrix}\begin{pmatrix}2^n & 0\\ 0 & 3^n\end{pmatrix}\begin{pmatrix}-1 & -1\\ 2 & 1\end{pmatrix}=\begin{pmatrix}1 & 1\\ -2 & -1\end{pmatrix}\begin{pmatrix}-2^n & -2^n\\ 2\cdot 3^n & 3^n\end{pmatrix}\\ &=\begin{pmatrix}-2^n+2\cdot 3^n & -2^n+3^n\\ 2^{n+1}-2\cdot 3^n & 2^{n+1}-3^n\end{pmatrix}\end{aligned}$$

となる．

◆

［**問題 9.2.1**］　行列 $A=\begin{pmatrix}4 & 1\\ -5 & -2\end{pmatrix}$ の n 乗を求めよ．

［**問題 9.2.2**］　ある国では，東部と西部で人口が毎年一定の割合で移動している．東部から西部へ移動する割合が 0.7，東部に残っている人が 0.3 であり，西部から東部へ移動する割合が 0.6，西部に残っている人が 0.4 のとき，この移動を表す行列は

$$A=\begin{pmatrix}0.7 & 0.4\\ 0.3 & 0.6\end{pmatrix}$$

である．このとき，A の n 乗を求めよ．

9.5　人口移動の問題

　行列の何乗を求める問題の応用例として，都市と農村の人口移動の問題を考えてみよう．

　毎年，都市の人口の 2 割は農村に移住し，8 割は都市にとどまっているとする．また，農村の人口の 3 割が都市に移住し，7 割は農村にとどまってい

るとする．2010年のはじめに，都市には100万人，農村には50万人が住んでいたとしよう．都市と農村の移住の割合が10年間変わらなかったとしたら，10年後の2020年には都市と農村の人口はどのくらいになっているだろうかという問題である．

これを式で表すために，n 年後の都市の人口を x_n，農村の人口を y_n とすると，次の関係式が成り立つ．

$$\begin{pmatrix} x_{n+1} \\ y_{n+1} \end{pmatrix} = \begin{pmatrix} 0.8 & 0.3 \\ 0.2 & 0.7 \end{pmatrix} \begin{pmatrix} x_n \\ y_n \end{pmatrix}$$

ここで現れた行列 $A = \begin{pmatrix} 0.8 & 0.3 \\ 0.2 & 0.7 \end{pmatrix}$ は**確率推移行列**とよばれ，1列目のベクトルも2列目のベクトルも要素の和が1となるのが特徴である．2010年のはじめの人口は都市が $x_0 = 100$，農村が $y_0 = 50$ であるが，2年後の都市と農村の人口 x_2，y_2 を x_0，y_0 で表すと，

$$\begin{aligned} \begin{pmatrix} x_2 \\ y_2 \end{pmatrix} &= \begin{pmatrix} 0.8 & 0.3 \\ 0.2 & 0.7 \end{pmatrix} \begin{pmatrix} x_1 \\ y_1 \end{pmatrix} \\ &= \begin{pmatrix} 0.8 & 0.3 \\ 0.2 & 0.7 \end{pmatrix} \left(\begin{pmatrix} 0.8 & 0.3 \\ 0.2 & 0.7 \end{pmatrix} \begin{pmatrix} x_0 \\ y_0 \end{pmatrix} \right) \\ &= \begin{pmatrix} 0.8 & 0.3 \\ 0.2 & 0.7 \end{pmatrix}^2 \begin{pmatrix} x_0 \\ y_0 \end{pmatrix} \end{aligned}$$

のように，行列の2乗が出てくる．

同様にして，n 年後の都市と農村の人口は次のように表せる．

$$\begin{pmatrix} x_n \\ y_n \end{pmatrix} = \begin{pmatrix} 0.8 & 0.3 \\ 0.2 & 0.7 \end{pmatrix}^n \begin{pmatrix} x_0 \\ y_0 \end{pmatrix}$$

行列 A について，A^n を求める手法は前節で扱ったので途中の詳しい計算は省略すると，A の固有値は1と0.5であるから，それぞれの固有ベクトルとして，$\begin{pmatrix} 3 \\ 2 \end{pmatrix}$ と $\begin{pmatrix} 1 \\ -1 \end{pmatrix}$ を選ぶ．

（注）
$$\begin{pmatrix} 0.8 & 0.3 \\ 0.2 & 0.7 \end{pmatrix} \begin{pmatrix} x \\ y \end{pmatrix} = \lambda \begin{pmatrix} x \\ y \end{pmatrix} \implies \begin{cases} (0.8 - \lambda)x + 0.3y = 0 \\ 0.2x + (0.7 - \lambda)y = 0 \end{cases}$$

$$\begin{vmatrix} 0.8-\lambda & 0.3 \\ 0.2 & 0.7-\lambda \end{vmatrix} = 0, \qquad \therefore \quad (\lambda-1)(\lambda-0.5)=0$$

$\lambda=1$ のとき，$0.3y=0.2x$ より $y=\dfrac{2}{3}x$ なので，$x=3$，$y=2$ を選んで $\begin{pmatrix} 3 \\ 2 \end{pmatrix}$.

$\lambda=0.5$ のとき，$0.3y=-0.3x$ より $y=-x$ なので，$x=1$，$y=-1$ を選んで $\begin{pmatrix} 1 \\ -1 \end{pmatrix}$.

これらの固有ベクトルを新しい基底とすると，基底の変換を表す行列 P とその逆行列 P^{-1} は次のようになる.

$$P=\begin{pmatrix} 3 & 1 \\ 2 & -1 \end{pmatrix}, \qquad P^{-1}=\frac{1}{-5}\begin{pmatrix} -1 & -1 \\ -2 & 3 \end{pmatrix}=\frac{1}{5}\begin{pmatrix} 1 & 1 \\ 2 & -3 \end{pmatrix}$$

この行列により，行列 A は次のように対角行列に変換される.

$$A'=P^{-1}AP=\begin{pmatrix} 1 & 0 \\ 0 & 0.5 \end{pmatrix}$$

これより，A^n は次のように求められる.

$$\begin{aligned} A^n &= P(A')^nP^{-1} \\ &= \begin{pmatrix} 3 & 1 \\ 2 & -1 \end{pmatrix}\begin{pmatrix} 1^n & 0 \\ 0 & 0.5^n \end{pmatrix}\frac{1}{5}\begin{pmatrix} 1 & 1 \\ 2 & -3 \end{pmatrix} \\ &= \frac{1}{5}\begin{pmatrix} 3+2\cdot 0.5^n & 3-3\cdot 0.5^n \\ 2-2\cdot 0.5^n & 2+3\cdot 0.5^n \end{pmatrix} \end{aligned}$$

したがって，10 年後の人口は，$n=10$ とおくと $0.5^{10}=0.0009765\cdots$ となるので，この値はゼロで近似して $0.5^{10}=0$ とすると

$$A^{10}=\frac{1}{5}\begin{pmatrix} 3 & 3 \\ 2 & 2 \end{pmatrix}$$

となり，10 年後は

$$\begin{pmatrix} x_{10} \\ y_{10} \end{pmatrix}=\frac{1}{5}\begin{pmatrix} 3 & 3 \\ 2 & 2 \end{pmatrix}\begin{pmatrix} 100 \\ 50 \end{pmatrix}=\begin{pmatrix} 90 \\ 60 \end{pmatrix}$$

のように，都市の人口は 90 万人で，農村の人口は 60 万人になることがわかる.

［**問題 9.3.1**］ $x_0 = 17$，$y_0 = 34$ で

$$\begin{pmatrix} x_{n+1} \\ y_{n+1} \end{pmatrix} = \begin{pmatrix} 0.1 & 0.8 \\ 0.9 & 0.2 \end{pmatrix} \begin{pmatrix} x_n \\ y_n \end{pmatrix}$$

が成り立つとき，$\begin{pmatrix} x_n \\ y_n \end{pmatrix}$ を求めよ．ただし，$0.7^n = 0$ としてよい．

［**問題 9.3.2**］ 2つの国X，Yが陸地の国境で接していて，常に両国間を移住している人がたくさんいるとする．毎年，Xの人口の1割はYに移住し，9割はXにとどまっているとする．また，Yの人口の2割がAに移住し，8割はYにとどまっているとする．ある年のはじめに，Xには80万人，Yには50万人が住んでいたとしよう．XとYの移住の割合が20年間変わらなかったとして，20年後のXとYの人口を求めよ．

問題略解

第 1 章

［問題 1.1.1］（1）
$$f'(x)=\lim_{h\to 0}\frac{f(x+h)-f(x)}{h}$$
$$=\lim_{h\to 0}\frac{(x+h)^2+3(x+h)-x^2-3x}{h}$$
$$=\lim_{h\to 0}\frac{2xh+h^2+3h}{h}$$
$$=\lim_{h\to 0}(2x+h+3)=2x+3$$

（2）$f'(1)=2\cdot 1+3=5$

（3）$f'(3)=2\cdot 3+3=9$

［問題 1.1.2］（1）
$$f'(x)=\lim_{h\to 0}\frac{f(x+h)-f(x)}{h}=\lim_{h\to 0}\frac{2(x+h)^3-2x^3}{h}$$
$$=\lim_{h\to 0}\frac{2x^3+6x^2h+6xh^2+2h^3-2x^3}{h}$$
$$=\lim_{h\to 0}(6x^2+6xh+2h^2)=6x^2$$

（2）x 分後の製造速度，単位はリットル/分

（3）$f'(1)=6\cdot 1^2=6$

［問題 1.2.1］$f'(x)=6x^5$，$f'(2)=6\cdot 2^5=192$

［問題 1.2.2］（1）$f'(x)=4x^3$，x 日後の価格の変化率，単位はドル/日

（2）$f'(3)=4\cdot 3^3=108$（ドル/日）

［問題 1.3.1］$f'(x)=-15x^4+6x-6$

$f'(1)=-15+6-6=-15$，　$f'(2)=-15\cdot 2^4+6\cdot 2-6=-234$

［問題 1.3.2］x 日後の物価指数の変化率（%/日）は $f'(x)$ で求まる．

$$f'(x)=0.4x-0.4$$
$$f'(4)=0.4\cdot 4-0.4=1.2$$

［問題 1.4.1］
$$h'(x)=(6x-6)(2x^3+5x-2)+(3x^2-6x+4)(6x^2+5)$$
$$=30x^4-48x^3+69x^2-72x+32$$
$$h'(0)=0+32=32$$

［問題 1.4.2］x 日後の売上額は，単価に数量を掛けた

$$f(x)g(x) = (0.2x^2 - 0.3x + 2)(x^3 - x^2 + 4x + 2)$$

となる．

（1） 売上額の変化率は導関数であるから

$$\begin{aligned}(f(x)g(x))' &= (0.4x - 0.3)(x^3 - x^2 + 4x + 2) \\ &\quad + (0.2x^2 - 0.3x + 2)(3x^2 - 2x + 4) \\ &= x^4 - 2x^3 + 9.3x^2 - 5.6x + 7.4\end{aligned}$$

（2） （1）の結果に $x = 2$ を代入して

$$0.5 \times 14 + 2.2 \times 12 = 7 + 26.4 = 33.4$$

[問題 1.5.1] $s'(x) = \dfrac{2(12x^3 + 12x^2 - 5)}{(3x + 2)^2}$

$$s'(0) = \frac{-10}{2^2} = -\frac{5}{2}$$

[問題 1.5.2] （1） $s'(x) = \dfrac{2(5x^2 + 15x - 9)}{(2x + 3)^2}$

（2） x 年後に，毎年何人の割合で変化しているかという量で，単位は（人/年）である．

（3） $f'(5) = \dfrac{(50 - 6)(10 + 3) - (125 - 30)(2)}{(10 + 3)^2} = \dfrac{382}{169}$

[問題 1.6.1] $y' = 4(3x^2 - 5x + 7)^3(6x - 5)$ より，$x = 0$ を代入して，$f'(0) = 4 \cdot 7^3 \cdot (-5) = -6860$ となる．

[問題 1.6.2] （1） $f'(x) = 2(x^3 - 4x^2 + 6x + 2)(3x^2 - 8x + 6)$

（2） 2ヶ月後： $f'(2) = 2 \cdot (8 - 16 + 12 + 2) \cdot (12 - 16 + 6) = 24$

[問題 1.7.1] 9×5^x

[問題 1.7.2] $f(x) = 1000 \times 1.02^x$

$$f'(5) = 1000 \times 1.02^5 \fallingdotseq 1104, \quad f'(20) = 1000 \times 1.02^{20} \fallingdotseq 1486$$

[問題 1.8.1] （1） $a^7 = a^{3+4} = a^3 \times a^4 = 343 \times 16807 = 5764801$

（2） $6^0 = 1$

（3） $a^{-9} = \dfrac{1}{a^9} = \dfrac{1}{4}$

（4） $a^{10} = a^{5\times 2} = (a^5)^2 = 7^2 = 49$

[問題 1.8.2] （1） $1 \times 1.1^3 = 1.331$（億人）

（2） $1 \times 1.1^{-3} = \dfrac{1}{1.1^3} = \dfrac{1}{1.331} = 0.751315$（億人）

（3） $1 \times 1.1^{12} = (1.1^3)^4 = 1.331^4 = 3.13843$（億人）

[問題 1.9.1] (1) $\log_3 27 = \log_3 3^3 = 3$

(2) $\log_{10} 1000 = \log_{10} 10^3 = 3$

(3) $\log_5 5 = 1$

(4) $\log_{12} 1 = 0$

[問題 1.9.2] (1) $\log_3 81 = \log_3 9^2 = \log_3 3^4 = 4$, ∴ 4ヶ月後

(2) $\log_3 x$ ヶ月後

[問題 1.10.1] (1) $\log_c ab = \log_c a + \log_c b = 2 + 4 = 6$

(2) $\log_c \dfrac{a}{b} = \log_c a - \log_c b = 15 - 5 = 10$

(3) $\log_a b^2 = 2\log_a b = 2\cdot 6 = 12$

(4) $\log_c b = \dfrac{\log_4 b}{\log_4 c} = \dfrac{6}{3} = 2$

[問題 1.10.2] (1) $\log_c ab = \log_c a + \log_c b = 2 + 4 = 6$, ∴ 6年後

(2) $\log_c \dfrac{b}{a} = \log_c b - \log_c a = 4 - 2 = 2$, ∴ 2年後

(3) $\log_c b^5 = 5\log_c b = 5\cdot 4 = 20$, ∴ 20年後

(4) $\log_a b = \dfrac{\log_c b}{\log_c a} = \dfrac{4}{2} = 2$, ∴ $2T$

[問題 1.11.1] 電卓で計算すると，$\left(1 + \dfrac{1}{10000}\right)^{10000} = 2.7181459268$ と求められるので，2.718 までは正しい値と同じである．

[問題 1.11.2] $200 \times e^{0.03} \fallingdotseq 200 \times (2.718)^{0.03} \fallingdotseq 206.0909$, ∴ 約 206 万円

[問題 1.12.1] (1) $f'(x) = (4x^3 - 6x^2 + 5)e^x + (x^4 - 2x^3 + 5x)e^x$,

$f'(0) = 5\cdot 1 + 0\cdot 1 = 5$

(2) $f'(x) = e^{2x^3-3x^2+4x}\cdot(6x^2 - 6x + 4)$, $f'(0) = e^0\cdot 4 = 4$

(3) $f'(x) = 7e^{7x}$, $f'(0) = 7e^0 = 7$

(4) $f'(x) = \dfrac{4e^{2x}(x-2)}{(2x-3)^2}$, $f'(0) = \dfrac{2\cdot(-3) - 1\cdot 2}{(-3)^2} = -\dfrac{8}{9}$

[問題 1.12.2] $f'(x) = e^{2x}(-2x^2 + 4x + 19)$．これが求める変化率である．

[問題 1.13.1] (1) $f'(x) = 7^x \log_e 7$, $f'(0) = \log_e 7$

(2) $f'(x) = 5^x \log_e 5$, $f'(0) = \log_e 5$

(3) $f'(x) = (6x - 4) \times 3^x + (3x^2 - 4x + 8)\cdot 3^x \log_e 3$,

$f'(0) = -4 + 8\log_e 3$

(4) $f'(x) = 7^{x^3-4x^2+3x}\log_e 7\cdot(3x^2 - 8x + 3)$, $f'(0) = 3\log_e 7$

[問題 1.13.2] $f'(x) = 2^{-2x}(\log_e 2)\cdot(-2)(x^2 + 3x + 6) + 2^{-2x}(2x + 3)$

$$f'(2) = 2^{-4}(-2)\cdot 16\log_e 2 + 2^{-4}\cdot 7 = \frac{7}{16} - 2\log_e 2$$ （トン/円）

［問題 1.14.1］（1） $f'(x) = 3x^2\log_e x + x^3\cdot\dfrac{1}{x} = 3x^2\log_e x + x^2$

$f'(1) = 0 + 1 = 1$

（2） $f'(x) = \dfrac{1}{x^3+3x^2+5}\times(3x^2+6x) = \dfrac{3x^2+6x}{x^3+3x^2+5}$,

$f'(1) = \dfrac{9}{9} = 1$

（3） $f'(x) = 2(\log_e x)\cdot\dfrac{1}{x} = \dfrac{2(\log_e x)}{x}$, $f'(1) = \dfrac{0}{1} = 0$

（4） $f'(x) = 3x^2\log_3 x + x^3\dfrac{1}{\log_e 3}\cdot\dfrac{1}{x} = 3x^2\log_3 x + \dfrac{x^2}{\log_e 3}$,

$f'(1) = \dfrac{1}{\log_e 3}$

（5） $f'(x) = \dfrac{3x^2+8x}{(\log_e 5)(x^3+4x^2+9)}$, $f'(1) = \dfrac{11}{14\log_e 5}$

（6） $f'(x) = \dfrac{3(\log_9 x)^2}{(\log_e 9)x}$, $f'(1) = \dfrac{0}{\log_e 9} = 0$

［問題 1.14.2］ 求める変化率は

$$f'(x) = (2x+3)\log_2 x + (x^2+3x+2)\frac{1}{(\log_e 2)x}$$

$$f'(1) = 0 + \frac{6}{\log_e 2} = \frac{6}{\log_e 2}$$

［問題 1.15.1］（1） $f'(x) = -5x^{-6}$, $\therefore$ $f'(1) = -5$

（2） $f'(x) = \dfrac{2}{7}x^{-\frac{5}{7}}$, $\therefore$ $f'(1) = \dfrac{2}{7}$

（3） $f'(x) = \dfrac{5}{2}x^{-\frac{1}{2}}$, $\therefore$ $f'(1) = \dfrac{5}{2}$

（4） $f(x) = x^{-5}$, $f'(x) = -5x^{-6}$, $f'(1) = -5$

（5） $f'(x) = 3e^{3x}x^{\frac{3}{7}} + e^{3x}\cdot\dfrac{3}{7}x^{-\frac{4}{7}}$, $f'(1) = 3e^3 + \dfrac{3}{7}e^3 = \dfrac{24}{7}e^3$

（6） $(\sqrt{x})' = (x^{\frac{1}{2}})' = \dfrac{1}{2}x^{-\frac{1}{2}} = \dfrac{1}{2\sqrt{x}}$ より

$f'(x) = \dfrac{\sqrt{3}}{2\sqrt{x}}\log_e x + \sqrt{x}\cdot\dfrac{\sqrt{3}}{x} = \dfrac{(\log_e x + 2)\sqrt{3}}{2\sqrt{x}}$

$f'(1) = \dfrac{2\sqrt{3}}{2} = \sqrt{3}$

[問題 1.15.2]　$f'(x) = \dfrac{2}{5}x^{-\frac{3}{5}}$

[問題 1.16.1]　(1)　$f'(x) = -6x^2 + 6x - 4$ より，$x = 1$ での接線の傾きは $f'(1) = -4$ となる．接線の式は $y - (-1) = -4(x - 1)$ より，$y = -4x + 3$ となる．

(2)　$f'(x) = 12e^{3x} - 3^x \log_e 3$，$f'(0) = 12 - \log_e 3$．よって，接線の式は $y - 1 = (12 - \log_e 3)(x - 0)$ より，$y = (12 - \log_e 3)x + 1$ となる．

(3)　$f'(x) = (2x - 3)\log_{10} x + (x^2 - 3x + 2)\dfrac{1}{x \log_e 10}$，$f'(1) = 0 + 0 = 0$．よって，接線の式は $y - 0 = 0(x - 1)$ より，$y = 0$ となる．

[問題 1.16.2]　(1)　$f'(x) = \dfrac{2}{3}x^{-\frac{1}{3}}$

(2)　$f'(27) = \dfrac{2}{3} \times \dfrac{1}{27^{\frac{1}{3}}} = \dfrac{2}{3} \times \dfrac{1}{3} = \dfrac{2}{9}$

(3)　グラフ上では，点 P(27, 9) における接線の傾きを表す．

第 2 章

[問題 2.1.1]　(1)　$f_x(x, y) = 8x^3 + 9x^2y^2$，　$f_y(x, y) = 6x^3y - 9y^2$ より，

$$f_x(0, 0) = 0, \qquad f_y(0, 0) = 0$$

(2)　$f_x(x, y) = 5(5x + 4y)^4 \cdot 5$，　$f_y(x, y) = 5(5x + 4y)^4 \cdot 4$ より，

$$f_x(0, 0) = 0, \qquad f_y(0, 0) = 0$$

(3)　$f_x(x, y) = e^{6x-3y} \cdot 6$，　$f_y(x, y) = e^{6x-3y} \cdot (-3)$ より，

$$f_x(0, 0) = 6, \qquad f_y(0, 0) = -3$$

(4)　$f_x(x, y) = \dfrac{3}{3x + 4y + 2}$，　$f_y(x, y) = \dfrac{4}{3x + 4y + 2}$ より，

$$f_x(0, 0) = \frac{3}{2}, \qquad f_y(0, 0) = \frac{4}{2} = 2$$

[問題 2.1.2]　(1)　$f(1, y) = 3 - 4y^2 + 5y^3$，　$f_x(1, y) = -8y + 15y^2$

(2)　$f_y(x, y) = -8xy + 15y^2$

(3)　$f(x, 2) = 3x^2 - 16x + 40$，　$f_x(x, 2) = 6x - 16$

(4)　$f_x(x, y) = 6x - 4y^2$

[問題 2.2.1]　$dz = (28x^3 - 12x^2y^2)dx + (-8x^3y + 6y^2)dy$ に，$x = 2$，$y = 1$，$dx = 0.2$，$dy = 0.3$ を代入して，

$$dz = 176 \cdot 0.2 - 58 \cdot 0.3 = 17.8$$

[問題 2.2.2]　(1)　$dz = (4x - 3y^2)dx + (-6xy + 12y^2)\,dy$

（2） $dz = (4-12)\cdot 0.2 + (-12+48)\cdot 0.3 = 9.2$ （トン）

[問題 2.3.1] $\dfrac{\partial z}{\partial x} = \dfrac{dz}{dt}\dfrac{\partial t}{\partial x} = (4t^3 - 6e^{2t})(2x - 10xy^3)$

$$\frac{\partial z}{\partial y} = \frac{dz}{dt}\frac{\partial t}{\partial y} = (4t^3 - 6e^{2t})(-15x^2y^2 + 28y^3)$$

[問題 2.3.2] （1） $\dfrac{\partial z}{\partial x} = \dfrac{dz}{dt}\dfrac{\partial t}{\partial x} = (3t^2 - 2)(2e^{2x+3y} - 2x)$

（2） $\dfrac{\partial z}{\partial y} = \dfrac{dz}{dt}\dfrac{\partial t}{\partial y} = (3t^2 - 2)(3e^{2x+3y} + 8y)$

[問題 2.4.1] $\dfrac{dy}{dx} = \dfrac{\partial y}{\partial t}\dfrac{dt}{dx} + \dfrac{\partial y}{\partial s}\dfrac{ds}{dx}$

$$= (4t + 4s)(-21e^{-3x} + 10x) + (4t + 9s^2)(-12e^{-3x} + 4x)$$

[問題 2.4.2] $\dfrac{dy}{dx} = \dfrac{\partial y}{\partial t}\dfrac{dt}{dx} + \dfrac{\partial y}{\partial s}\dfrac{ds}{dx}$

$$= 0.8(-12e^{-4x}x^2 + 6e^{-4x}x) + 0.6(3x^2e^{-5x} - 5x^3e^{-5x})$$

[問題 2.5.1] $\dfrac{\partial f}{\partial y} = 9y^2 - 4$ より，$\dfrac{\partial f}{\partial y}(0,0) = -4 \neq 0$．点 $\mathrm{P}(0,0)$ の近傍において，y は x の関数として一意的に定まり，その近傍で

$$\frac{dy}{dx} = -\frac{\dfrac{\partial f}{\partial x}}{\dfrac{\partial f}{\partial y}} = -\frac{12x^2 - 6e^{-2x}}{9y^2 - 4}$$

となる．

[問題 2.5.2] $\dfrac{\partial f}{\partial y} = 6xe^{-2y} + 2y - 2$ より，$\dfrac{\partial f}{\partial y}(0,0) = -2 \neq 0$．点 $\mathrm{P}(0,0)$ の近傍において，y は x の関数として一意的に定まり，その近傍で

$$\frac{dy}{dx} = -\frac{\dfrac{\partial f}{\partial x}}{\dfrac{\partial f}{\partial y}} = -\frac{2x - 3e^{-2y}}{6xe^{-2y} + 2y - 2}$$

となる．

[問題 2.6.1] $f(x) = 2e^{3x} = a_0 + a_1 + a_2x^2 + a_3x^3 + \cdots$ とおくと，$f(0) = 2 = a_0$．$f'(x) = 2\cdot 3e^{3x} = a_1 + 2a_2x + 3a_3x^2 + \cdots$ より，$f'(0) = 2\cdot 3 = a_1$．$f''(x) = 2\cdot 3^2e^{3x} = 2a_2 + 3\cdot 2a_3x + \cdots$ より，$f''(0) = 2\cdot 3^2 = 2a_2$，$a_2 = \dfrac{2\cdot 3^2}{2}$．よって，

$$f(x) = 2 + 2\cdot 3x + \frac{2\cdot 3^2}{2}x^2 + \cdots + \frac{2\cdot 3^n}{n!}x^n + \cdots$$

と表せる．

［問題 2.6.2］ $f(x) = e^{-3x} = a_0 + a_1 + a_2x^2 + a_3x^3 + \cdots$とおくと，$f(0) = 1 = a_0$．$f'(x) = (-3)e^{-3x} = a_1 + 2a_2x + 3a_3x^2 + \cdots$より，$f'(0) = -3 = a_1$．$f''(x) = (-3)^2e^{-3x} = 2a_2 + 3\cdot 2a_3x + \cdots$より，$f''(0) = (-3)^2 = 2a_2$，$a_2 = \dfrac{(-3)^2}{2}$．

よって，3次までは

$$f(x) = 1 + (-3)x + \frac{(-3)^2}{2}x^2 + \frac{(-3)^3}{3!}x^3 + \cdots$$
$$= 1 - 3x + \frac{9}{2}x^2 - \frac{9}{2}x^3 + \cdots$$

と表せる．

［問題 2.7.1］ $f(x) = 3e^{-4x}$

$$= f(1) + f'(1)(x-1) + \frac{f''(1)}{2}(x-1)^2$$
$$+ \frac{f^{(3)}(1)}{3!}(x-1)^3 + \frac{f^{(4)}(1)}{4!}(x-1)^4 + \cdots$$

とおくと，$f'(x) = 3\cdot(-4)e^{-4x}$，$f''(x) = 3\cdot(-4)^2e^{-4x}$，$f^{(3)}(x) = 3\cdot(-4)^3e^{-4x}$，$f^{(4)}(x) = 3\cdot(-4)^4e^{-4x}$より，

$f(1) = 3e^{-4}$，$f'(1) = 3\cdot(-4)e^{-4}$，$f''(1) = 3\cdot(-4)^2e^{-4}$，$f^{(3)}(1) = 3\cdot(-4)^3e^{-4}$，$f^{(4)}(1) = 3\cdot(-4)^4e^{-4}$．

よって，4次までは

$$f(x) = 3e^{-4} + 3\cdot(-4)e^{-4}(x-1) + \frac{3\cdot(-4)^2e^{-4}}{2!}(x-1)^2$$
$$+ \frac{3\cdot(-4)^3e^{-4}}{3!}(x-1)^3 + \frac{3\cdot(-4)^4e^{-4}}{4!}(x-1)^4 + \cdots$$

となる．

［問題 2.7.2］ $f(x) = 0.1e^{2x}$

$$= f(1) + f'(1)(x-1) + \frac{f''(1)}{2}(x-1)^2$$
$$+ \frac{f^{(3)}(1)}{3!}(x-1)^3 + \cdots$$

とおくと，$f'(x) = 0.1\cdot(2)e^{2x}$，$f''(x) = 0.1\cdot(2)^2e^{2x}$．$f^{(3)}(x) = 0.1\cdot(2)^3e^{2x}$より，$f(1) = 0.1e^2$，$f'(1) = 0.1\cdot(2)e^2$，$f''(1) = 0.1\cdot(2)^2e^2$，$f^{(3)}(1) = 0.1\cdot(2)^3e^2$．

よって，3次までは

$$f(x) = 0.1e^2 + 0.1\cdot(2)e^2(x-1) + \frac{0.1\cdot(2)^2e^2}{2!}(x-1)^2$$
$$+ \frac{0.1\cdot(2)^3e^2}{3!}(x-1)^3 + \cdots$$

となる．

[問題 2.8.1]　$f(0,0)=6,\quad \dfrac{\partial f}{\partial x}=2xe^{-4y}+15e^{3x}y^2,\quad \dfrac{\partial f}{\partial x}(0,0)=0,$

$$\frac{\partial f}{\partial y}=-4x^2e^{-4y}+10e^{3x}y+6y^2-3,\quad \frac{\partial f}{\partial y}(0,0)=-3$$

$$\frac{\partial^2 f}{\partial x^2}=2e^{-4y}+45e^{3x}y^2,\quad \frac{\partial^2 f}{\partial x^2}(0,0)=2,$$

$$\frac{\partial^2 f}{\partial x\,\partial y}=-8xe^{-4y}+30e^{3x}y,\quad \frac{\partial^2 f}{\partial x\,\partial y}(0,0)=0$$

$$\frac{\partial^2 f}{\partial y^2}=16x^2e^{-4y}+10e^{3x}+12y,\quad \frac{\partial^2 f}{\partial y^2}(0,0)=10$$

$$\frac{\partial^3 f}{\partial x^3}=135e^{3x}y^2,\quad \frac{\partial^3 f}{\partial x^3}(0,0)=0$$

$$\frac{\partial^3 f}{\partial x^2\,\partial y}=-8e^{-4y}+90e^{3x}y,\quad \frac{\partial^3 f}{\partial x^2\,\partial y}(0,0)=-8$$

$$\frac{\partial^3 f}{\partial x\,\partial y^2}=32xe^{-4y}+30e^{3x},\quad \frac{\partial^3 f}{\partial x\,\partial y^2}(0,0)=30$$

$$\frac{\partial^3 f}{\partial y^3}=-64x^2e^{-4y}+12,\quad \frac{\partial^3 f}{\partial y^3}(0,0)=12$$

よって，3 次までは

$$\begin{aligned}
f(x,\ y)=f(0,0)&+\left\{\frac{\partial f}{\partial x}(0,0)\cdot x+\frac{\partial f}{\partial y}(0,0)\cdot y\right\}\\
&+\frac{1}{2!}\left\{\frac{\partial^2 f}{\partial x^2}(0,0)\cdot x^2+2\cdot\frac{\partial^2 f}{\partial x\,\partial y}(0,0)\cdot xy+\frac{\partial^2 f}{\partial y^2}(0,0)\cdot y^2\right\}\\
&+\frac{1}{3!}\left\{\frac{\partial^3 f}{\partial x^3}(0,0)\cdot x^3+3\cdot\frac{\partial^3 f}{\partial x^2\,\partial y}(0,0)\cdot x^2y\right.\\
&\qquad\left.+3\cdot\frac{\partial^3 f}{\partial x\,\partial y^2}(0,0)\cdot xy^2+\frac{\partial^3 f}{\partial y^3}(0,0)\cdot y^3\right\}+\cdots\\
&=6-3y+\frac{1}{2!}(2x^2+0xy+10y^2)\\
&\quad+\frac{1}{3!}(0x^3-24x^2y+90xy^2+12y^3)+\cdots\\
&=6-3y+x^2+5y^2-4x^2y+15xy^2+2y^3+\cdots
\end{aligned}$$

となる．

[問題 2.8.2]　3 次までのテイラー展開による．

$$\begin{aligned}
f(x,y)=f(0,0)&+\left\{\frac{\partial f}{\partial x}(0,0)\cdot x+\frac{\partial f}{\partial y}(0,0)\cdot y\right\}\\
&+\frac{1}{2!}\left\{\frac{\partial^2 f}{\partial x^2}(0,0)\cdot x^2+2\cdot\frac{\partial^2 f}{\partial x\,\partial y}(0,0)\cdot xy+\frac{\partial^2 f}{\partial y^2}(0,0)\cdot y^2\right\}
\end{aligned}$$

$$+\frac{1}{3!}\left\{\frac{\partial^3 f}{\partial x^3}(0,0)\cdot x^3+3\cdot\frac{\partial^3 f}{\partial x^2\partial y}(0,0)\cdot x^2y\right.$$
$$\left.+3\cdot\frac{\partial^3 f}{\partial x\partial y^2}(0,0)\cdot xy^2+\frac{\partial^3 f}{\partial y^3}(0,0)\cdot y^3\right\}+\cdots$$
$$=2-3x+6y+x^2-9xy+9y^2$$
$$+0x^3+\frac{3\cdot 6}{6}x^2y+\frac{3\cdot(-27)}{6}xy^2+\frac{54}{6}y^3+\cdots$$
$$=2-3x+6y+x^2-9xy+9y^2+3x^2y-\frac{27}{2}xy^2+9y^3+\cdots$$

[問題 2.9.1]　(1)　$f'(x)=2e^{-x}+(2x+3)(-e^{-x})=(-2x-1)e^{-x}=0$ より，$x=-\frac{1}{2}$ が得られる．

(2)　$f''(x)=(-2)e^{-x}+(-2x-1)(-e^{-x})=(2x-1)e^{-x}$ より，$f''\left(-\frac{1}{2}\right)=-2e^{\frac{1}{2}}>0$．$x=-\frac{1}{2}$ において $f'\left(-\frac{1}{2}\right)=0$，$f''\left(-\frac{1}{2}\right)=-2e^{\frac{1}{2}}$ であるから，2 次までは次のようにテイラー展開される．

$$f(x)=2e^{\frac{1}{2}}-e^{\frac{1}{2}}\left(x+\frac{1}{2}\right)^2+\cdots$$

(3)　$f'\left(-\frac{1}{2}\right)=0$，$f''\left(-\frac{1}{2}\right)<0$ であるから，$x=-\frac{1}{2}$ で極大で，極大値は $f\left(-\frac{1}{2}\right)=2e^{\frac{1}{2}}$ となる．

(4)　例えば，Mathematica では，Plot[(2x + 3) Exp[−x], {x, −2, 3}] のように入力すると図が得られる．

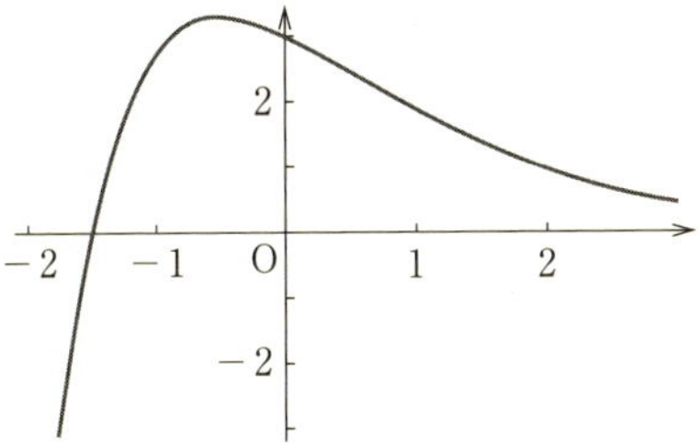

[問題 2.9.2]　(1)　$f'(x)=-e^x+(-x+2)e^x=-(x-1)e^x=0$ より，$x=1$．$f''(x)=-xe^x$，$f''(1)=-e<0$ より，$f(x)=e-\frac{e}{2}(x-1)^2+\cdots$ は $x=1$ で極大で，極大値は $f(1)=e$．　∴　1ヶ月後

（2）

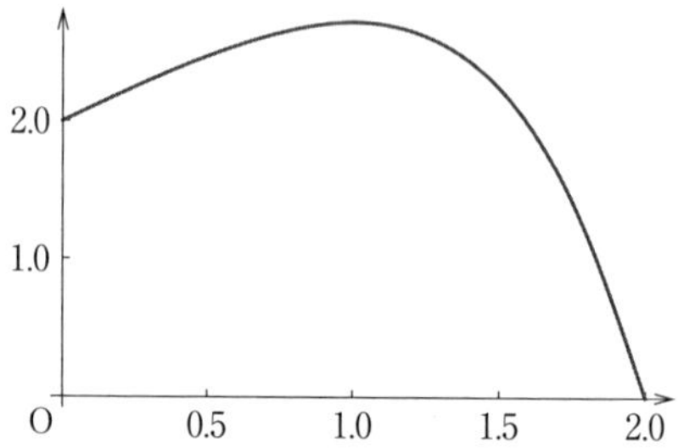

［問題 2.10.1］ $\dfrac{\partial f}{\partial x} = -2xe^{-x^2-y^2} = 0$, $\dfrac{\partial f}{\partial y} = -2ye^{-x^2-y^2} = 0$ より，$x = y = 0$.
a，b，c を $a = \dfrac{\partial^2 f}{\partial x^2}(0,0) = -2$，$b = \dfrac{\partial^2 f}{\partial x\,\partial y}(0,0) = 0$，$c = \dfrac{\partial^2 f}{\partial x^2}(0,0) = -2$，とおくと，$b^2 - 4ac = -16 < 0$，$a < 0$ より，$x = 0$，$y = 0$ で極大で，極大値は $f(0,0) = 1$.

［問題 2.10.2］ $\dfrac{\partial f}{\partial x} = 3x^2 - 9y = 0$，$\dfrac{\partial f}{\partial y} = 3y^2 - 9x = 0$ より，$x = 3$，$y = 3$.
$a = 18 > 0$，$b = -9$，$c = 18$，$b^2 - 4ac = -1215 < 0$ より，$x = 3$，$y = 3$ のとき，極小になる.

［問題 2.11.1］（1） $L(x, y, \lambda) = x^2 + y^2 - \lambda(3x^2 + xy + 3y^2 - 1)$

（2） $\dfrac{\partial L}{\partial x} = 2x - \lambda(6x + y)$，　$\dfrac{\partial L}{\partial y} = 2y - \lambda(x + 6y)$，

$\dfrac{\partial L}{\partial \lambda} = -(3x^2 + xy + 3y^2 - 1)$

（3） $2x - \lambda(6x + y) = 0$，　$2y - \lambda(x + 6y) = 0$，　$3x^2 + xy + 3y^2 - 1 = 0$

（4） $x = \pm\dfrac{1}{\sqrt{7}}$，　$y = \pm\dfrac{1}{\sqrt{7}}$，　$\lambda = \dfrac{2}{7}$，　$x = \pm\dfrac{1}{\sqrt{5}}$，　$y = \mp\dfrac{1}{\sqrt{5}}$，　$\lambda = \dfrac{2}{5}$

（5） 極値は $f\left(\pm\dfrac{1}{\sqrt{7}}, \pm\dfrac{1}{\sqrt{7}}\right) = \dfrac{2}{7}$，　$f\left(\pm\dfrac{1}{\sqrt{5}}, \mp\dfrac{1}{\sqrt{5}}\right) = \dfrac{2}{5}$

［問題 2.11.2］（1） 予算制約条件は $30x + 50y = 300$，$3x + 5y = 30$

（2） $L = x^{0.5}y^{0.5} - \lambda(3x + 5y - 30)$

（3） $\dfrac{\partial L}{\partial x} = 0.5x^{-0.5}y^{0.5} - 3\lambda = 0$，$\dfrac{\partial L}{\partial y} = 0.5x^{0.5}y^{-0.5} - 5\lambda = 0$，連立方程式を解いて，$x = 5$，$y = 3$.

［問題 2.12.1］（1）
$$\begin{aligned} f(1) &= 3 \times 0.1 + 3.2 \times 0.1 + 3.4 \times 0.1 + \cdots \\ &\qquad + 4.8 \times 0.1 \\ &= 3.9 \end{aligned}$$

（2） $f(1)=\sum_{k=0}^{n-1}\left(2\cdot\frac{k}{n}+3\right)\cdot\frac{1}{n}=4-\frac{1}{n}$

（3） $f(1)=\lim_{n\to\infty}\left(4-\frac{1}{n}\right)=4$

（4） $\int_0^1(2x+3)\,dx=4$

[問題 2.12.2] （1） $f(5)=0.4\times0.1+0.04\times0.1+0.08\times0.1+1.96\times0.1=4.9$

（2） $f(5)=\sum_{k=0}^{5n-1}0.4(k/n)/n=5-\frac{1}{n}$

（3） $f(5)=\lim_{n\to\infty}\left(5-\frac{1}{n}\right)=5$

（4） $\int_0^5 0.4x\,dx=5$

[問題 2.13.1] （1） $\frac{1}{2}x^6+\frac{1}{2}x^4+\frac{5}{2}x^2-4x+C$

（2） $\frac{5}{3}e^{3x}-e^{-2x}+2x^2+2x+C$

（3） $-\frac{2}{3}e^{-3x}-\frac{4}{3}e^{3x}+\frac{1}{5}x^5-x^2+6x+C$

（4） $2\cdot\frac{3^x}{\log_e 3}-5\log_e x+C$

[問題 2.14.1] （1） $\left[\frac{3}{4}x^4+\frac{2}{5}x^5+x^2-3x\right]_0^2=\frac{114}{5}$

（2） $\left[-e^{-2x}-\frac{4}{3}e^{3x}+2x^2+2x\right]_0^1=\frac{19}{3}-e^{-2}-\frac{4e^3}{3}$

（3） $[-2x^2+3\log_e x]_1^e=5-2e^2$

（4） $\left[\frac{3\cdot7^x}{\log_e 7}-5\log_e x\right]_1^e=-5+\frac{3\cdot7^e-21}{\log_e 7}$

[問題 2.14.2] $\left[2x+x^2-\frac{1}{3}e^{-3x}\right]_0^3=\frac{46}{3}-\frac{1}{3e^9}$

[問題 2.15.1] $\frac{1}{y}dy=2x\,dx$, $\int_1^y\frac{1}{y}dy=\int_0^x 2x\,dx$, $[\log_e y]_1^y=[x^2]_0^x$, $\log_e y=x^2$, $\therefore\ y=e^{x^2}$

[問題 2.15.2] $\int_5^y e^{3y}dy=\int_0^x(2x+1)\,dx$, $\left[\frac{1}{3}e^{3y}\right]_5^y=[x^2+x]_0^x$, $\frac{1}{3}(e^{3y}-e^{15})=x^2+x$, $\therefore\ y=\frac{1}{3}\log_e(3x^2+3x+e^{15})$

［問題 2.16.1］ $\dfrac{\partial(4x^3+24x^2y^4)}{\partial y}=\dfrac{\partial(32x^3y^3-12y^2)}{\partial x}=96x^2y^3$ より，完全微分方程式．道 $(0,1)\to(x,1)\to(x,y)$ に沿い積分すると，$\int_0^x(4x^3+24x^2)\,dx+\int_1^y(32x^3y^3-12y^2)\,dy=0$ より，$x^4+8x^3y^4-4y^3+4=0$ となる．

［問題 2.16.2］ $(-2e^{-2x}+e^{3y})dx+(3xe^{3y}+2)dy=0$，$\dfrac{\partial(-2e^{-2x}+e^{3y})}{dy}=\dfrac{\partial(3xe^{3y}+2)}{\partial y}=3e^{3y}$ より，完全微分方程式．道 $(0,30)\to(x,30)\to(x,y)$ に沿って積分すると，$\int_0^x(-2e^{-2x}+e^{90})\,dx+\int_{30}^y(3xe^{3y}+2)\,dy=0$，$[e^{-2x}+xe^{90}]_0^x+[xe^{3y}+2y]_{30}^y=0$ より，$e^{-2x}+xe^{3y}+2y-61=0$ となる．

第 3 章

［問題 3.1.1］

5 個 × 魚の缶詰 + 4 個 × 果物の缶詰

$$=\begin{pmatrix}1250\text{円}\\1500\text{グラム}\\1000\text{ミリリットル}\end{pmatrix}+\begin{pmatrix}1200\text{円}\\1600\text{グラム}\\1200\text{ミリリットル}\end{pmatrix}=\begin{pmatrix}2450\text{円}\\3100\text{グラム}\\2200\text{ミリリットル}\end{pmatrix}$$

［問題 3.2.1］

$$3\boldsymbol{x}+4\boldsymbol{y}=\begin{pmatrix}9\\6\\-12\end{pmatrix}+\begin{pmatrix}0\\-20\\17.2\end{pmatrix}=\begin{pmatrix}9\\-14\\5.2\end{pmatrix}$$

［問題 3.2.2］

$$4\begin{pmatrix}150\\250\\300\end{pmatrix}+5\begin{pmatrix}100\\300\\200\end{pmatrix}=\begin{pmatrix}600\\1000\\1200\end{pmatrix}+\begin{pmatrix}500\\1500\\1000\end{pmatrix}=\begin{pmatrix}1100\\2500\\2200\end{pmatrix}$$

［問題 3.3.1］ 50 円/個 × 30 個 + 80 円/束 × 20 束 + 30 円/個 × 15 個 = 3550 円

［問題 3.4.1］ $5\times0+2\times(-3)+0\times7+(-6)\times(-2)=6$

［問題 3.4.2］ $4\cdot3+5\cdot2+2\cdot1=24$ より，24 万円．

[問題 3.5.1]

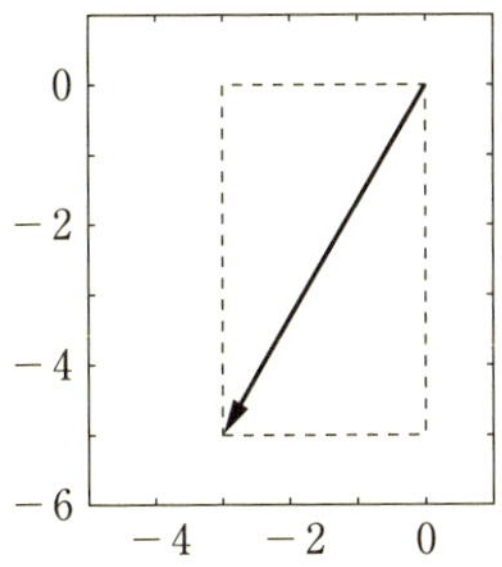

[問題 3.5.2]

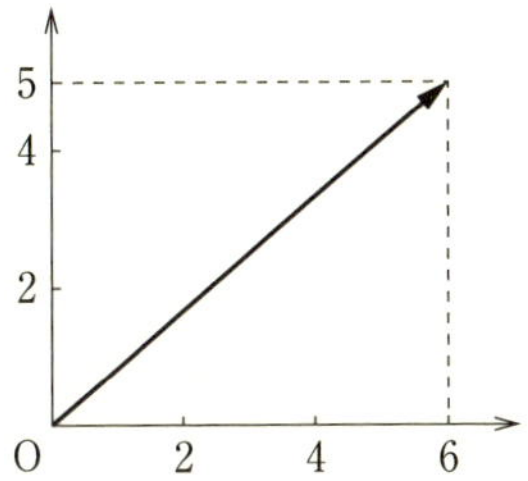

[問題 3.6.1]

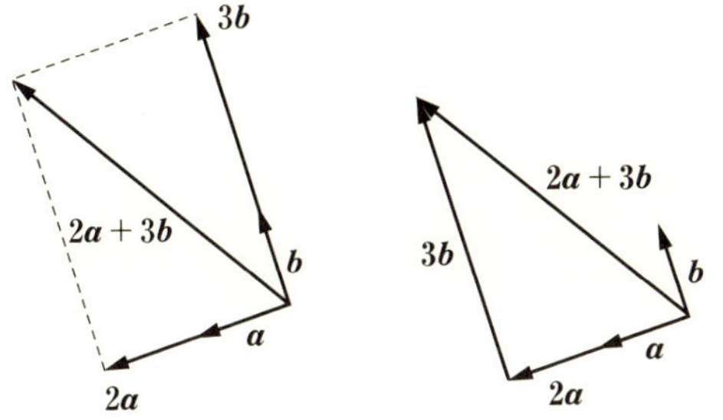

[問題 3.6.2]

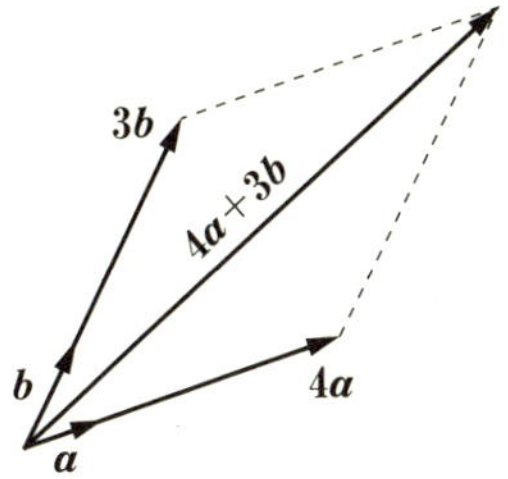

[問題 3.7.1]

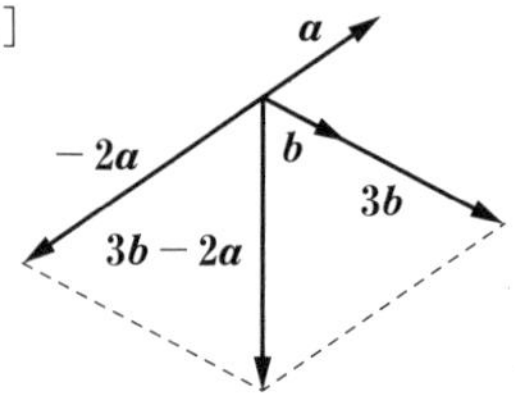

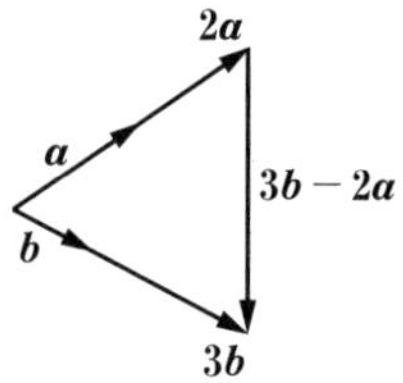

[問題 3.7.2]

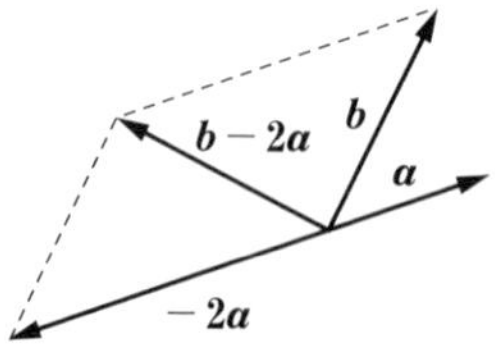

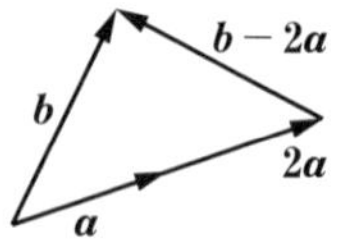

第 4 章

[問題 4.1.1]

$$A+B=\begin{pmatrix}-2 & 6 & 2\\ 4 & 0 & 6\\ -5 & 5 & 14\end{pmatrix},\qquad A-B=\begin{pmatrix}-2 & 2 & 8\\ -8 & 0 & 2\\ -1 & -1 & -4\end{pmatrix}$$

$$3A=\begin{pmatrix}-6 & 12 & 15\\ -6 & 0 & 12\\ -9 & 6 & 15\end{pmatrix}$$

[問題 4.2.1]　(1) $\begin{pmatrix}11 & 38\\ 11 & 24\\ -4 & 23\end{pmatrix}$　　(2) $\begin{pmatrix}5 & -7\\ 35 & -25\\ -20 & 8\end{pmatrix}$

(3)　A の列の数と B の行の数が異なるので掛け算できない.

(4)　$\begin{pmatrix}7\\ 63\\ -41\end{pmatrix}$

(5)　$(-22)=-22$　(1 行 1 列になるので，カッコはあってもなくてもよい)

(6)　$\begin{pmatrix}9 & -9\\ 12 & -12\\ 15 & -15\end{pmatrix}$　　(7)　$(30\quad -3)$

［問題 4.2.2］ $\begin{pmatrix} 31 & 28 \\ 53 & 50 \end{pmatrix}$

［問題 4.3.1］

$$A = \begin{pmatrix} 4 & 1 & 2 \\ 3 & -4 & 3 \\ -1 & 5 & 4 \end{pmatrix}$$

［問題 4.3.2］ $\begin{pmatrix} y_1 \\ y_2 \end{pmatrix} = \begin{pmatrix} 3 & 5 \\ 4 & 9 \end{pmatrix} \begin{pmatrix} x_1 \\ x_2 \end{pmatrix}$

［問題 4.4.1］

$$f(3\boldsymbol{a} + 2\boldsymbol{b}) = \begin{pmatrix} 6 \\ -9 \\ 0 \end{pmatrix} + \begin{pmatrix} -4 \\ 0 \\ 6 \end{pmatrix} = \begin{pmatrix} 2 \\ -9 \\ 6 \end{pmatrix}$$

［問題 4.4.2］ 総売上額と総重量は

$$2\begin{pmatrix} 3 \\ 5 \end{pmatrix} + 3\begin{pmatrix} 8 \\ 9 \end{pmatrix} = \begin{pmatrix} 6 \\ 10 \end{pmatrix} + \begin{pmatrix} 24 \\ 27 \end{pmatrix} = \begin{pmatrix} 30 \\ 37 \end{pmatrix}$$

総売上額 30，総重量 37 となる．

第 5 章

［問題 5.1.1］（1） $\begin{pmatrix} 4 \\ 5 \end{pmatrix} \wedge \begin{pmatrix} -1 \\ 2 \end{pmatrix} = 8 + 5 = 13$

（2） $\begin{pmatrix} r \\ s \end{pmatrix} \wedge \begin{pmatrix} u \\ v \end{pmatrix} = rv - su$

［問題 5.1.2］ $\begin{pmatrix} 2 \\ 3 \end{pmatrix} \wedge \begin{pmatrix} 5 \\ 8 \end{pmatrix} = 16 - 15 = 1$

［問題 5.2.1］ $\boldsymbol{e}_1$ の移った $\begin{pmatrix} 2 \\ -1 \end{pmatrix}$ と $\boldsymbol{e}_2$ の移った $\begin{pmatrix} -1 \\ 4 \end{pmatrix}$ の「符号の付いた面積」で求められ，

$$\begin{pmatrix} 2 \\ -1 \end{pmatrix} \wedge \begin{pmatrix} -1 \\ 4 \end{pmatrix} = 8 - 1 = 7$$

［問題 5.2.2］ $\begin{pmatrix} 100 \\ 60 \end{pmatrix} \wedge \begin{pmatrix} 80 \\ 50 \end{pmatrix} = 5000 - 4800 = 200$

食料 A と B の性質の違いを表す指標．

［問題 5.3.1］（1） $7 \cdot 1 - (-3) \cdot 3 = 7 + 9 = 16$

（2） $1 \cdot 3 - (-2) \cdot (-4) = 3 - 8 = -5$

（3） $kv - um$

［問題 5.3.2］ $\begin{vmatrix} 9 & 7 \\ 5 & 4 \end{vmatrix} = 9\cdot 4 - 5\cdot 7 = 36 - 35 = 1$

［問題 5.4.1］

（1） $\begin{vmatrix} 7 & 2 \\ -5 & 3 \end{vmatrix} = 21 + 10 = 31$

（2） $5 \times 31 = 155$

（3） （2）の値がプラスなので，裏返しにはならない．

［問題 5.4.2］ $\begin{vmatrix} 4 & 1 \\ 1 & 3 \end{vmatrix} = 12 - 1 = 11$

［問題 5.5.1］ （1） $28 + 12 - 9 - (24 - 2 + 63) = -54$

（2） $4\cdot(16 - 0) - 2\cdot(-8-0) + (-4)\cdot(0-0) = 80$

［問題 5.5.2］ -90．わかることは，各支店で 1 つの文房具だけが売れた場合の 90 倍売れたこと．

［問題 5.6.1］

（1） $\begin{vmatrix} 2 & 3 & -1 \\ 2 & 3 & 0 \\ -2 & 0 & 3 \end{vmatrix} = -6$， 体積は 6

（2） $5\cdot 6 = 30$，体積 30

［問題 5.6.2］ 154．わかることは，各支店で 1 つの電化製品だけが売れた場合の 154 倍売れたこと．

第 6 章

［問題 6.1.1］

$$x_1 = \frac{\begin{vmatrix} 31 & 6 \\ 24 & 9 \end{vmatrix}}{\begin{vmatrix} 2 & 6 \\ -4 & 9 \end{vmatrix}} = \frac{135}{42} = \frac{45}{14}, \quad x_2 = \frac{\begin{vmatrix} 2 & 31 \\ -4 & 24 \end{vmatrix}}{\begin{vmatrix} 2 & 6 \\ -4 & 9 \end{vmatrix}} = \frac{172}{42} = \frac{86}{21}$$

［問題 6.1.2］

$$\begin{cases} 70x_1 + 90x_2 = 550 \\ 1.1x_1 + 1.3x_2 = 8.3 \end{cases}$$

$$x_1 = \frac{\begin{vmatrix} 550 & 90 \\ 8.3 & 1.3 \end{vmatrix}}{\begin{vmatrix} 70 & 90 \\ 1.1 & 1.3 \end{vmatrix}} = \frac{-32}{-8} = 4, \quad x_2 = \frac{\begin{vmatrix} 70 & 550 \\ 1.1 & 8.3 \end{vmatrix}}{\begin{vmatrix} 70 & 90 \\ 1.1 & 1.3 \end{vmatrix}} = \frac{-24}{-8} = 3$$

［問題 6.2.1］

$$x_1 = \frac{\begin{vmatrix} -3 & -2 & 4 \\ 6 & 1 & -2 \\ 0 & 4 & 5 \end{vmatrix}}{\begin{vmatrix} 3 & -2 & 4 \\ 3 & 1 & -2 \\ -2 & 4 & 5 \end{vmatrix}} = \frac{117}{117} = 1, \quad x_2 = \frac{\begin{vmatrix} 3 & -3 & 4 \\ 3 & 6 & -2 \\ -2 & 0 & 5 \end{vmatrix}}{\begin{vmatrix} 3 & -2 & 4 \\ 3 & 1 & -2 \\ -2 & 4 & 5 \end{vmatrix}} = \frac{171}{117} = \frac{19}{13},$$

$$x_3 = \frac{\begin{vmatrix} 3 & -2 & -3 \\ 3 & 1 & 6 \\ -2 & 4 & 0 \end{vmatrix}}{\begin{vmatrix} 3 & -2 & 4 \\ 3 & 1 & -2 \\ -2 & 4 & 5 \end{vmatrix}} = \frac{-90}{117} = -\frac{10}{13}$$

［問題 6.3.1］

$$\begin{cases} 4x_1 + 6x_2 + 3x_3 = 43 \\ 2x_1 + 14x_2 + 5x_3 = 61 \\ 0.15x_1 + 0.56x_2 + 0.38x_3 = 3.62 \end{cases}$$

$$x_1 = 4, \qquad x_2 = 2, \qquad x_3 = 5$$

［問題 6.4.1］

$$\begin{cases} x + 2y = 4 \cdots① \\ 2x + 5y = 9 \cdots② \end{cases} \overset{② + ① \times (-2)}{\Longrightarrow} \begin{cases} 1x + 2y = 4 \cdots① \\ 0x + 1y = 1 \cdots② \end{cases}$$

$$\overset{① + ② \times (-2)}{\Longrightarrow} \begin{cases} 1x + 0y = 2 \cdots① \\ 0x + 1y = 1 \cdots② \end{cases} \Longrightarrow \begin{cases} x = 2 \\ y = 1 \end{cases}$$

［問題 6.4.2］

$$\begin{cases} x + 2y + 3z = 5 \cdots① \\ x + 3y + 5z = 7 \cdots② \\ -2x + 3y + z = 4 \cdots③ \end{cases} \underset{③ + ① \times 2}{\overset{② + ① \times (-1)}{\Longrightarrow}} \begin{cases} x + 2y + 3z = 5 \cdots① \\ 0x + y + 2z = 2 \cdots② \\ 0x + 7y + 7z = 14 \cdots③ \end{cases}$$

$$\underset{③ + ② \times (-7)}{\overset{① + ② \times (-2)}{\Longrightarrow}} \begin{cases} x + 0y - z = 1 \cdots① \\ 0x + y + 2z = 2 \cdots② \\ 0x + 0y - 7z = 0 \cdots③ \end{cases} \overset{③ \times \left(-\frac{1}{7}\right)}{\Longrightarrow} \begin{cases} x + 0y - z = 1 \cdots① \\ 0x + y + 2z = 2 \cdots② \\ 0x + 0y + z = 0 \cdots③ \end{cases}$$

$$\underset{② + ③ \times (-2)}{\overset{① + ③ \times 1}{\Longrightarrow}} \begin{cases} x + 0y + 0z = 1 \cdots① \\ 0x + y + 0z = 2 \cdots② \\ 0x + 0y + z = 0 \cdots③ \end{cases}$$

$$\therefore \quad x = 1, \quad y = 2, \quad z = 0$$

［問題 6.4.3］ 小型テレビの台数を x，冷蔵庫の台数を y，洗濯機の台数を z とすると

$$\begin{cases} x+6y+4z=36 \\ 2x+20y+10z=104 \\ 0.1x+0.4y+0.3z=2.6 \end{cases}$$

が成り立ち，これを解くと，$x=2$，$y=3$，$z=4$ を得る．

［問題 6.5.1］

$$\left(\begin{array}{cc|c} 1 & 5 & 6 \\ -3 & 7 & 4 \end{array}\right) \overset{②+①\times 3}{\Longrightarrow} \left(\begin{array}{cc|c} 1 & 5 & 6 \\ 0 & 22 & 22 \end{array}\right) \overset{②\times\frac{1}{22}}{\Longrightarrow} \left(\begin{array}{cc|c} 1 & 5 & 6 \\ 0 & 1 & 1 \end{array}\right)$$

$$\overset{①+②\times(-5)}{\Longrightarrow} \left(\begin{array}{cc|c} 1 & 0 & 1 \\ 0 & 1 & 1 \end{array}\right)$$

$$\therefore\quad x=1,\quad y=1$$

［問題 6.5.2］

$$\left(\begin{array}{cc|c} 1 & 4 & 9 \\ -2 & 5 & 8 \end{array}\right) \overset{②+①\times 2}{\Longrightarrow} \left(\begin{array}{cc|c} 1 & 4 & 9 \\ 0 & 13 & 26 \end{array}\right) \overset{②\times\frac{1}{13}}{\Longrightarrow} \left(\begin{array}{cc|c} 1 & 4 & 9 \\ 0 & 1 & 2 \end{array}\right)$$

$$\overset{①+②\times(-4)}{\Longrightarrow} \left(\begin{array}{cc|c} 1 & 0 & 1 \\ 0 & 1 & 2 \end{array}\right)$$

$$\therefore\quad x=1,\quad y=2$$

［問題 6.6.1］

$$\left(\begin{array}{ccc|c} 1 & 2 & -3 & 0 \\ -3 & -1 & 5 & 1 \\ 2 & 1 & 2 & 5 \end{array}\right) \underset{③+①\times(-2)}{\overset{②+①\times 3}{\Longrightarrow}} \left(\begin{array}{ccc|c} 1 & 2 & -3 & 0 \\ 0 & 5 & -4 & 1 \\ 0 & -3 & 8 & 5 \end{array}\right)$$

$$\overset{②\times\frac{1}{5}}{\Longrightarrow} \left(\begin{array}{ccc|c} 1 & 2 & -3 & 0 \\ 0 & 1 & -\frac{4}{5} & \frac{1}{5} \\ 0 & -3 & 8 & 5 \end{array}\right) \underset{③+②\times 3}{\overset{①+②\times(-2)}{\Longrightarrow}} \left(\begin{array}{ccc|c} 1 & 0 & -\frac{7}{5} & -\frac{2}{5} \\ 0 & 1 & -\frac{4}{5} & \frac{1}{5} \\ 0 & 0 & \frac{28}{5} & \frac{28}{5} \end{array}\right)$$

$$\overset{③\times\frac{5}{28}}{\Longrightarrow} \left(\begin{array}{ccc|c} 1 & 0 & -\frac{7}{5} & -\frac{2}{5} \\ 0 & 1 & -\frac{4}{5} & \frac{1}{5} \\ 0 & 0 & 1 & 1 \end{array}\right) \underset{②+③\times\frac{4}{5}}{\overset{①+③\times\frac{7}{5}}{\Longrightarrow}} \left(\begin{array}{ccc|c} 1 & 0 & 0 & 1 \\ 0 & 1 & 0 & 1 \\ 0 & 0 & 1 & 1 \end{array}\right)$$

$$\therefore\quad x=1,\quad y=1,\quad z=1$$

［問題 6.6.2］　行列の基本変形は省略する．$x=2$，　$y=2$，　$z=2$

第 7 章

[問題 7.2.1] $A^{-1}=\dfrac{1}{2\cdot 5-(-2)\cdot 6}\begin{pmatrix}5 & -6\\ 2 & 2\end{pmatrix}=\dfrac{1}{22}\begin{pmatrix}5 & -6\\ 2 & 2\end{pmatrix}$

[問題 7.2.2] $A^{-1}=\dfrac{1}{5\cdot 2-3\cdot 4}\begin{pmatrix}2 & -4\\ -3 & 5\end{pmatrix}=\dfrac{1}{-2}\begin{pmatrix}2 & -4\\ -3 & 5\end{pmatrix}=\dfrac{1}{2}\begin{pmatrix}-2 & 4\\ 3 & -5\end{pmatrix}$

[問題 7.3.1]

$$|A|=-102,\qquad A^{-1}=-\frac{1}{102}\begin{pmatrix}-20 & -36 & 22\\ -4 & 3 & -16\\ 2 & -27 & 8\end{pmatrix}$$

[問題 7.3.2]

$$|A|=128,\qquad A^{-1}=\frac{1}{128}\begin{pmatrix}12 & 40 & 12\\ -13 & 10 & 19\\ 8 & -16 & 8\end{pmatrix}$$

[問題 7.4.1]

$$A^{-1}=\begin{pmatrix}\frac{8}{35} & \frac{3}{35} & \frac{2}{7}\\ \frac{1}{5} & \frac{1}{5} & 0\\ -\frac{3}{70} & \frac{6}{35} & \frac{1}{14}\end{pmatrix}$$

[問題 7.4.2]

$$A^{-1}=\begin{pmatrix}-16 & -13 & 2\\ -10 & -8 & 1\\ 1 & 1 & 0\end{pmatrix}$$

第 8 章

[問題 8.1.1] $\boldsymbol{x}=2\boldsymbol{a}+3\boldsymbol{b}$

[問題 8.2.1] $\begin{vmatrix}2 & -2 & -1\\ 0 & 3 & 2\\ 1 & 2 & -3\end{vmatrix}=-27\neq 0$ より，1 次独立.

[問題 8.3.1] $P=\begin{pmatrix}4 & 2\\ -5 & -3\end{pmatrix},\qquad P^{-1}=\dfrac{1}{2}\begin{pmatrix}3 & 2\\ -5 & -4\end{pmatrix}$

(1) $P^{-1}\begin{pmatrix}1\\ 2\end{pmatrix}=\begin{pmatrix}\frac{7}{2}\\ -\frac{13}{2}\end{pmatrix}$

（2） $P\begin{pmatrix}-2\\3\end{pmatrix}=\begin{pmatrix}-2\\1\end{pmatrix}$

［問題 8.3.2］

（1） $P=\begin{pmatrix}2&1\\1&3\end{pmatrix}$

（2） $P\begin{pmatrix}2\\3\end{pmatrix}=\begin{pmatrix}5\\11\end{pmatrix}$ より，$5\boldsymbol{a}'+11\boldsymbol{b}'$

（3） $P^{-1}\begin{pmatrix}2\\3\end{pmatrix}=\begin{pmatrix}\frac{3}{5}\\\frac{4}{5}\end{pmatrix}$ より，$\frac{3}{5}\boldsymbol{a}+\frac{4}{5}\boldsymbol{b}$

［問題 8.4.1］ $P=\begin{pmatrix}6&-1\\2&7\end{pmatrix}$，$Q=\begin{pmatrix}3&3\\2&-5\end{pmatrix}$，$Q^{-1}=-\frac{1}{21}\begin{pmatrix}-5&-3\\-2&3\end{pmatrix}$

$$\therefore\ A'=Q^{-1}AP=-\frac{1}{21}\begin{pmatrix}10&-163\\88&44\end{pmatrix}$$

［問題 8.4.2］ $A=\begin{pmatrix}4&3\\3&5\end{pmatrix}$，$P=\begin{pmatrix}2&1\\1&3\end{pmatrix}$，$Q=\begin{pmatrix}3&2\\2&3\end{pmatrix}$

$$A'=Q^{-1}AP=\begin{pmatrix}\frac{11}{5}&\frac{3}{5}\\\frac{11}{5}&\frac{28}{5}\end{pmatrix}$$

$$\therefore\ \begin{pmatrix}y_1'\\y_2'\end{pmatrix}=\begin{pmatrix}\frac{11}{5}&\frac{3}{5}\\\frac{11}{5}&\frac{28}{5}\end{pmatrix}\begin{pmatrix}x_1'\\x_2'\end{pmatrix}$$

第 9 章

［問題 9.1.1］ $(4-\lambda)x-y=0$，$2x+(1-\lambda)y=0$，$\lambda^2-5\lambda+6=(\lambda-2)(\lambda-3)=0$． $\therefore\ \lambda=2,3$

$\lambda=2$ のとき，$2x=y$ より，固有値は $\begin{pmatrix}t\\2t\end{pmatrix}$ （t は任意定数）

$\lambda=3$ のとき，$x=y$ より，固有値は $\begin{pmatrix}t\\t\end{pmatrix}$ （t は任意定数）

［問題 9.1.2］ $(3-\lambda)x+5y=0$，　$-2x+(-4-\lambda)y=0$，

$$(\lambda+2)(\lambda-1)=0,\quad \therefore\ \lambda=1,\ -2$$

$\lambda=1$ のとき，$y=-\dfrac{2}{5}x$ より，固有値は $\begin{pmatrix} 5t \\ -2t \end{pmatrix}$ （t は任意定数）

$\lambda=-2$ のとき，$y=-x$ より，固有値は $\begin{pmatrix} t \\ -t \end{pmatrix}$ （t は任意定数）

［問題 9.2.1］ 固有値を λ とすると，

$$\begin{pmatrix} 4 & 1 \\ -5 & -2 \end{pmatrix}\begin{pmatrix} x \\ y \end{pmatrix}=\lambda\begin{pmatrix} x \\ y \end{pmatrix}$$

計算して整理すると次のようになる．

$$\begin{cases} (4-\lambda)x+y=0 \\ -5x+(-2-\lambda)y=0 \end{cases}$$

$x=0$，$y=0$ 以外の解をもつことから，係数の行列式が 0 となる．

$$\begin{vmatrix} 4-\lambda & 1 \\ -5 & 2-\lambda \end{vmatrix}=(4-\lambda)(-2-\lambda)-(-5)\cdot 1=(\lambda+1)(\lambda-3)=0$$

$\lambda=-1$ のとき，$y=-5x$ を得るので，固有値ベクトルとして，簡単な $\boldsymbol{u}=\begin{pmatrix} 1 \\ -5 \end{pmatrix}$ をとる．

$\lambda=3$ のとき，$y=-x$ を得るので，固有値ベクトルとして，簡単な $\boldsymbol{v}=\begin{pmatrix} 1 \\ -1 \end{pmatrix}$ をとる．

x 平面，y 平面ともに，古い基底 $\boldsymbol{e}_1$ と $\boldsymbol{e}_2$ から新しい基底として $\boldsymbol{u}$ と $\boldsymbol{v}$ をとると，$\boldsymbol{u}=\boldsymbol{e}_1-5\boldsymbol{e}_2$，$\boldsymbol{v}=\boldsymbol{e}_1-\boldsymbol{e}_2$ となる．

基底の変換を表す行列は，

$$P=Q=\begin{pmatrix} 1 & 1 \\ -5 & -1 \end{pmatrix}$$

逆行列は，

$$Q^{-1}=\frac{1}{4}\begin{pmatrix} -1 & -1 \\ 5 & 1 \end{pmatrix}$$

A を A' で表すと $A=PA'P^{-1}$ となるので，$A^n=P(A')^nP^{-1}$ となる．これから計算すると次のようになる．

$$\begin{aligned} A^n &= \begin{pmatrix} 1 & 1 \\ -5 & -1 \end{pmatrix}\begin{pmatrix} -1 & 0 \\ 0 & 3 \end{pmatrix}^n\frac{1}{4}\begin{pmatrix} -1 & -1 \\ 5 & 1 \end{pmatrix} \\ &= \begin{pmatrix} 1 & 1 \\ -5 & -1 \end{pmatrix}\begin{pmatrix} (-1)^n & 0 \\ 0 & 3^n \end{pmatrix}\frac{1}{4}\begin{pmatrix} -1 & -1 \\ 5 & 1 \end{pmatrix} \\ &= \frac{1}{4}\begin{pmatrix} 1 & 1 \\ -5 & -1 \end{pmatrix}\begin{pmatrix} (-1)^{n+1} & (-1)^{n+1} \\ 5\cdot 3^n & 3^n \end{pmatrix} \end{aligned}$$

$$= \frac{1}{4}\begin{pmatrix} (-1)^{n+1}+5\cdot 3^n & (-1)^{n+1}+3^n \\ -5\cdot(-1)^{n+1}-5\cdot 3^n & -5\cdot(-1)^{n+1}-3^n \end{pmatrix}$$

［問題 9.2.2］ 固有値 $\lambda = 1$，固有ベクトル $\begin{pmatrix} 4 \\ 3 \end{pmatrix}$

固有値 $\lambda = 0.3$，固有ベクトル $\begin{pmatrix} 1 \\ -1 \end{pmatrix}$

$$P = \begin{pmatrix} 4 & 1 \\ 3 & -1 \end{pmatrix}, \qquad P^{-1} = \frac{1}{7}\begin{pmatrix} 1 & 1 \\ 3 & -4 \end{pmatrix}$$

$$A^n = P\begin{pmatrix} 1 & 0 \\ 0 & 0.3 \end{pmatrix}^n P^{-1} = \begin{pmatrix} 4 & 1 \\ 3 & -1 \end{pmatrix}\begin{pmatrix} 1 & 0 \\ 0 & 0.3^n \end{pmatrix}\frac{1}{7}\begin{pmatrix} 1 & 1 \\ 3 & -4 \end{pmatrix}$$

$$= \frac{1}{7}\begin{pmatrix} 4+3\times 0.3^n & 4-4\times 0.3^n \\ 3-3\times 0.3^n & 3+4\times 0.3^n \end{pmatrix}$$

［問題 9.3.1］ $A = \begin{pmatrix} 0.1 & 0.8 \\ 0.9 & 0.2 \end{pmatrix}$

固有値 1，固有ベクトル $\begin{pmatrix} 8 \\ 9 \end{pmatrix}$

固有値 -0.7，固有ベクトル $\begin{pmatrix} 1 \\ -1 \end{pmatrix}$

をとる．

$$P = \begin{pmatrix} 8 & 1 \\ 9 & -1 \end{pmatrix}, \qquad P^{-1} = \frac{1}{17}\begin{pmatrix} 1 & 1 \\ 9 & -8 \end{pmatrix}$$

$$A^n = \begin{pmatrix} 8 & 1 \\ 9 & -1 \end{pmatrix}\begin{pmatrix} 1 & 0 \\ 0 & -0.7 \end{pmatrix}^n \frac{1}{17}\begin{pmatrix} 1 & 1 \\ 9 & -8 \end{pmatrix}$$

$$= \begin{pmatrix} 8 & 1 \\ 9 & -1 \end{pmatrix}\begin{pmatrix} 1 & 0 \\ 0 & 0 \end{pmatrix}\frac{1}{17}\begin{pmatrix} 1 & 1 \\ 9 & -8 \end{pmatrix}$$

$$= \frac{1}{17}\begin{pmatrix} 8 & 8 \\ 9 & 9 \end{pmatrix}$$

$$\therefore \quad \begin{pmatrix} x_n \\ y_n \end{pmatrix} = A^n\begin{pmatrix} 17 \\ 34 \end{pmatrix} = \frac{1}{17}\begin{pmatrix} 8 & 8 \\ 9 & 9 \end{pmatrix}\begin{pmatrix} 17 \\ 34 \end{pmatrix}$$

$$= \frac{1}{17}\begin{pmatrix} 408 \\ 459 \end{pmatrix} = \begin{pmatrix} 24 \\ 27 \end{pmatrix}$$

［問題 9.3.2］ n 年後の X と Y の人口は次のように表せる．

$$\begin{pmatrix} x_n \\ y_n \end{pmatrix} = \begin{pmatrix} 0.9 & 0.2 \\ 0.1 & 0.8 \end{pmatrix}^n \begin{pmatrix} x_0 \\ y_0 \end{pmatrix}$$

係数行列 A の固有値は 1 と 0.7 である．それぞれの固有ベクトルとして，$\begin{pmatrix} 2 \\ 1 \end{pmatrix}$

と $\begin{pmatrix} 1 \\ -1 \end{pmatrix}$ を選ぶ.

これらの固有ベクトルを新しい基底とすると，基底の変換を表す行列 P とその逆行列 P^{-1} は次のようになる.

$$P = \begin{pmatrix} 2 & 1 \\ 1 & -1 \end{pmatrix}, \qquad P^{-1} = \frac{1}{3}\begin{pmatrix} 1 & 1 \\ 1 & -2 \end{pmatrix}$$

行列 A は次のように対角行列に変換される.

$$A' = P^{-1}AP = \begin{pmatrix} 1 & 0 \\ 0 & 0.7 \end{pmatrix}$$

A^n は次のように求められる.

$$\begin{aligned} A^n &= P(A')^n P^{-1} \\ &= \begin{pmatrix} 2 & 1 \\ 1 & -1 \end{pmatrix}\begin{pmatrix} 1^n & 0 \\ 0 & 0.7^n \end{pmatrix}\frac{1}{3}\begin{pmatrix} 1 & 1 \\ 1 & -2 \end{pmatrix} \end{aligned}$$

20 年後は $n = 20$ とおくと $0.7^{20} = 0.0007979227\cdots$ となるので，0 で近似しても大丈夫であり，$0.7^{10} = 0$ とすると次のようになる.

$$A^{10} = \frac{1}{3}\begin{pmatrix} 2 & 2 \\ 1 & 1 \end{pmatrix}$$

したがって，20 年後の X と Y の人口は

$$\begin{pmatrix} x_{20} \\ y_{20} \end{pmatrix} = \frac{1}{3}\begin{pmatrix} 2 & 2 \\ 1 & 1 \end{pmatrix}\begin{pmatrix} 80 \\ 50 \end{pmatrix} \fallingdotseq \begin{pmatrix} 87 \\ 43 \end{pmatrix}$$

となり，X の人口は約 87 万人で，Y の人口は 43 万人になる.

索　　引

モ

ヨ

ラ

レ

著者略歴

こ ばやしみち まさ
小林道正

1942年 長野県生まれ. 1966年 京都大学理学部数学科卒業. 1968年東京教育大学大学院理学研究科修士課程修了. 中央大学経済学部教授を経て, 現在, 中央大学名誉教授. 専門は確率論, 数学教育.

経済・経営のための 数学教室 ― 経済数学入門 ―

2014年11月25日 第1版1刷発行
2023年 3 月30日 第2版1刷発行

検印省略

定価はカバーに表示してあります.

著作者	小林道正
発行者	吉野和浩
発行所	〠102-0081 東京都千代田区四番町8-1 電話 (03)3262-9166 株式会社 裳華房
印刷所	中央印刷株式会社
製本所	株式会社 松岳社

一般社団法人
自然科学書協会会員

ISBN 978-4-7853-1561-0